大品牌文化

30个世界级品牌案例解读

文子品牌研究院/编著

图书在版编目（CIP）数据

大品牌文化：30个世界级品牌案例解读／文子品牌研究院编著；魏文斌，刘泓主编．—苏州：苏州大学出版社，2020.2
 ISBN 978-7-5672-1537-5

Ⅰ.①大… Ⅱ.①文… ②魏… ③刘… Ⅲ.①品牌－企业文化－案例－世界 Ⅳ.①F279.1

中国版本图书馆CIP数据核字（2020）第025139号

大品牌文化
DA PINPAI WENHUA

30个世界级品牌案例解读
SANSHI GE SHIJIEJI PINPAI ANLI JIEDU

文子品牌研究院　编著

责任编辑　王　亮

苏州大学出版社出版发行
（地址：苏州市十梓街1号　邮编：215006）
苏州工业园区美柯乐制版印务有限责任公司印装
（地址：苏州工业园区东兴路7-1号　邮编：215021）

开本 787 mm×1 092 mm　1/16　印张 18.75　字数 317 千
2020年2月第1版　2020年2月第1次印刷
ISBN 978-7-5672-1537-5　定价：68.00元

若有印装错误，本社负责调换
苏州大学出版社营销部　电话：0512-67481020
苏州大学出版社网址　http：//www.sudapress.com
苏州大学出版社邮箱　sdcbs@suda.edu.cn

《大品牌文化：30个世界级品牌案例解读》

编委会

主　编：魏文斌　刘　泓

参　编：（按姓氏笔画排序）

王　可	王　海	王玉香	王金鑫
王智亮	朱　君	任孝峰	汤　华
杨　洁	李　珂	巫前进	何文兵
佘彩云	沈　正	张阿沛	张香宁
张智慧	陆永健	金冠群	周路路
胡　菊	祝　雷	姚　远	梁力中
童　宇			

前言

真的没想到，我自2001年开始指导研究生以来，门下弟子超过150人。

真的没想到，我们自2013年1月13日举办首届文子弟子联谊会以来，每年都有若干弟子参与"苏州本土品牌企业发展研究"系列课题调研和图书编写。

真的没想到，我们于2018年3月成立并挂牌"文子品牌研究院"。我们以"探究品牌文化，助推品牌成长"为宗旨，希望为促进品牌价值成长做点力所能及的事。

本书即是我们团队共同努力、同心协作的产物，选题来自品牌理论发展和品牌管理实践的世界潮流。品牌经济是目前全球市场经济发展的最高级阶段，是实现经济转型升级的必由之路。随着经济全球化和国际市场竞争的加剧，世界进入品牌竞争时代。

近年来，国内外学者们高度重视品牌理论和品牌文化的相关研究，发表、出版了品牌学科研究的大量论著和品牌案例成果。品牌理论研究与发展经历了一个相对长期的过程，已成为管理学科的重要组成部分，呈现出学派林立的品牌理论丛林状况。品牌既是人类社会集中发展物质需要的重要产物，赋予物质以文化，满足人类不断增长的物质文化需求，也是物质文化创造者们不断满足人类对美好精神文化追求的利器。

品牌是文化的载体，文化则是凝聚在品牌上的精华。品牌文化是品牌理论和组织文化的重要组成部分，是一个组织重要的无形资产和核心竞争力的直接体现。品牌文化的核心在于其独特的价值内涵和情感内涵，即品牌所凝炼的价值观念、生活态度、时尚品位、个性潮流、情感诉求、审美观念等精神象征。我们认为，品牌文化就是品牌创立者在品牌发展过程中形成的品牌物质文化、品牌行为文化和品牌精神文化的总和，品牌文化的内核是品牌价值，其外显则是品牌影响力。其中，品牌精神文化是支撑品牌文化体系的灵魂。

目前我国已进入中国特色社会主义建设新时代，正处在消费转型升级的关键时期。随着经济的发展和收入水平的提高，人们对美好生活的向往和追求自然越来越强烈。品牌强国已成为我国的国家战略，品牌力量是国家经济实力的重要指标，因此，培育具有新时代特征的品牌价值体系和品牌文化，推动国家品牌、城市品牌、区域品牌、行业品牌和企业品牌可持续发展，提升品牌的竞争力和影响力，已成为现阶段以及未来发展的一项重要工作。

就内容而言，本书在梳理品牌文化理论和相关文献基础上，深度解读30个世界级品牌文化案例，涉及品牌与品牌文化、品牌物质文化、品牌精神文化、品牌文化战略、品牌文化构建、品牌文化传播、品牌形象、品牌文化传承、品牌文化评估、品牌价值、品牌资产、品牌技术、品牌艺术、品牌文化创新、企业家与品牌文化、企业文化与品牌文化等内容。研究团队通过对世界级品牌对标案例的比较分析，使读者多维度、更加充分地领略世界级品牌文化的魅力。

本书每章第一部分精练概述相关理论和文献，着重对所选的世界级品牌案例进行比较分析。本书所选取的30个世界级品牌案例具有典型性和足够强的品牌影响力，案例素材均来源于各企业官网及公开资料。学习和借鉴世界级品牌文化实践，有助于我们提高运用品牌理论分析品牌管理实际问题的能力，有利于我们掌握品牌文化建设方案的操作性。并且，本书对所选品牌案例的分析兼顾品牌管理的专业性和品牌案例故事的可读性。

除本书编委会成员参与讨论和撰稿外，本书的编写还得到了研究团队其他成员的支持，他们是：于广天、王健、王黎明、叶建慧、朱才军、刘德星、杜莉、李晓欣、杨峰、何聪、位凯、沈激桦、张欣欣、周倖、周联华、胡兆欣、秦嘉鑫、袁鑫、董骏、翟英才、潘琳士。本书的出版得到了苏州大学东吴商学院、苏州大学出版社有关领导的关心和责任编辑的支持。我们团队得到苏州市市场监督管理学会洪海副会长多年来的指导和支持。对于上述人员和单位的支持，在此一并表示感谢！同时，也借此机会衷心感谢一直以来关心、帮助和支持我们团队的朋友们!

以品牌文化为主题,分析、解读世界级品牌案例,对我们团队而言还是初步尝试,而且对世界级品牌文化的比较分析难免有诸多不妥及疏漏之处,敬请读者批评指正。

文　子

(苏州大学东吴商学院教授、中国管理现代化研究会管理案例研究专业委员会委员、苏州市品牌研究会首位发起人、文子品牌研究院创始人)

2019年秋分于庇寒斋

目录 MULU

第一章 品牌与品牌文化
——可口可乐与百事可乐品牌文化分析 …………… 1

一、品牌理论与品牌文化概述 ……………………………… 1
二、可口可乐与百事可乐品牌简介及其标志变化 ………… 7
三、可口可乐与百事可乐品牌文化比较 …………………… 17
四、结论和启示 ……………………………………………… 25

第二章 品牌物质文化
——麦当劳与肯德基品牌文化分析 …………… 29

一、品牌物质文化概述 ……………………………………… 29
二、麦当劳与肯德基品牌简介 ……………………………… 31
三、麦当劳与肯德基品牌文化的物质属性 ………………… 34
四、麦当劳与肯德基品牌文化比较 ………………………… 38
五、结论和启示 ……………………………………………… 45

第三章 品牌精神文化
——迪士尼与乐高品牌文化分析 …………… 47

一、品牌精神文化概述 ……………………………………… 47
二、迪士尼与乐高品牌简介 ………………………………… 51
三、迪士尼与乐高品牌文化比较 …………………………… 55
四、结论和启示 ……………………………………………… 60

第四章　品牌文化战略
——海尔与三星品牌文化战略分析 ······ 63
- 一、品牌文化战略概述 ······ 63
- 二、海尔与三星品牌简介 ······ 64
- 三、海尔与三星品牌文化战略比较 ······ 68
- 四、结论和启示 ······ 78

第五章　品牌文化构建
——华为与思科品牌文化分析 ······ 83
- 一、品牌文化构建概述 ······ 83
- 二、华为与思科品牌简介 ······ 86
- 三、华为与思科的品牌价值 ······ 90
- 四、华为与思科品牌文化比较 ······ 93
- 五、结论和启示 ······ 99

第六章　品牌文化传播
——耐克与阿迪达斯品牌文化分析 ······ 102
- 一、品牌文化传播概述 ······ 102
- 二、耐克与阿迪达斯品牌简介 ······ 104
- 三、耐克与阿迪达斯品牌文化传播比较 ······ 106
- 四、结论和启示 ······ 116

第七章　品牌文化与企业形象
——香奈儿与欧莱雅品牌文化分析 ······ 119
- 一、品牌文化与企业形象概述 ······ 119
- 二、香奈儿与欧莱雅品牌简介 ······ 122
- 三、香奈儿与欧莱雅品牌文化比较 ······ 125
- 四、结论和启示 ······ 132

第八章　品牌文化传承
——茅台与五粮液品牌文化分析 ………… 135
- 一、品牌文化传承概述 ………… 135
- 二、茅台与五粮液品牌发展历程 ………… 136
- 三、茅台与五粮液品牌文化比较 ………… 140
- 四、结论和启示 ………… 149

第九章　品牌价值与品牌文化
——亚马逊与谷歌品牌文化分析 ………… 152
- 一、品牌价值及其评估概述 ………… 152
- 二、亚马逊与谷歌品牌简介 ………… 156
- 三、亚马逊与谷歌品牌文化及其比较 ………… 159
- 四、结论和启示 ………… 166

第十章　品牌资产与品牌文化
——奔驰与宝马品牌文化分析 ………… 169
- 一、品牌资产与品牌文化概述 ………… 169
- 二、奔驰与宝马品牌简介 ………… 176
- 三、奔驰与宝马品牌文化比较 ………… 181
- 四、结论和启示 ………… 185

第十一章　品牌技术与品牌文化
——微软与甲骨文品牌文化分析 ………… 189
- 一、品牌技术与品牌文化概述 ………… 189
- 二、微软与甲骨文品牌简介 ………… 190
- 三、微软与甲骨文品牌文化比较 ………… 196
- 四、结论和启示 ………… 205

第十二章　品牌艺术与品牌文化
　　——路易威登与爱马仕品牌文化分析 ············· 208

一、品牌艺术与奢侈品牌概述 ················· 208
二、路易威登与爱马仕的品牌发展历程 ··········· 211
三、路易威登与爱马仕品牌文化比较 ············· 215
四、结论和启示 ························· 220

第十三章　品牌文化创新
　　——雀巢与星巴克品牌文化分析 ················· 224

一、品牌文化创新概述 ····················· 224
二、雀巢与星巴克品牌简介 ·················· 225
三、雀巢与星巴克品牌文化的形成和发展 ········· 230
四、雀巢与星巴克品牌文化创新比较分析 ········· 237
五、结论和启示 ························· 240

第十四章　企业家与品牌文化
　　——苹果与惠普品牌文化分析 ··················· 244

一、企业家与品牌文化概述 ·················· 244
二、苹果与惠普品牌简介 ···················· 246
三、苹果与惠普品牌文化比较 ················ 250
四、结论和启示 ························· 257

第十五章　企业文化与品牌文化
　　——阿里巴巴与腾讯品牌文化分析 ············· 260

一、企业文化与品牌文化概述 ················ 260
二、阿里巴巴与腾讯的品牌发展历程 ············ 263
三、阿里巴巴与腾讯品牌文化比较 ············· 267
四、结论和启示 ························· 272

附录：30个世界级品牌创办年表 ················· 275

第一章 品牌与品牌文化
——可口可乐与百事可乐品牌文化分析

【摘要】 品牌理论研究与发展经历了一个相对长期的过程，已成为管理学科的重要组成部分，呈现出学派林立的品牌理论丛林状况。品牌文化是品牌理论和组织文化的重要组成部分，是一个组织重要的无形资产和核心竞争力的直接体现。本章通过对可口可乐与百事可乐品牌文化内涵、品牌设计、品牌传播的比较分析，总结了品牌文化有利于提高品牌认知度、培养消费者品牌忠诚度、强化消费者品牌联想以及能够有效地承载企业的社会功能等启示。

一、品牌理论与品牌文化概述

（一）品牌理论概述

"品牌"（brand）一词源于古挪威语的"brandr"，意思是"燃烧"，指的是生产者燃烧印章烙印在产品上，这是品牌最为原始的定义。在1870年以前，人们对于品牌的认识是浅层次的，它主要运用在广告行业，这一时期被称为品牌观念时代。1870—1900年，主要是个体生产者拥有消费品品牌。20世纪30年代，出现了品牌经理，诞生了品牌管理系统。1931年，宝洁公司的尼尔·麦克罗伊（Neil McElroy）提出并建立了品牌经理制和品牌管理系统，自此，品牌实践逐渐成为提升企业竞争力的主要源泉。20世纪50年代，许多企业开始尝试实施品牌管理系统，特别是消费品企业，品牌管理和品牌营销在经营管理中的地位和作用充分体现了出来，学者们开始对品牌理论进行研究，提出了一系列品牌理论。

20世纪80年代至90年代初，出现了品牌整合，品牌资产理论盛行。20世纪90年代以来，品牌战略管理成为公司战略和管理的重要新领域，各大企业围绕如何做好品牌管理提出了品牌实践操作方法。例如，奥美（Ogilvy & Mather）提出了"品牌管家"（brand stewardship），并在90年代末进一步提出了"360度品牌"理论模式；电通（Dentsu）提出了"品牌传播"（brand communication）；李奥·贝纳（Leo Burnett）提出了广告的BBS（Brand Belief System，品牌信任系统）理论；罗瑟·瑞夫斯（Rosser Reeves）提出了"独特销售主张"（Unique Selling Proposition，USP）；达彼思（Ted Bates）提出了"品牌轮"（brand wheel）；智威汤逊（J. Walter Thompson）提出了"整合品牌建设"（total branding）；哈雷和戴维森（Harley & Davidson）提出了"品牌冰山"理论；汤姆·邓肯（Tom Duncan）提出用"价值范畴"代替"价值链"的品牌关系研究新模式。

戴维·阿克（David A. Aaker）指出，品牌生态管理除了构造企业内部品牌系统的战略外，还要通过精心地组建相互关系、相互促进的品牌群来创造可持续的竞争优势，并进一步提出了"品牌群"的概念，首次将生态学的种群概念引入品牌理论研究，构建了品牌理论创新与发展的新视角。

纵观品牌理论的发展，当代品牌理论处于全面发展阶段，呈现出学派林立的品牌理论丛林状况，主要有以下代表性的理论：

1. 品牌定位理论

品牌定位理论是由美国著名营销专家艾·里斯（Al Ries）和杰克·特劳特（Jack Trout）于20世纪70年代提出的。里斯和特劳特认为，"定位是你对未来的潜在顾客的心智所下的功夫，也就是把产品定位在你未来潜在顾客的心中"。也就是说，定位是对产品在未来潜在顾客的脑海里确定一个合理的位置。他们提出7条定位原则：① 心智，而非市场；② 寻找心智中的空缺；③ 聚焦，而非延伸；④ 不同，而非更好；⑤ 品牌名就是定位；⑥ 竞争，而非顾客导向；⑦ 二元性。定位的真谛就是"攻心为上"，消费者的心灵才是营销的终极战场。

所谓品牌定位理论，是指企业在市场定位和产品定位的基础上，对特定的品牌在文化取向及个性差异上的商业性决策。该理论认为品牌是消费者选购产品的主要依据，因而品牌成为连接产品和消费者的桥梁，品牌定位是市场定位的核心和集中体现。品牌定位理论的实施有以下几个基础前提：① 消费者只能接收有限的信息；② 消费者喜欢简单，讨厌复杂；③ 消费者缺乏安全感；④ 消费者对品牌的印象不会轻易改变；⑤ 消费者的心智容易失去焦点。

在里斯和特劳特提出定位理论之后，菲利普·科特勒（Philip Kotler）

在"4P 理论"（Product，Price，Place，Promotion，即产品、价格、渠道、促销）的基础上，对市场定位做了更多补充：所谓市场定位就是对公司的产品进行设计，从而使其能在目标顾客心目中占有一个独特的、有价值的位置的行动。市场定位的实质是使本企业和其他企业严格区分开来，并且使顾客明显地感觉和认知到这种差别，从而使品牌在顾客心目中留下特殊的印象。

进入 21 世纪后，里斯和特劳特进一步提出 7 条新定位原则：① 全球，而非国内；② 互联网是一个全新的品类；③ 品类比品牌更重要；④ 视觉锤，即视觉的力量比单纯的文字力量更强大；⑤ 难忘的口号；⑥ 公关，而非广告；⑦ 多品牌。

2. 品牌资产理论

品牌资产研究源于 20 世纪 80 年代末 90 年代初，由于当时西方国家企业兼并浪潮的涌起，企业界从品牌管理的角度提出了品牌资产的概念。戴维·阿克在其《管理品牌资产》一书中提出了品牌资产理论，他认为品牌资产可以增加或减少通过产品或服务提供给企业和顾客的价值，是品牌知名度、品质认知度、品牌联想度和品牌忠诚度等各种要素的集合体。除了研究定性的品牌资产之外，有些学者从定量的角度提出了一些品牌资产模型，如世界品牌实验室独创了国际领先的"品牌附加值工具箱"（BVA Tools）；英国英特品牌咨询公司提出了基于未来收益贴现的品牌资产评估模型；等等。

3. 品牌战略理论

20 世纪 90 年代至 21 世纪初期，学者们认为传统的品牌理论大多是从战术层面进行探讨的，而竞争理论将品牌的研究提升到战略的高度，由此诞生了品牌战略理论。凯文·莱恩·凯勒（Kevin Lane Keller）在其代表作《战略品牌管理》中提出了战略品牌管理理论，他认为随着竞争的加剧，企业之间相互模仿和借鉴，市场的同质化趋势日益明显，品牌成为企业引导顾客识别自己并使自己的产品与竞争对手的产品区别开来的重要标志，它是比企业产品更重要和更持久的无形资产，是企业的核心竞争力所在。

4. 品牌差异化理论

品牌差异化战略属于企业战略的一部分，提出该理论的代表性学者有菲利普·科特勒、里克·莱兹伯斯（Rik Riezebos）、迈克尔·波特（Michael Porter）等。

菲利普·科特勒认为,所谓多品牌战略就是一个公司在同一类产品上使用不同的品牌。企业使用多品牌战略的动机很多,有时公司看到这是一种为不同买主提供不同性能或诉求的方法,并能使公司占领更多的分销商货架;或者,公司建立侧翼品牌是为了保护其主要品牌。他认为引进多品牌的陷阱是每个品牌仅占领了很小的市场份额,也可能毫无利润。他建议这些公司应除去较弱的品牌,并建立一套严格的选择新品牌的审查程序。

里克·莱兹伯斯将多品牌与品牌组合联系在一起,认为品牌有四种类型:主力(bastion)品牌、侧翼(flanker)品牌、进攻(fighter)品牌和威望(prestige)品牌,分别针对不同的目标消费群体和市场。他认为在同一个市场开发利用多个品牌(即品牌组合)可以为企业带来多种好处:消费者购买企业品牌组合中品牌商品的概率增加;企业可以从多种规模优势中获利;企业可以获得战略优势;分散风险;为企业提供有利于获利的协同效应;为品牌延伸打下更坚实的基础。因为企业在运用多品牌战略时要面对不同的消费诉求和目标市场,并且每个品牌有各自的功能角色,所以需要将多品牌分类并确定实施战略。品牌组合的实质在于,企业利用其他品牌保护其经济效益最好的品牌不受竞争的袭击。企业为维护其长久的经济利益,应该建立品牌组合,使其竞争对手无法或很难进入某些细分市场。

迈克尔·波特认为差异化造就了品牌,差异化的策略有助于品牌的形成和提升。品牌是一个企业生存的关键,品牌本身就是一种差异。一种很普通没有特色的产品是不可能成为品牌的,品牌是差异化的结果。同时,品牌也形成了差异化。品牌差异化包括品牌差异化定位、品牌差异化传播、细分市场差异化营销等,因而差异化和品牌是密切关联、相辅相成的。

5. 品牌形象理论

品牌形象是指顾客对品牌的感知,它反映为顾客记忆中关于品牌的联想。大卫·奥格威(David Ogilvy)在20世纪60年代提出了创意观念,他认为品牌形象不是产品固有的,而是消费者联系产品的质量、价格、历史等,在外在因素的诱导、辅助下生成的。此观念认为每一则广告都应是对整个品牌的长期投资。因此,每一品牌、每一产品都应发展和投射一个形象。形象经由各种不同推广技术,特别是广告传达给顾客及潜在顾客。贝尔(A. L. Biel)、戴维·阿克认为产品形象只是品牌形象的一个组成部分，不能完全意义上概括品牌形象的构成。范秀成和陈洁认为品牌形象是顾客对品牌的总体感知和内涵表达，是品牌联想在顾客头脑中的具体反映。他们以品牌识别系统为基础，提出了品牌形象的构建要素，即产品维度、企业维度、人性化维度和符号维度四个方面。其中，产品维度被认为是品牌的重要载体。企业维度是指消费者除了关心产品本身的特性，也很在意企业的情况，优秀的企业形象为产品销售提供了保障。人性化维度是指将品牌拟人化，以丰富和趣化其品牌形象。符号维度是指在消费者头脑中形成的最直观的、印象最为深刻的东西，是品牌整体形象的简介。视觉符号和隐喻式图形是两个极为重要的符号标记，其中视觉符号是指给消费者造成直观、强烈视觉印象的标记，而隐喻式图形是指可以体现品牌功能和传递其情感的标记。

6. 品牌生态理论

戴维·阿克于20世纪90年代末明确提出了基于单个企业品牌系统的"品牌群"概念，首次将生态学的种群概念引入品牌理论的研究中，并指出这是一个认识品牌的全新角度，后来进一步提出了"品牌领导"的新管理模式。安格尼斯嘉·温克勒（Agnieszka Winkler）提出了品牌生态环境的新概念，并指出品牌生态环境是一个复杂、充满活力并不断变化的有机组织。品牌与生态的结合是品牌理论发展的新趋向，生态学将成为解决品牌复杂性问题的桥梁，成为品牌理论创新与发展的新视角。其中，品牌文化是整个品牌生态理论的重要组成部分。

总体而言，随着消费者需求的变化，市场竞争越来越激烈，现代品牌理论不断发展，研究的对象也越来越广泛。品牌理论研究有从具体到抽象、从单一到综合、从浅层次到深层次的趋势。

（二）组织文化与品牌文化概述

组织文化的概念伴随着管理学理论和相关学科，如人类学、心理学、文化学研究的发展而逐渐成为多学科研究的内容。组织文化是组织在长期的生存和发展过程中形成的以价值观为核心的物质文化和精神文化的总和。组织文化与领导力相互作用，组织领导人将其在组织或企业创业阶段关于管理理念、基本假设等达成的共识作用于组织管理活动，包括价值观念、行为准则、团队精神、思维方式、工作作风、心理预期和团体归属感等群体意识，并使之成为一个组织或企业独具个性化的管理模式。

在组织文化研究的众多学者中，埃德加·沙因（Edgar H. Schein）是极为重要的一个代表人物。沙因对组织文化研究的贡献主要在于他提出了一个多数人能接受的组织文化定义，并构造了被人们广为采用的组织文化模型。沙因认为，任何一个社会的结构层次，都意味着"文化"。这种组织文化是"一套基本假设——一个给定的组织在其应对外部适应性和内部一体化问题的过程中，创造、发现和发展的，被证明是行之有效的，并用来教育新成员正确地认识、思考和感觉上述问题的基本假定"。沙因认为人们的公开的行为常常是由模式化的假设、知觉、思想和感觉这一文化倾向与从外部环境中产生的可能性决定的。因此，公开的行为可能同时是对文化与环境的反应。

从人类文化的变迁来看，品牌是物质文化和精神文化升华的最高境界，成为普世价值的文化追求。品牌既是人类社会集中发展物质需要的重要产物，赋予物质以文化，满足人类不断增长的物质文化需求，也是物质文化创造者们不断满足人类对精神文化追求的利器。随着人类生活水平的不断提高，现代文化呈现多层次需求状态，人类对品牌的追求促使物质文化和精神文化发挥了双向价值，人们更加注重品牌文化的精神文化及其社会价值。蒋诗萍认为，品牌文化强调自然与文化对立面的消失以及归属上的双重性，是一种"间性文化自然"。从品牌现象的历史流变来看，品牌的文化定位是对既成文化规约的挑战，是对二元对立思想的调解，开放了一个复杂、多元的意义空间，从而使得品牌文化呈现出多元化特征。

根据戴维·阿克的定义，所谓品牌文化是指通过赋予品牌深刻而丰富的文化内涵，建立鲜明的品牌定位，并充分利用各种强有效的内外部传播途径，形成消费者对品牌在精神上的高度认同，创造品牌信仰，最终形成强烈的品牌忠诚。品牌文化就是为了给特定用户群提供特定价值，而将产品或服务作为载体，以形象、主张和价值与特定人群进行沟通的一套理念体系。品牌文化包括品牌形象、品牌核心价值、品牌故事、沟通口号等。品牌文化的核心在于其独特的价值内涵和情感内涵，即品牌所凝炼的价值观念、生活态度、时尚品位、个性潮流、情感诉求、审美观念等精神象征。

如果将组织文化比作树的根基，那么品牌文化就是树结的果实。组织文化所追求的是内部效应，而品牌文化追求的则更多的是外部效应，它是品牌价值的体现，也是品牌的无形资产。可以说，品牌文化的价值在于得到消费者的认同。可口可乐得以在全球畅销的秘密在于它为消费者提供了丰富的文化内涵，它不仅仅是冷冰冰的喝起来辣辣的饮料。它畅销的主要原因在于它将美国的精神、美国人的生活方式糅合进可口可乐的品牌文化，并通过长时期的整合传播，形成了可口可乐独有的品牌价值。

由此可见，品牌文化的塑造通过创造产品的物质效用与品牌精神高度统一的完美境界，能超越时空的限制，带给消费者更多的高层次的满足、心灵的慰藉和精神的寄托，在消费者心灵深处形成潜在的文化认同和情感眷恋。在消费者心目中，他们所钟情的品牌作为一种商品的标志，除了代表商品的质量、性能及独特的市场定位以外，更代表他们自己的价值观、个性、品位、格调、生活方式和消费模式；他们所购买的产品也不只是一个简单的物品，而是一种与众不同的体验和特定的表现自我、实现自我价值的道具；他们认牌购买某种商品也不是单纯的购买行为，而是对品牌所能够带来的文化价值的心理利益的追逐和个人情感的释放。

综合上述观点，我们认为，品牌文化就是品牌创立者在品牌发展过程中形成的品牌物质文化、品牌行为文化和品牌精神文化的总和，品牌文化的内核是品牌价值，其外显则是品牌影响力。其中，品牌精神文化是支撑品牌文化体系的灵魂。

二、可口可乐与百事可乐品牌简介及其标志变化

（一）可口可乐品牌发展历程及其标志变化

1. 可口可乐品牌发展概要

可口可乐诞生在美国历史上著名的"镀金时代"。1879 年，已经 48 岁且患有各种疾病的美国药剂师约翰·斯蒂斯·彭伯顿（John Stith Pemberton）在资料中发现了一种很神奇的新药材——古柯（Coca），而古柯叶最著名的商业用途便是马里安尼酒的原料。1884 年，彭伯顿的"法国古柯酒"面世，这款由马里安尼酒改进而来的酒水里加入了可乐果和葡萄酒。而在这一时期，古柯和可乐果则被包装为"健脑益神良药"。就在法国古柯酒盛行一时之际，禁酒运动开始在部分地区试行，彭伯顿不得不开始改进配方，剔除酒精成分。

1886 年 5 月，符合禁酒法令的含古柯（Coca）和可乐果（Cola）的饮料正式诞生了。彭伯顿公司的合伙人弗兰克·罗宾逊（Frank M. Robinson）为这款饮料起名为"Coca-Cola"。这个名字不仅包含了两种主要成分，更有着十分押韵的发音。

1886年7月1日，禁酒令正式发布。如广告所描述一般"美味！清爽！醒脑！提神！"的可口可乐，凭借这几种因素产生的巨大合力，销量飞速增长。

1888年，阿萨·坎德勒（Asa Candeler）购买了可口可乐股份，掌握了其全部生产销售权。在坎德勒的带领下，可口可乐正式走向全美国。这一时期可口可乐的广告，开始着重强调其作为滋补品的功效。这些广告均有着明确的受众，如商人、妇女，后来更对准了儿童。这时的可口可乐为了吸引更多顾客的注意，开始推出促销活动，除了发行免费试用礼券外，还制作各种带有可口可乐标志的小礼品，这些小礼品带着可口可乐的标志被分发到千家万户。就这样，在这一时期，可口可乐的广告覆盖率已远超其他产品，知名度迅速提升。此时，可口可乐在广告中宣称自己为"伟大的美国饮料"。

1890年，可口可乐公司成立4年后，其分销系统就遍及全国各地。

1897年，可口可乐公司已经发展到成熟阶段，在它逐步成为全国性饮料的同时，越来越多的仿冒品出现在市面。为了明确地进行区分，两位从田纳西州来到亚特兰大的律师向坎德勒建议，将可口可乐从杯装转换为瓶装。

1899年，在两位律师给出了维护可口可乐的纯洁性和完整性，将可口可乐发展成为整个美国最著名的瓶装饮料的承诺后，坎德勒逐渐被打动。世界闻名的可口可乐曲线瓶也由此逐步发展而来。

1923年，罗伯特·伍德鲁夫（Robert Woodruff）成为可口可乐公司的第二任董事长兼总经理。在超过60年的时间里，伍德鲁夫引领公司走向成功，使可口可乐成为全世界最出名的产品之一。从伍德鲁夫上任起，可口可乐开始挖掘品牌联想与内涵，从广告着手，将自身与美国的精神和生活方式相结合，逐步强化着消费场景。

1928年，可口可乐开始赞助奥运会，将"欢乐活力"的品牌精神与体育运动拼搏进取的精神相结合，使两个看似不相关的领域有机且亲密地联系在一起，开创了商业与体育间新的宣传和经营模式。

1931年，为了在原本是销售淡季的圣诞节期间提升销量，可口可乐推出了44幅广告，其中最为著名的便是红衣服、白胡子的圣诞老人形象。这个由可口可乐根据自己商标创造的圣诞老人，一举击败此前各个国家已有的圣诞老人形象，迅速成为全球性的文化符号。

1941年12月，美国参加第二次世界大战，伍德鲁夫宣布："不管我国的军队在什么地方，也不管公司的代价有多大，我们一定保证每个军人只花 5 美分就能买到一瓶可口可乐。"此举让可口可乐名利双收，这样的爱国情怀把可口可乐在美国士兵心中的形象推向了一个新高度，并借此影响了更多的美国人，而情怀背后更多的是伍德鲁夫敏锐的商业眼光和判断力。第二次世界大战让可口可乐走向了世界。为了保证军人能够喝到 5 美分的可乐，战争期间，可口可乐公司在世界范围内建立了 60 多个灌装厂供应美国军队。

从 20 世纪 90 年代至今，可口可乐收购了多家健康饮品（MOJO 康普茶、ZICO 椰子水）、功能饮品（Monster）公司，其中包括以 51 亿美元收购英国老牌咖啡连锁企业咖世家（Costa）。

从秘方时代起家的可口可乐能够风靡全美国，正是因为它足够平民化、普适、年轻，又象征着流行文化，这也是它能够成为美国历史缩影、代表美国精神的一大原因。它随着时代发展，又同样为时代所塑造。

可口可乐深刻了解广告与营销的重要作用，成就它的并不是神秘配方"7X"，而是 130 多年来持续不断的高强度品牌营销。正如伍德鲁夫所说，"即使整个可口可乐公司一夜之间化为灰烬，仅凭可口可乐这块牌子就能在很短时间内东山再起"。

在 2018 年 10 月 4 日国际品牌咨询公司 Interbrand 发布的《2018 年全球最有价值品牌榜》中，可口可乐下滑至第 5 位，品牌价值同比下降 5%，至 663 亿美元。在世界品牌实验室（World Brand Lab）发布的 2018 年度《世界品牌 500 强》排行榜中，可口可乐排名第 7 位。

2. 可口可乐标志的变化

（1）早期（19 世纪 80 年代）的可口可乐标志。如图 1-1 所示，上面是 1886 年用粗衬线体（Slab Serif）打印的第一个可口可乐标志，下面是 1887 年罗宾逊用斯宾塞体（Spencerian Script）手书的标志。后来，由于靠打字机打印的粗衬线体的可识别性和企业特征都不够突出，而手书的斯宾塞体有着更为流畅的曲线以及优雅的飘带，这一字体避免了印刷体的同质化，而且这种独一无二、与众不同的标志设计给

图 1-1　早期的可口可乐标志

人们带来了不一样的审美感受。因此,斯宾塞体的标志设计最终成为企业商标被固定下来而沿用至今。可以说,这种斯宾塞体的标志方案为该企业个性的塑造打下了坚实的基础,也奠定了之后可口可乐引领时代的品牌特征。

(2)第二次世界大战时期(20世纪30—40年代)的可口可乐标志。第二次世界大战时期,经济危机和战争虽然导致许多企业陷入困境,可口可乐公司却在这一时期实现了品牌向全球的推广。可口可乐标志设计逐渐形成了完整

图1-2 20世纪中期的可口可乐标志

的视觉传达系统,确定了斯宾塞体为标准字体、红色为标准色,创造了广告业界著名的"可乐红",完善了企业形象设计的标准化准入机制。1938年,美国著名的工业设计大师——雷蒙德·罗维(Raymond Loewy)接手了可口可乐公司的饮料瓶与标志设计的业务。他根据女人的曲线和人机工程学原理重新设计了可乐的瓶子。其中,他设计的可口可乐改进标志(图1-2)采用深红色的底色映衬流畅的白色斯宾塞体字样,由字母的连贯性形成白色波状的曲线,构成一种连续变化的效果,给人一种液体流动之感。从此以后,可口可乐标志一跃成为继基督教十字架、伊斯兰教新月标志和纳粹党标志之后的又一个世界性的标志,同时,也为可口可乐销售额的迅速提升奠定了一定的基础。1941年,"Coke"作为可口可乐的简称,首次在杂志广告上出现,之后"Coke"多次出现在可口可乐瓶外包装上,被大众所认知和接受。

(3)成长期(20世纪下半叶)的可口可乐标志。第二次世界大战结束后,由于物资匮乏,各大企业都忙于扩大生产,提高商品竞争力,以满足人们日益增长的物质文化需求。视觉传达设计作为一门新兴专业迅速发展起来,企业家们更加重视企业文化及其灵魂——标志的设计,可口可乐由此迈入了快速成长期。如图1-3所示,在20世纪50、60年代,

20世纪50、60年代　　20世纪60、70年代　　1985年　　1987年　　20世纪90年代

图1-3 成长期的可口可乐标志变迁

可口可乐标志设计相比之前出现了多样化的发展局面,如可口可乐公司将文字放置在"鱼尾"的形状内,使用"鱼尾"形状标志取代以前单一的设计表现形式。20世纪60、70年代是美国企业形象设计发展的重要阶段,在可口可乐标志上出现了连续起伏、类似飘带的波浪曲线。1985年,可口可乐推出了新可口可乐口味饮料,并启用"Coke"标志方案,但并没有达到预期的目的。1987年,可口可乐标志设计在波浪曲线下加入了灰色条带,使标志色彩层次更加丰富。到了20世纪90年代,可口可乐标志设计以经典的玻璃瓶形象为背景,使用具有立体感的气泡作为装饰,使得标志设计更为生动。做出这些改变,主要是由于战后单一、平面化的现代派设计形式已无法满足人们的审美需求,人们开始更加关注生活中具象事物的存在。因此,受后现代派影响的设计师们在技术和形式上开拓创新,创造出更为精致、新颖的作品。总之,创意与技术的紧密结合使可口可乐标志设计更加具有层次感,丰富了企业标志的内涵,并从多种角度诠释了可口可乐公司的企业形象。

（4）成熟期（21世纪）的可口可乐标志。现代派标志设计摒弃了过去繁杂的设计特点,在表现手法上趋向简洁和符号化,而后现代派又厌倦了过于单一的平面形象,转而探讨具象和丰富画面的可能。可口可乐标志设计在经过多种形式的改变之后,最终又回归经典——以斯宾塞体为标志主体,并放大和重复那根优雅的白色飘带,体现简约、优雅、大方的设计风格（图1-4上图）。这种做法既延续了可口可乐标志设计的三个特点,又给人以清新自然的感觉,得到了大众的喜爱。2009年的标志设计则干脆抛弃了斯宾塞体下方白色的飘带,而直接使用老的手书体,把白色字体改成了红色,既简约,又醒目,传达性更强（图1-4下图）。

21世纪初期

2009年

图1-4　2000—2009年的可口可乐标志

在可口可乐标志发展的四个阶段,其标志设计虽经历了多次细微的改变,但是每次调整都是在三种视觉元素（斯宾塞体、标准可乐红、曲线飘带）的基础上进行修改,保持了品牌标志的一致性和连续性。

3. 可口可乐广告宣传语的变化

1886年,第一瓶可口可乐问世,需要尽可能多的人来品尝这一款新产品,"请喝可口可乐(Drink Coca-Cola)"成为可口可乐的第一句广告语,并在此后的10多年里一直是可口可乐的推广主题。广告内容重点突出产品的功能性,如解渴、清凉、滋补等。

1904年,可口可乐在美国进入了巩固发展期,"美味畅爽(Delicious and Refreshing)"道出了可口可乐的产品特质,也是使用频率最高的广告语之一,畅行百年,历久不衰。

1927年,可口可乐开始了第一波全球扩张,中国也名列其中,可口可乐进入上海市场。一句"任何角落,随手可得(Around the corner from everywhere)",彰显了可口可乐的全球化战略。

1963年,可口可乐用"心旷神怡,万事胜意(Things go better with Coke)"来安抚每颗落寞的心。这一广告语结合肯尼迪遇刺的重要事件,从产品特性宣传向品牌个性转换,体现了包容、关怀的品牌情怀。

1969年,为了应对百事可乐的宣传攻势,可口可乐结合60年代疯狂的披头士音乐,推出了广告语"可口可乐是真正的可乐(It's the real thing)"。

1971年,可口可乐的广告《山顶篇》(Hilltop)引起了巨大的反响。在片中,来自世界各地的青少年聚集到意大利的一个山顶,用纯真的声音唱出"我想给世界来杯可口可乐(I'd like to buy the world a Coke)",表达出可口可乐世界大同的心愿,为更多的新朋友带来欢乐。

1979年,中美正式建交,于1948年离开中国的可口可乐重返中国。为了表达内心的澎湃,可口可乐将其广告语变为了"可口可乐添欢笑(Have a coke and a smile)"。

2009年,伴随着一系列脍炙人口的快乐营销活动,可口可乐启用了广告语"畅爽开怀(Open happiness)",奠定了可口可乐制造、分享、传递快乐的使者形象。

2016年,可口可乐推出全新营销主题"品味感觉(Taste the feeling)",回归产品本身,强调"畅饮任何一款可口可乐产品所带来的简单快乐,让那一刻变得与众不同"。

可口可乐从诞生伊始,就始终伴随着突显时代特色的广告语。这些广告语不仅反映了品牌内涵,更是一个时代的象征。总体来说,这些广告语将产品特质和品牌精神相互结合,循环反复,始终遵循统一的原则:短小精悍、因地制宜、与众不同、与时俱进又不失经典,反映品牌内涵。经典、热情、快乐成为可口可乐广为人知的品牌形象。

（二）百事可乐品牌发展历程及其标志变化

1. 百事可乐品牌发展概要

1893 年，在美国北卡罗来纳州伯恩市，年轻的药剂师科尔贝·布莱德汉姆（Caleb Bradham）在试验时意外发现了一种口味新颖的饮料，该饮料深受苏打柜台顾客的喜爱。他借此发明了一种由碳酸水、糖、香草、生油、胃蛋白酶（pepsin）及可乐果制成的碳酸饮料，取名为"布莱德（Brad）饮料"。

1898 年 8 月 28 日，科尔贝将其易名为"百事可乐"（Pepsi-Cola），这种饮料能够发挥类似胃蛋白酶的功能，有助于消化。

1898 年，世界上第一瓶百事可乐同样诞生在美国，比可口可乐的问世晚了 12 年。从此，百事可乐和可口可乐的竞争正式开始。

一直到 20 世纪 60 年代，百事可乐都处于一个非常被动的市场地位，公司几番破产重整，依靠低价竞争勉强支撑。

1963 年，百事可乐将自己的品牌定位于"年轻人的可乐，新一代的选择"，直指可口可乐战略上的弱点。至此，百事可乐开始迅速崛起。

从 1977 年开始，百事公司进军快餐业，先后将必胜客（Pizza Hut）、塔可贝尔（Taco Bell）和肯德基（KFC）收归麾下，进入多元化经营的高峰。

1997 年，为了使市场经营重点回归饮料和休闲食品，百事可乐做出重大战略调整，将必胜客、塔可贝尔和肯德基的餐厅业务从公司分离出去，使之成为一家独立的上市公司，即百胜餐饮集团。

1998 年，百事公司收购了世界著名的纯果乐（Tropicana）果汁饮料公司，大大丰富了产品线。

2001 年，百事公司并购了世界著名的桂格（Quaker）食品公司，通过此次并购，将一流运动饮料品牌佳得乐（Gatorade）归入百事旗下。

2001—2010 年，百事公司进一步收购多家健康食品公司。

2011 年，百事公司以 42 亿美元收购了俄罗斯食品饮料行业领军者维姆·比尔·丹公司。这项收购使得百事公司成为俄罗斯最大的食品饮料生产商，并成为俄罗斯快速发展的乳制品市场的领导者。

在 1963 年，伴随着第二次世界大战后新一代消费群体的崛起，百事公司找到了可口可乐的弱点，将年轻、激情、渴望的品牌个性塑造至今，并在可乐饮品的品牌基础上，大力发展多元化品牌的经营策略，在激烈的市场竞争中，一步一步走向了领先地位。

在世界品牌实验室发布的 2018 年度《世界品牌 500 强》排行榜中，百事可乐排名第 25 位。在英国品牌评估机构"品牌金融"（Brand Finance）发布的《2019 年全球最具价值品牌 500 强》榜单中，百事可乐名列食品饮料行业第 3 位。

2. 百事可乐标志的变化（图 1-5）

（1）早期（1898—1940 年）的百事可乐标志。1898 年，百事可乐诞生，受可口可乐的影响，一直到 1940 年前后，长达半个世纪的百事可乐标志都采用了花体字造型，风格与可口可乐标志极为相似。

（2）1950 年，蓝红色的瓶盖造型开始出现在字体周围，强化了饮料的说明性特征，特别是强调了性价比：同样的价格，更多的分量。

（3）1962 年，为了简化标志设计，百事可乐将原来标志上的花体字改成了等线体造型。这是一次大的变革和突破，塑造了具有强烈醒目视觉冲击力的形象。

（4）1973 年，百事可乐进一步简化标志设计，把瓶盖造型简化成圆形，并加入了方形背景，使得重点更突出，视觉效果更加简约有力。

（5）1998 年，适逢诞生 100 周年，百事可乐启用了全新的三维标志，背景突出了百事的蓝色基因，与可口可乐的红色相对。

图 1-5　百事可乐标志的变化

（6）2008 年至今，百事可乐进行了最新一轮换标，将旧标志中均匀的白色曲线转变成了一个上扬的不规则图形，形成一个抽象的笑脸，在视觉上打破了平衡，显得更具活力，也给人们带来了积极向上、朝气蓬勃的风貌，同时传达了渴望无限、突破渴望的信念。

最新的百事可乐标志特别强调品牌的视觉形象，刻意淡化了文字性描述。与此呼应的是，百事可乐也一直淡化可乐本体的功能性和特质宣传，将百事品牌标志作为形象主导。

3. 百事可乐广告宣传语的变化

（1）1898—1907年：清爽、可口，百事可乐（Exhilarating, invigorating, aids digestion）。晚12年出生的百事可乐，可谓是天时、地利、人和一个都不占。可口可乐已经成为当时消费者生活的一部分，刚刚诞生的百事可乐没有想到太好的办法，只能从产品自身的角度去突出清爽、可口、健康、促进消化等产品优势。

（2）1909年：百事可乐使你才气焕发（Pepsi-Cola, it makes you scintillate）。从1909年开始，面对可口可乐的竞争压力，百事可乐已经开始逐渐弱化产品本身的特点，而转向与消费者进行感性沟通。1910—1928年，百事可乐用过的广告语有"让你心满意足""喝过百事可乐，你将喜欢它""激励你的士气"等。同样的问题，面对可口可乐的强大品牌，这些宣传没有很好的差异点，没有起到很好的效果。

（3）1932年：一样的价格，双倍的享受（Twice as much for a nickel）。1929—1932年，美国经济大萧条，消费者生活上都很窘迫，于是百事可乐开始强调其性价比，迅速在市场上取得了一定的成效。后来，又打出了口号"花同样的钱，享受双倍的可乐"，再次刺痛可口可乐。这次的品牌营销在短期内取得了不错的效果，但可口可乐没有给百事可乐太多的机会，很快就降低价格，再次掌握了市场的主动权。加上第二次世界大战期间的爱国营销，可口可乐的市场份额一直遥遥领先，而百事可乐始终没有找到更好的增长市场份额的办法，低价策略一直持续到了20世纪50年代。

（4）1958年：爱社交，喝百事；喝百事，增友谊（Be sociable, have a Pepsi）。在20世纪40年代，可口可乐开始强调自己的品牌，采用的口号是"只有可口可乐才是可口可乐"。从第二次世界大战开始，可口可乐在美国乃至全球的地位空前，百事可乐为了取得竞争优势，避开"可乐"，开始突出"百事"品牌，打造"百事休闲时刻"理念，使用了宣传语"时尚的人，时尚的味道"。这是百事在品牌营销上非常重要的过渡期，公司开始意识到年轻化可能是百事的一个方向。

（5）1961年：这就是百事，它属于年轻的心（Now it's Pepsi, for

those who think young)。20世纪60年代，百事可乐调整营销战略，开始将目标对准年轻人，这一改变为后来百事可乐的市场地位奠定了长久基础。百事可乐在这段时间找到了自己品牌的最佳定位，针对第二次世界大战后新一代年轻消费群体的崛起，百事发动了一系列的青春营销攻势，取得了突出的效果，其在美国的市场份额从50年代的约10%迅速攀升至约20%。1979年，百事可乐在美国零售店的业务首次超过了可口可乐。

（6）1984年：百事可乐，新一代的选择（Pepsi, the choice of a new generation）。1984年是百事可乐的巅峰之年，百事可乐邀请全球著名歌手迈克尔·杰克逊（Michael Jackson）拍了两部广告片，而正是这两部广告片，使得百事可乐真正赢得了年轻一代的心，引爆了市场，同时也成为百事可乐最经典的广告之一。

（7）1998年：渴望无限（Ask for more）。"年轻一代的选择"已经成为大众共识，退居策略层面，"渴望无限"成为台前的沟通主题，并作为百事可乐的品牌理念，倡导年轻人积极进取的生活态度，其寓意是：对年轻人来说，机会和理想是无限的，他们可以尽情地遐想和追求。这一宣传语进一步深化了年轻化的品牌内涵。

（8）2004年：突破渴望（Dare for more）。"渴望无限"只是一种向上的能量，而"突破渴望"才是百事可乐希望实现的结果。在稳定的发展中，不管是对于自身，还是对于广大的消费者，百事可乐都希望能够继续突破。

（9）2012年：渴望就现在（Live for now）。百事可乐继续强化渴望系列的宣传主题，结合时尚的音乐元素，追随年轻一代的思潮变化，主动进行品牌主题更新。

（10）2019年：热爱全开（For the love of it）。时隔7年，百事可乐换掉了"渴望就现在（Live for now）"的宣传语。可以看到，百事可乐希望使所要倡导的价值观更具象一点，鼓励人们为了自己所热爱的一切全力以赴。在更换广告主题的同时，百事可乐与联合国偶像组织（Now United）打造了同名广告歌。年轻，热爱，更直接地表达了品牌个性，与可口可乐回归产品味道的宣传针锋相对。

百事可乐最初以理性诉求积累用户，在不能进一步吸引消费者时，决定由理性诉求向感性诉求转变。但由于可口可乐在消费者心中的地位已根深蒂固，百事可乐转变的效果并不太明显。就在这个时候，百事可乐关注到了社会大环境的变化，以及消费者在经济危机下被迫消费降级，最后找到了理性和感性的平衡点，一边强调性价比，一边强调产品体验，变被动为主动，成功占据了碳酸饮料的大片市场。与此同时，百事可乐始终关注消费者，发现可口可乐再经典，也经不住时间的消磨，未来是属于年轻人的，只有永远和年轻人一起，品牌才能永生。

三、可口可乐与百事可乐品牌文化比较

品牌文化是品牌在消费者心目中的印象、感觉和附加价值，是结晶在品牌中的经营观、价值观、审美因素等观念形态及经营行为的总和，是形成品牌价值的重要组成部分。品牌文化的开发与运用，可以大大增强品牌的竞争力。可口可乐和百事可乐在对品牌的持续打造过程中，由于不同的品牌定位和传播互动，形成了不同的品牌形象认知和品牌价值观，以下从双方的品牌内涵、品牌设计以及品牌传播三个方面做比较分析。

（一）可口可乐与百事可乐品牌文化内涵比较

1. 可口可乐的品牌文化内涵

1928年，在阿姆斯特丹举行的奥运会上，可口可乐将其商标与美国队一起充分曝光展示，将两个原本不相干的领域有机联系在一起，开创了商业与体育联姻的新的宣传和经营模式之先例。时至今日，可口可乐持续针对全球大型体育赛事，例如世界杯、奥运赛事等，采取长期赞助的策略，将可口可乐品牌与体育赛事紧密地绑定。在可口可乐将"更快、更高、更强"的体育精神注入自己品牌的每一个细胞的同时，人们已然开始对可口可乐产生情感联系：喝下的不仅仅是一种饮料，更是一种"运动、奔放、向上"的精神。这种精神的融合帮助可口可乐塑造了"乐观奔放、积极向上、勇于面对困难"的品牌核心价值。

作为"3A"［即买得到（Availability）、买得起（Affordability）、乐意买（Acceptability）］经营策略的一部分，可口可乐在20世纪20年代就开始推销6瓶包装的家庭装，这种大容量的家庭装携带方便，便于购买。6瓶包装的可口可乐很快成为很多美国人家庭生活中不可或缺的一部分。"3A"经营策略的成功帮助可口可乐奠定了国民饮料的领先地位，可口可乐成为美国人生活的一部分，不可或缺，这也是可口可乐品牌文化内涵的核心内容。

可口可乐的品牌文化内涵可总结为：① 经典正宗的可乐令人们更怡神畅爽；② 不断激励人们保持乐观向上的生活态度；③ 让人们所触及的

一切更具价值;④ 激发创造力、激情、乐观与乐趣。

2. 百事可乐的品牌文化内涵

百事可乐作为市场后来者,在品牌文化的经营塑造过程中有明显的变化。

从诞生开始,一直到20世纪50年代末,百事可乐一直处于追随者的地位,模仿可口可乐的标志、外观以及宣传方式,但很快就发现非常难以动摇可口可乐在消费者心目中的地位。在没有想到更好的突破点时,百事可乐使用了低价策略,"一样的价格,双倍的享受"帮助百事可乐稳住了局面,扩大了市场份额。这段经营时期,百事可乐代表了性价比,代表了更便宜的可乐,低价成为当时百事可乐的品牌文化内涵之一。然而,低价不具备独特性,没有帮助百事可乐更深一步地形成产品个性,所以由此带来的竞争力不会持久。

1960年,可口可乐和百事可乐的市场份额比为5∶1。随着可口可乐主动降价应对,百事可乐的生存愈发艰难。转折点出现在百事可乐与天联广告公司(Batten, Barton, Durstine, Osborn,简称BBDO)的合作。天联广告公司重新分析评估了当前局势,提出了"百事可乐是年轻人的饮料"的观点,将品牌宣传火力对准可口可乐"经典(传统)"形象,集中宣传"年轻一代"和"百事新一代"理念。"百事新一代"充满了革命色彩,这是有史以来第一次,品牌把注意力放在消费者身上,通过为消费者"画像",让消费者积极购买该产品,从而成为理想的消费者。消费者对归属于这个新时代充满向往,急切地想超越自我,真正实现独立思考。而百事可乐传达的信息就是,"喝百事可乐,你就是百事一代",精准定位到了最理想的消费者群体。1970年,可口可乐和百事可乐的市场份额比为2∶1,到1975年为3∶2。最终在1978年6月,美国《商业周刊》的封面赫然印着"百事可乐荣膺冠军",这意味着在北美市场,百事可乐第一次正式夺走了可口可乐的领先地位。

1984年,百事可乐邀请迈克尔·杰克逊开启了一段传奇的广告合作,广告效果大放异彩。从此,百事巨星和音乐策略开始持续运作,这让百事可乐始终走在流行潮流的前沿,从时尚年轻人的视角,用年轻人的语言与消费者沟通,通过年轻人所喜爱的文化,建立深度联系,传递百事可乐的品牌精神。传奇的商业故事刷新了百事可乐的品牌文化内涵,至此,"年轻""自由""改变"成为百事可乐品牌文化内涵的核心内容。

到了20世纪90年代,"年轻"的品牌基因和品牌内涵已经深入人心,百事可乐更进一步挖掘"年轻"背后的需求，在品牌沟通上更加务实，推出了"渴望无限"和"热爱全开"的沟通主题，丰富了"年轻"理念的内涵："年轻"除了可以从年龄区间上定义，更多是心态、精神层面上的"年轻"。"年轻人"是拥有年轻心态的个体，他们充满激情和活力，热爱生活，对世界的变化充满好奇心，渴望创造并乐于分享新事物。从这个角度出发，一直引领潮流文化的百事可乐，始终都是一个年轻的品牌。

百事可乐的品牌文化内涵可总结为：① 突破渴望，年轻无极限；② 鼓励年轻人心怀梦想，追求更高，寻求突破；③ 追求自由和改变；④ 追随流行文化。

综上所述，可口可乐和百事可乐的文化内涵，是红与蓝的碰撞，是经典与年轻的碰撞，是乐观与激情的碰撞，是不变与改变的碰撞，分别塑造了两个个性鲜明的品牌形象。

（二）可口可乐与百事可乐品牌设计比较

这里主要比较两者的包装设计和标志设计。

1. 品牌包装设计比较

不同的包装设计利于品牌个性的塑造。可口可乐曲线瓶的创新设计创造了品牌包装史上的传奇神话。可口可乐早期的包装瓶为木塞盖，这种瓶型由于拆装困难、清洗不便被后来的铁盖封口所取代。然而，改进了的玻璃瓶并不能满足可口可乐个性化的品牌定位需求，因此，1915年，可口可乐公司为寻找"即使在黑暗中也能辨别"的可口可乐瓶举办了比赛。厄尔·迪安（Earl R. Dean）以可可叶和可可豆为灵感来源设计了广为人知的曲线瓶，大胆而夸张的曲线设计赢得了人们的青睐。不同时期的可口可乐瓶如图1-6所示。

图1-6 不同时期的可口可乐瓶

1934年，著名设计师雷蒙·罗维（Raymond Loewy）承接了可口可乐公司的品牌形象和产品设计业务。到了1954年，雷蒙·罗维受可口可乐公司委托，希望帮助可口可乐成为"能够被全世界90%的人认出"的品牌，并对可口可乐原来的曲线瓶体进行优化设计，最终版本瓶体在1957年定型，塑造了一代经典。与前几代玻璃瓶相比，雷蒙·罗维设计的曲线瓶更修长而优美，不仅符合这一时期设计风格追求简单的潮流，也解决了生产中存在的问题（1915年版本可乐瓶因在传送带上不稳定而无法投入生产），赋予了可乐瓶更美妙而浪漫的优美曲线，为公司赢得了丰厚的利润。1957年，制瓶技术本身有了新的发展——应用颜色标签技术出现。雷蒙·罗维在继续为可口可乐公司设计品牌形象时去掉了玻璃瓶上的凹凸可口可乐标志压纹，应用颜色标签技术字体从视觉上避免了烦琐的装饰，使瓶体更为简洁清晰，也易于消费者识别。三年后，可口可乐公司获得了美国专利局关于曲线瓶的商标授权，从此获得了长久的保护。这款独一无二的瓶子（1957年版本）迅速成为可口可乐品牌的象征，传递了经典的品牌形象，一直沿用至今。

相对可口可乐的红白经典包装设计，百事可乐则从一开始就赋予了包装蓝色的基因。蓝色是年轻、酷炫、精致和创新的象征，与百事可乐的流行品牌文化和年轻群体定位形成了统一关系。百事可乐的产品包装从最初的形象模仿到现在的独立完整，用包装上这一抹"百事蓝"的变化做了最好的诠释。百事可乐包装的变化见图1-7。

1905年　1940年　1950年　1962年　1973年　1991年　1998年　2003年　2008年

图1-7　百事可乐包装的变化

早期由于优美的曲线玻璃瓶已经成了可口可乐的专属，加上可口可乐很早的专利布局，导致百事可乐在玻璃瓶包装上一直没有大的进展，长期使用通用的直筒玻璃瓶体。在可口可乐长期的专利诉讼压力之下，百事可乐将产品包装重心放在了金属罐体上。可以这样说，曲线瓶包装是可口可乐的灵魂，而百事可乐施展身手的主战场则在金属罐体包装上。

1905年，百事可乐在其创建初期就开始使用金属罐体包装，瓶身体积大，同时在包装文字上突出显示了 2 倍容量。瓶身的主标志使用了瓶盖型锯齿状红蓝相间的徽标。主品牌文字为百事可乐花体字样，呈旋涡状样式。主标志和文字样式整体上都模仿了可口可乐。

1940 年，百事可乐包装的主标志发生了重大变化，由之前的圆形改为了矩形设计。标志字体也发生了变化，字体样式的卷曲度降低，简化了字体图案，红色字体和白色背景形成了更加鲜明的对比。图案中瓶盖的锯齿状改为上下对称设计，试图和可口可乐形成差异化。

20 世纪 50 年代，是百事可乐历史上非常重要的一个过渡期，其瓶身主标志再次回归到了圆形设计，红蓝相间的圆形设计方案基本定型，并保持至今。

1962 年，经历了和可口可乐半个多世纪的竞争，百事可乐从此翻开了一个新的篇章，将品牌定位和年轻一代紧密结合，年轻攻势和流行文化理念在新一代消费群体中迅速蔓延，这是百事可乐变革和突破的一年。同样，这种变革和突破反映在了产品包装上，第一次瓶身主标志去掉了可乐字样，第一次百事字体由花体改成等线体造型，真正意义上摆脱了可口可乐的模仿印记，赋予了百事可乐品牌新的生命。

到了 20 世纪 70 年代，极简主义设计思潮盛行全球，百事可乐也深受影响，简化了瓶身设计布局，整体用白色做瓶身背景，同时字体和线型也做了简化设计。到了 20 世纪 90 年代，包装设计进一步变化，百事可乐字样从圆形图标中剥离，以粗体形式出现，占据瓶身重要位置，圆形红蓝图案的波浪曲线更加明显，白色背景逐渐退化。到了 1998 年，整体瓶身全部改为蓝色背景；另外一个重要变化是包装整体的布局强调三维视觉效果，一直延续至今。

2008 年开始，作为百事可乐品牌重塑的一部分，品牌标志和包装设计也发生了大的变化。圆形标志依旧采用传统的红蓝色彩，形状和样式保持了独特性。标志的圆形中间有旋涡，旋流将原来的上下部分分开，中间的空白区域经过调整，使标志带有笑脸印象，看起来非常吸引人，同时瓶身的百事字样改为小写样式，显得轻松活泼。整个瓶体的包装布局看上去更加清晰明了，富有强烈的对比和层次感。

总体来看，可口可乐的包装曲线优美，红白相间，用色传统，强调继承和经典；百事可乐的包装在颜色搭配、字体使用、标志设计等方面都有更多的变化，基于品牌的"年轻一代"理念，不断更新，以引领年轻潮流文化。

2. 品牌标志设计比较

在品牌标志方面，可口可乐在诞生初期就开始使用斯宾塞体，保持至今，整体的标志色调以红白为主，结合了流线型的可口可乐字样。历经 130 年的发展，可口可乐标志仅有小幅的调整变化，保持了标志的连续性和一致性，这对于可口可乐经典品牌的塑造起到了关键作用。

相对于可口可乐标志的不变，百事可乐作为后来者，在品牌标志的设计和使用方面经历了相当大的变化，从一开始的模仿，到 20 世纪 50 年代品牌宣传差异化的体现，品牌标志开始引入蓝色基调，再到 20 世纪 60 年代"年轻一代"的品牌定位引入，品牌标志更进一步变化，开始使用百事字体，简化标志内容，整体形象简洁而富有冲击力，彻底摆脱了可口可乐标志的影响，形成了独立完整的品牌印记。之后的品牌标志变化更加自信和大胆，以大面积的蓝色为基调，强调和"可乐红"的对比差异，同时强化品牌标志的图形化标记，发展到如今的笑脸圆形标志。现在，消费者不需要看到百事可乐的字样，仅通过简洁、惹眼、占据产品中心的品牌标志，就建立了强烈而准确的品牌识别和品牌认可。

（三）可口可乐与百事可乐品牌传播比较

这里主要比较两者的品牌传播对象、品牌传播宣传语和品牌宣传广告。

1. 品牌传播对象

品牌传播对象的选择和目标市场的选择紧密相关，可口可乐从诞生开始，目标市场首先定位于药品，继而定位于无酒精保健品，随着销售区域的扩大，转而定位于大众饮品。这个过程中，目标人群的年龄段、口味、地理区域、购买力都在发生变化，但可口可乐只生产一种产品（至 1960 年收购芬达），主力产品可口可乐以无差别市场策略行销全球市场，始终没有大的变化。

相比可口可乐，百事可乐诞生时间晚了 12 年，没有先天优势，刚开始也跟随可口可乐定位于保健品市场，然后转变到覆盖所有普通消费者，和可口可乐并无差异。面对可口可乐的先发优势、强有力的宣传和庞大的销售渠道，百事可乐只能选择低价竞争，目标市场定为中低收入消费群体，这种情况持续了近半个世纪。

一直到 20 世纪 50 年代末，随着美国经济的快速发展以及第二次世界大战后新一代消费群体的崛起，百事可乐的目标市场选择发生了重大变化。1961 年，百事可乐提出了与可口可乐针锋相对的"年轻一代"理念，同时，弱化可乐产品本体，以"百事"为重点，向消费者灌输"百事就是年轻人的可乐"的理念。在找到突破口以后，百事可乐使用集中性市场策略，把主要资源投入"年轻一代"的品牌宣传，持续巩固了消费者对"年轻一代的可乐"的认知。从覆盖所有消费群体转变到关注年轻一代，这个目标市场选择一直持续至今。聚焦年轻一代，成为百事可乐有效对抗可口可乐的突破口。

2. 品牌传播宣传语

品牌宣传语是企业建立品牌定位和品牌形象的关键词。品牌宣传语和品牌营销策略以及产品定位紧密呼应，同时体现了品牌个性。梳理一下可口可乐每年的主题宣传语，可以将其分成以下几个阶段：① 从诞生到 1904 年，宣传语主要体现口味，一款伟大的美国饮料诞生了。② 1917—1926 年，宣传语主要强调可口可乐强大的市场地位和"无处不在"的购买便利性。③ 20 世纪 30—50 年代，为对抗百事可乐的低价策略，宣传语不断强调更好的味道、更爽快的体验。④ 20 世纪 60 年代到 2005 年，"红蓝对抗"正式开始。为了对抗百事可乐的"年轻一代的可乐"理念，可口可乐在这段时间的广告词大量使用"一直（always）""正宗的（real）""经典的（classical）"等字样，不断强调可口可乐才是正宗的、经典的可乐。⑤ 2006—2015 年，转变到感性营销，广告语强调可口可乐代表了快乐幸福、积极向上的生活方式。⑥ 2016 年，可口可乐的宣传语又发生了大的变化，从"畅爽开怀（Open happiness）"转变为"品味感觉（Taste the feeling）"，可以感受到可口可乐的宣传又回归到了产品本身的体验。

再来看百事可乐的宣传语，和可口可乐的差异非常明显：① 从诞生到 1932 年，一开始百事可乐采取了跟随策略，宣传味道、功能，后来逐渐尝试找一些不同点，使用感性营销语，比如"开心""心满意足"等，但始终没有找到关键定位点。② 20 世纪 30—50 年代，在没有找到更好的竞争优势点的时候，低价策略有效地维持并扩张了百事可乐的市场份额。这时候的宣传语突出性价比概念。③ 20 世纪 60 年代到 2003 年，随着"年轻一代"的重新定位，百事可乐真正找到了对抗可口可乐的差异点，配合产品新的定位，广告语大量使用"年轻""新一代""自由""挑战""百事时代"字样。随着品牌的逐渐强势，百事可乐甚至在 20 世纪 90 年代推出了"百事之外，别无选择"以及"百事，这就是可乐"的宣传语。需要注意的是，在这个过程中，百事可乐始终淡化可乐产品自身特性，不断加强消费者对于"百事"和"年轻"的品牌认知。④ 2004—2018年，百事可乐开启了"渴望"系列的宣传主题，"年轻一代"的品牌印象已经深入人心，"渴望无限"的宣传主题则更进一步，将年轻人希望改变以及对未来充满期待的心态做了更深层的表达，延伸了品牌的年轻理念。

总体而言，可口可乐与百事可乐宣传语的变化和差异充分体现了双方在品牌定位和品牌沟通上的差异，并因此建立了不同的品牌形象。

3. 品牌宣传广告

可口可乐在20世纪20年代就开始赞助奥运会赛事，持续至今。基于传统体育的宣传广告是可口可乐的重点投入领域。作为奥运会的唯一饮料供应商，可口可乐从饮料、火炬接力、设立国际奥委会博物馆、出版奥运歌曲唱片及历史书到电视台转播等项目的赞助，都显示出了一个全球销量领先的饮料品牌对一项关注者最多的全球性活动的无限热忱。2008年夏季奥运会在北京召开，这一年是可口可乐赞助奥运会的第80个年头。可口可乐宣布2008年为"爽年（Year of Shuang）"，官方的解释是，"爽"就是生理上和情绪上都感到振奋的状态，公司为此建立了一个3 716平方米的"畅爽体验中心"——中国版的可口可乐博物馆。

在可口可乐把"更快、更高、更强"的奥运精神注入自己品牌的每一个细胞的同时，人们已然开始对可口可乐产生情感依赖，即喝下的不仅仅是一种饮料，更是一种"运动、奔放、向上"的精神，这正好与可口可乐"乐观奔放、积极向上、勇于面对困难"的品牌核心价值相吻合。因此，通过赞助奥运会，可口可乐的品牌和消费者紧紧地联系在了一起。

可口可乐坚持赞助世界足球赛事及支持中国足球事业。就全球范围而言，足球一直是可口可乐最重要的赞助项目之一，也是可口可乐最为宝贵的市场资产。作为国际足联和世界杯的长期合作伙伴，从1974开始，可口可乐就成为每届世界杯的主要赞助商之一。在推广足球运动方面，可口可乐拥有无可争议的全球领先地位。贯穿于足球运动中的精神恰恰是可口可乐品牌一贯主张的核心价值。在中国，可口可乐对中国足球事业的支持，使可口可乐将其品牌与足球的渊源恰如其分地本土化，并由此建立起与中国球迷强有力的感性沟通模式。

可口可乐近几年来逐渐开始进行公益广告的宣传，有一则广告在宣传产品的同时，还在表现可口可乐公司给打不起回家电话的进城务工人员带来了快乐，将可口可乐带来快乐这一主旨烘托出来；同时，宣传了可口可乐以家为主题的品牌理念。

相比较可口可乐，百事可乐宣传广告的侧重点有较大区别，可用两个关键词描述：一个是百事巨星，另一个是百事音乐，两者都紧紧围绕着年轻一代做文章。

在传统体育领域，可口可乐在奥运会赞助方面具有垄断地位，同时也是足球世界杯的长期官方赞助商。百事可乐只能从其他方面入手，其非常重要的策略是巨星营销，由点及面。在足球领域，百事可乐发布了全球超级巨星足球队名单，来自世界五大洲近20个国家的19名顶级球星现身其中。除了梅西外，阵容还包括了阿奎罗、威尔谢尔、大卫·路易斯、范佩西、拉莫斯、孔帕尼、马里奥·戈麦斯、萨拉赫等著名球星。他们不仅会出现在百事公司全球电视广告中，而且还会出现在限量版的产品包装上以及全球各地的销售点上。在篮球领域，作为百事可乐的主要竞争对手之一，可口可乐曾为美国职业篮球联赛（NBA）提供了长达30年之久的官方赞助。

在流行音乐营销领域，百事可乐可以说是独步天下。流行音乐和百事可乐"年轻一代"的品牌理念紧密契合，迈克尔·杰克逊、麦当娜、玛丽亚·凯莉、碧昂斯都曾为其代言。在中国，其品牌代言人有张国荣、郭富城、王菲、周杰伦、邓紫棋、萧敬腾等。甚至可以说，一瓶百事可乐，演绎了中国流行音乐的半壁江山，可见百事可乐在音乐领域的投入之深。音乐是百事可乐宣传的核心领域，这是和可口可乐品牌宣传策略的最大区别之一。半个多世纪以来，百事品牌精神与音乐精神已经成为缠绕一体、密不可分的流行密码。在过去的半个世纪中，百事凭借它独特的嗅觉，一次又一次成为流行文化的代言人，与年轻一代一起，不断更新变化，由此建立品牌联系，传递品牌精神。

四、结论和启示

品牌是企业的无形资产，它代表了企业及其产品的市场知名度和美誉度，它既是形象，又是文化。品牌是文化的载体，文化则是凝聚在品牌上的精华。品牌文化不仅包括产品、广告、包装等要素，还包括客户、竞争者、社会公众等诸方面，是多种文化的集合体。因此，打造强势品牌，建设品牌文化，是一个企业、一个区域甚至国家赢得持续竞争优势、提高软实力的重要工作。

1. 品牌文化有利于提高品牌认知度与强化品牌

品牌认知度就是目标消费者对品牌名称及其所属产品类别的知晓程度，也就是品牌的知名度。强势品牌的首要因素就是拥有很高的知名度。在受消费者喜好程度相同的情况下，知名度高的品牌总是拥有较大的市场份额。较之于相对陌生的品牌，比较熟悉的品牌更易带给消费者信任感。因而品牌的认知度往往与其市场占有率呈正比关系。广泛地利用大众媒体进行广告宣传、针对目标消费者开展能突显品牌特性的各种活动是提高品牌认知度的重要手段。在提高品牌认知度的过程中，只有具备独特文化内涵的品牌宣传才能富有创意，进而在众多的品牌宣传中脱颖而出，产生亲和力，留给消费者深刻的印象。

2. 品牌文化有利于培养消费者的品牌忠诚

品牌忠诚是消费者对品牌的喜爱、信奉，它是品牌资产增值的核心。培养和壮大品牌忠诚群体是品牌价值的来源。在消费行为的表现上，品牌忠诚者即使面对竞争品牌的价格等方面的诱惑，也愿意为其忠诚的品牌付出高价，长期反复购买该品牌，从而为企业带来利润。因此，培养品牌忠诚顾客群至关重要。在竞争激烈的今天，不同品牌同类产品之间的差异缩小，产品同质化现象十分严重，要有效地培养消费者的品牌忠诚，就要实行品牌的文化差异战略，使品牌具有独特的文化，让文化因素缩短品牌和消费者之间的距离，使文化成为品牌和消费者之间的桥梁。文化上的认同具有相对的稳定性，一旦被接受就不会轻易改变。品牌忠诚顾客群体的形成，可以有效地阻止竞争品牌争夺市场份额，实现企业持续稳定的经营。

3. 品牌文化有助于形成消费者正面而丰富的品牌联想、建立品牌心理优势

品牌联想是消费者对品牌所有有关事项的记忆、回顾、引申。品牌定位就是为品牌在众多同类品牌产品中选择一个有利于品牌自身成长发展的空间。品牌联想若能准确击中消费者的内心需求和情感，就会形成准确有力的品牌定位而使品牌为消费者所接受。要让一个品牌实现与消费者的情感沟通，还要赋予产品一定的个性和形象，使品牌具有一定的精神和灵魂。鲜明的品牌个性能够强化消费者对品牌的记忆和认知，在消费者心中打下深深的烙印，赋予消费者更多的品牌联想。正面、丰富的品牌联想并非与生俱来，而是通过赋予产品的品牌文化内涵，通过正确的营销与传播，与消费者产生共鸣而形成的。不具有独特、丰富文化

底蕴的品牌,无论如何运作,也难以给消费者带来正面、丰富的品牌联想。

4. 品牌文化能有效地承载企业的社会功能

企业在其品牌的建立及其产品的生产和销售过程中必须考虑到其社会角色和社会责任。企业在满足消费者需求、取得商业利润的同时,也需要顾及社会的长期整体利益。美国著名经济学家弗里德里克·温斯洛·泰勒(Fredrick Winslow Taylor)认为,作为当今时代核心组织的企业,其所面临的社会挑战就是要寻找一条使经济与道德相统一的途径。企业在创建强势品牌的过程中,可以通过塑造优秀的品牌文化,传达企业积极向上的文化理念,倡导正确的价值观,促进社会的进步。在此过程中,品牌文化得以有效地承载企业的社会功能。

可口可乐和百事可乐 120 年的商业竞争史跌宕起伏,成就了两大传奇品牌。在这个过程中,品牌的准确定位对于市场竞争至关重要。在与有先发优势的强势品牌的竞争中,如何找到突破点,百事可乐给我们提供了有益的启示;另外,在找准品牌定位之后,如何有效地实施品牌沟通,进一步强化品牌印象,塑造品牌个性,形成品牌文化,可口可乐和百事可乐也做了非常好的示范。

参考文献

[1] 艾·里斯, 杰克·特劳特. 定位 [M]. 谢伟山, 苑爱冬, 译. 北京: 机械工业出版社, 2011.

[2] 菲利普·科特勒, 凯文·莱恩·凯勒. 营销管理 [M]. 15 版. 何佳讯, 于洪彦, 牛永革, 等, 译. 上海: 格致出版社, 2016.

[3] 戴维·阿克. 管理品牌资产 [M]. 吴进操, 常小虹, 译. 北京: 机械工业出版社, 2012.

[4] 凯文·莱恩·凯勒. 战略品牌管理 [M]. 李乃和, 李凌, 沈维, 等, 译. 北京: 中国人民大学出版社, 2003.

[5] 埃德加·沙因. 组织文化与领导力 [M]. 马红宇, 王斌, 等, 译. 北京: 中国人民大学出版社, 2011.

[6] 刘光明. 品牌文化 [M]. 2 版. 北京: 经济管理出版社, 2017.

[7] 谭新政, 朱则荣, 杨谨蛰. 品牌总论 [M]. 北京: 知识产权出版社, 2017.

[8] 马克·彭德格拉斯特. 可口可乐传: 一部浩荡的品牌发展史诗

[M]. 高增安,马永红,李维余,等,译. 上海:文汇出版社,2017.

[9] 范秀成,陈洁. 品牌形象综合测评模型及其应用[J]. 南开学报,2002(5):65-71.

[10] 张玮,辛艺华. 浅析皮尔斯符号学三分法理论:以百事可乐标志的图形演变为例[J]. 中国包装,2012(3):14-17.

[11] 杨丽,武晓蕾. 基于广告视角的百事可乐弄臣原型分析[J]. 北京经济管理职业技术学院学报,2018(1):38-44.

[12] 田梦雪,张广岐,陈晓环. 可口可乐和百事可乐的本土化设计比较分析[J]. 品牌研究,2018(6):1-4.

[13] 蒋诗萍. 品牌文化现象的深层运作机制及其文化内蕴[J]. 社会科学,2019(4):186-191.

[14] 魏文斌. 第三种管理维度:组织文化管理通论[M]. 长春:吉林人民出版社,2006.

(巫前进,文子)

第二章 品牌物质文化
——麦当劳与肯德基品牌文化分析

【摘要】 品牌文化指的是品牌物质文化和品牌精神文化,它们分别代表了品牌的有形资产和无形资产。本章通过对麦当劳与肯德基品牌文化的比较分析,探讨两个著名的快餐品牌在品牌物质文化方面的异同,以及它们是如何顺应中国市场的不断发展、对品牌文化进行不断升级的。在消费者个性化张扬和消费多元化的时代,麦当劳与肯德基的市场份额和品牌影响力因为品牌文化建设策略不同而差异明显。

一、品牌物质文化概述

(一) 品牌的物质属性

任何一种类型的品牌都是以一定的事物及其派生物为依附和载体而存在的,脱离物质属性而存在的品牌是没有的,也是没有现实意义的。一定的事物既包括具体的,如产品、服务、企业、典故史实、个人(如政治家、著名影视演员、著名歌手、著名体育运动员、科学家、企业家及一般职员等)、社会小群体、产业、地点(如金字塔、长城等旅游景点)、地区、乡村和城市(如纽约、上海等)、政府、国家(如中国、美国等)以及非营利组织(如绿色和平组织、哈佛大学、清华大学、北京大学等)等;又包括抽象的,如情感、现象、观念、经历、体验等。事物的派生物既包括直接载体,如图形、标志、文字、声音等;又包括间接载体,如产品的价格、质量、功能、服务以及市场占有率、知名度、美誉度、忠诚度等。

戴维·阿克关于品牌的四大属性论,即品牌就是产品、品牌就是企业、品牌就是人格(或个性)、品牌就是象征,已成为品牌物质属性的经典论断。菲利普·科特勒关于品牌表达了属性、利益、价值、文化、个性和使用者等六层含义的认识观也是立足于广义品牌而言的。物质决定意识，品牌精神文化的基础是品牌物质文化，品牌物质文化决定了品牌精神文化的性质与方向；品牌精神文化依附于品牌物质文化。只有物质文化与精神文化统一的品牌才能焕发出最大效能。消费者消费产品时，不仅在消费品牌的物质文化，同时也在消费品牌的精神文化。从某种程度上讲，有的品牌在精神方面的价值甚至超过了物质本身。

由上述观点可见，品牌的物质属性丰富了品牌的内涵。品牌在市场上传播的不仅仅是符号和识别信息，它更因其特有的物质属性的其他方面而促进了产品销售、生活享受和社会文明。

(二) 品牌包装文化

包装文化是商品包装中体现出的文化因素，它不是某种文化与包装的结合，而是体现于商品包装活动中的物质财富和精神财富的集合，体现于包装设计、包装技法、包装结构、包装装潢、包装工艺过程等。包装设计、包装技法、包装结构、包装装潢、包装工艺、包装材料选择及包装与内在商品的结合等方面都蕴含着不同社会背景下的文化因子。从一定意义上说，包装文化就是商品包装活动中体现的人文理念，其实质是经济活动与人文理念的互动和有机结合，成功的包装能够带来经济利益与社会利益的共赢。

包装文化有三种形态。首先是器物层。它是包装设计活动过程的总和，是可感知、把握，具有物质实体的产品形态，也构成整个包装文化的基础，主要以市场营销为目的，综合社会、经济、艺术、心理诸要素的创造性活动，反映出人们对包装设计作为造物与审美统一体的认知、创造程度，也映射出一定社会阶段生产力的发展水平。其次是制度层。包装设计是一种社会化活动，并在长期的设计生产过程中形成具有保障、促进作用的政策、法规、标准、规程等。社会制度规范在组织管理中建立，虽然不直接同文化资源发生关系，但其性质、发展水平归根结底是由人与文化资源进行能量互换的方式所决定的。最后是精神文化层。包装文化将具体反映人们在购买、使用过程中的要求、愿望、情绪以及认知、判断。在对包装文化的研究中，要针对文化形态的多维结构及其互动进行动态研究，从而更深刻地把握包装设计市场的消费心态，指导包装设计实践。

(三) 品牌广告文化

广告本质上是一种文化现象。广告设计离不开文化的渗透，因为广告本身就是一种文化传媒和文化体现形态，它具有深深的文化烙印和时代特点,是对所处时代、社会背景以及文化发展的一种体现。富含文化内涵和审美价值的广告设计不仅能大大提升广告的宣传效率,更能提升品牌价值。

从文化学上讲,广告传达给消费者的不仅仅是某种商品或服务的相关信息,更是一种生活方式和精神追求。广告中所蕴含的独特的文化底蕴,是广告不可缺少的构成要素之一。广告文化是从属于商业文化的亚文化,同时包含商品文化及营销文化。广告在追求商业目的的同时,还用文化价值和文化观念对人们起着潜移默化的教化功能。广告文化具有明显的大众性、商业性、民族性和时代性。一定的文化传统、信仰和价值观在很大程度上左右着商业经营者以及消费者的心理、行为,从而影响各国广告活动。

广告文化是品牌文化的一种物质属性。广告的文化属性对于品牌价值提升能够产生诸如助力品牌认知、丰富品牌联想、赋予品牌文化内涵、塑造良好的社会形象等众多积极影响。

二、麦当劳与肯德基品牌简介

(一) 麦当劳品牌简介

麦当劳(McDonald's)是全球大型跨国连锁餐厅。第一家麦当劳餐厅由雷·克洛克(Ray Kroc)于1955年创立于美国芝加哥,主要售卖汉堡、薯条、炸鸡、汽水、冰品、沙拉、水果等快餐食品。截至2017年年底,麦当劳遍布全球六大洲100多个国家,拥有超过37 000家餐厅。在美国,几乎每个高速公路出口附近就有一家麦当劳餐厅。

麦当劳在中国大陆的第一家餐厅位于繁华的深圳东门,于1990年10月8日开业。1992年4月,北京王府井麦当劳餐厅开张,成为麦当劳在全世界面积最大的餐厅。麦当劳餐厅在中国大陆早期的译名是"麦克唐纳快餐",直到后期才统一采用现今的港式译名。而在民间,因为麦当劳和"牡丹楼"读音相近,"牡丹楼"也被当作麦当劳的一个昵称,但并不普遍。麦当劳(中国)有限公司于2017年10月12日正式更名为金拱门(中国)有限公司。截至2019年9月,麦当劳在中国内地有超过3 200家餐厅。麦当劳金色拱门形状的标志在西方有个著名的昵称——Golden Arch,直译是"金拱门"。

麦当劳取"M"作为其标志的主体,颜色采用金黄色,看上去就像是两扇打开的黄金拱门,象征着欢乐与美味,象征着麦当劳的"品质

（Quality）、服务（Service）、清洁（Cleanness）、价值（Value）"（简称"QSCV"）。广大顾客通过麦当劳一系列的活动宣传和视觉广告，领悟到麦当劳的"QSCV"理念，而这一经营理念通过良好的企业形象，像磁石一般不断把顾客吸进这两扇欢乐之门。

图 2-1 麦当劳的标志

麦当劳的标志以黄色为标准色，因为黄色让人联想到价格普及的企业，而且在任何气象状况或是时间里，黄色的辨识度总是很高的；而辅助色则采用了稍暗的红色，红色能给人以喜庆、友善的感觉，这也正是麦当劳想向人们传递的。标准字设计得简明易读，宣传标语是"世界通用的语言：麦当劳"。M 型的黄金双拱门设计得非常柔和，毫无突兀感。从图形上来讲，M 形状的标志是非常单纯的设计，即便你站在很远的地方也能立刻识别出来。

"金拱门"那金色跳跃的双抛物线，早已成了麦当劳的"金字招牌"。纯粹、简单、充满现代感的设计，让这个"金拱门"永不过时。为了让你一眼认出麦当劳，"金拱门"这个标志遍布全世界，在每个角落都做好遇见你的准备。正如其广告语所说："随时随地随心，我就喜欢。"

麦当劳的品牌特点是：大多数麦当劳快餐厅都提供柜台式和得来速式（"drive-through"的英译，即指不下车便可以购买餐点的一种快餐服务。顾客可以驾车在门口点单，然后绕过餐厅，在出口处取餐）两种服务方式，同时提供室内就餐，有时也提供室外座位。得来速餐厅通常拥有几个独立的站点：停车点、结账点和取货点，而一般而言后两个站点会并在一起。

2019 年 6 月 11 日，全球最大传播集团 WPP 旗下调研公司凯度华明通略（Kantar Millward Brown）发布《2019 年全球最具价值品牌 100 强》排行榜，麦当劳名列第 9 位。2018 年 12 月 18 日，世界品牌实验室发布 2018 年度《世界品牌 500 强》排行榜，麦当劳排名第 10 位。

（二）肯德基品牌简介

肯德基（Kentucky Fried Chicken，肯塔基州炸鸡，简称 KFC），是美国跨国连锁餐厅之一，也是世界第二大速食及最大炸鸡连锁企业，1952 年由创始人哈兰·山德士（C. Harland Sanders）创建，主要出售炸鸡、汉堡、薯条、盖饭、蛋挞、汽水等高热量快餐食品。20世纪70年代，全球饮料巨头百事公司为了进军餐饮业，将必胜客（Pizza Hut）、肯德基（KFC）纳入旗下，作为百事业务版图中的一部分。后来，由于在与可口可乐的竞争中逐渐败落，为了更好地专心经营饮料业务，百事将餐饮业务分拆，组建了百胜餐饮集团。

肯德基于1987年来到中国，当年11月12日在北京前门开出中国第一家餐厅，而北京肯德基有限公司也是当时北京第一家经营快餐的中外合资企业。2003年1月8日，中国第800家肯德基餐厅在上海浦东机场磁悬浮列车终点站正式对外营业。2004年1月，中国第1 000家连锁店在北京朝阳区樱花园东街开业。2007年11月，肯德基在成都开出了第2 000家餐厅。2010年6月，中

图2-2　肯德基标志

国肯德基第3 000家餐厅在上海开业，同时发布全新品牌口号"生活如此多娇"。2012年9月，肯德基在大连开出了第4 000家餐厅。2015年，中国肯德基突破5 000家餐厅。如今，中国肯德基已在1 200多个城市和乡镇开设了5 000多家连锁餐厅，遍及中国大陆所有省、直辖市和自治区。截至2018年12月底，百胜餐馆集团在中国1 200多个城市拥有超过8 400家餐厅，其中肯德基餐厅达到了5 910家，数量约为麦当劳餐厅的2倍。在世界品牌实验室发布的2018年度《世界品牌500强》排行榜中，肯德基排名第129位。2019年2月16日，英国品牌评估机构"品牌金融"（Brand Finance）发布《2019全球最有价值的25个餐厅品牌》排行榜，肯德基名列第3位，品牌价值134.7亿美元，比上年增加67%。

肯德基品牌的创始人山德士上校的形象一直是肯德基标志的主体。1978年，肯德基品牌首次对标志进行调整。山德士上校的头像也由写实风转为抽象设计。与1952的标志一样，截至2016年，该标志也作为替换标志通用于肯德基广告。在2006年的改版中，山德士上校使用了"磨皮""换装"等多种特效，脱下燕尾服、换上围裙的上校显得格外慈祥亲和。2017年，肯德基在保留2006年标志中一些元素的基础上，开始在全球范围内推出全新标志。

三、麦当劳与肯德基品牌文化的物质属性

（一）从市场定位看麦当劳与肯德基的区别

麦当劳与肯德基的市场定位见表2-1。

表2-1　麦当劳与肯德基的市场定位

	麦当劳	肯德基
进入中国大陆的时间	1990年在深圳开了在中国的第一家餐厅	1987年北京前门第一家肯德基餐厅开业
早期的相关策略	与西方市场无差异的战略，如在加油站附近开设门店	照搬西方菜单，甘蓝沙拉和马铃薯泥等在中国并不讨好
主要推广食品	以汉堡和牛肉为主	以鸡肉为主
后期调整策略	发现中国人爱吃鸡，于是推出相关产品；又推出了"麦乐鸡""麦乐鱼"等主流套餐；还推出了"麦麦开饭""珍宝三角"等用大米制作的食品	传统配菜换成四季蔬菜，推出了更符合中国人口味的汤、粥、饭等产品，并不断地推出有地方特色的风味新品，比如老北京鸡肉卷、川香辣子鸡等
目标人群	青少年	从儿童、青少年到整个家庭
节庆策略	都很重视春节、端午等中国传统节日	
影响	麦当劳和肯德基的经营理念、流程管理被大量中国餐饮企业借鉴。大陆的中餐馆开始有了服务意识，开始了流程管控，甚至有不少餐馆把厨房置入一种直播的环境中	

（资料来源：根据公司官网资料及相关报道整理）

（二）麦当劳与肯德基的品牌管理层面区别

在产品方面，麦当劳以汉堡和牛肉为主，这非常符合欧美的饮食习惯，但在中国并没有那么受欢迎。肯德基也有类似情况，照搬西方菜单，在欧美市场大受欢迎的甘蓝沙拉和马铃薯泥等在中国并不太受欢迎。两者相比，肯德基表现出了更强的适应能力，它针对不同的地域和饮食习惯，采取了差异化的市场战略，在以鸡肉为主的同时，推出了更符合中

国人口味的汤、粥、饭等产品,并不断地推出有地方特色的风味新品,比如老北京鸡肉卷、川香辣子鸡等。正因为两者在初入市场时采取的战略不同,肯德基后来居上,而麦当劳也明显意识到了这一点,做出了一些相应的改变。

这个差距与两者对品牌的管理有关。肯德基隶属百胜餐饮集团,有着较大的自主权,而中国麦当劳在集团内部获得的授权和肯德基相比要小,所以市场反应和相关政策趋于保守。从全球范围看,麦当劳的品牌资产与肯德基相比占有绝对优势,但在中国市场,肯德基却比麦当劳有着更大优势。

肯德基的中国化进程起步早、效果好,更加重视品牌中的文化融合和文化包容性,让中国消费者感受到了"中西结合,洋为中用"的本土化元素。肯德基在中国市场实施了"瞄准高增长市场、先发制人、加速扩张"三大差异化竞争战略,"直营连锁"与"特许连锁"两条腿走路,这让肯德基在较短时间内扩张速度超过了麦当劳,形成了用时间抢占空间的有利局面。

反观麦当劳,其对于中国市场经常有信心不足的时候。由于总部管理层授权不够和诸多原因,麦当劳的很多决策迟钝、滞后、左右摇摆。麦当劳在经营理念上很长一段时间内都坚持"直营连锁",直到 2003 年才开始在中国实施"特许连锁",比起肯德基 1999 年在中国实施"特许连锁"已经晚了 4 年。

(三)麦当劳与肯德基的实际经营层面区别

1. 麦当劳与肯德基的市值比较

为了比较两者的经营状况,有必要分析一下两者的市值。由于肯德基没有单独上市,所以对于肯德基的分析主要看百胜餐饮集团在股市中的体现。

根据公司市值数据显示,截至 2019 年 6 月 24 日,麦当劳公司的股价是 203.92 美元,总市值约为 1 560 亿美元,见图 2-3。

同日,百胜餐饮集团的股价只有 110.66 美元,总市值不到 350 亿美元,见图 2-4。麦当劳公司的股价是百胜餐饮集团的两倍左右,市值是百胜餐饮集团的 4.5 倍左右。

图 2-3　麦当劳公司股价

图 2-4　百胜餐饮集团股价

2. 麦当劳与肯德基的品牌运营比较

正如消费能力差不多的人往往集中在相同的区域居住一样，麦当劳和肯德基的餐厅往往开在一起。麦当劳和肯德基都有超过百人的专业选址团队，负责商圈考察，通过复杂的计算选出位置适宜的地址，而且都有足够的钱拿下想要的门店。结果也显而易见，它们确实都找准了很好的位置，所以呈现出扎堆开店的现象。

然而，有麦当劳的地方就有肯德基，有肯德基的地方不一定有麦当劳。麦当劳在与肯德基对垒时，一直因门店数量较少而受到掣肘。在中国，麦当劳的门店数量仅为肯德基的一半左右。肯德基在中国三线及以下城市门店数量占其总数的52%，而麦当劳在低层级城市门店的占比仅有33%。可以说，在三线及以下城市市场，肯德基尚未感受到来自麦当劳的压力。

从产品层面来看，肯德基以炸鸡为主，麦当劳以汉堡为主。肯德基给国人的印象是将入乡随俗贯彻到底，一直在迎合中国人的口味；麦当劳则比较孤高冷傲，一直想着如何引导中国人的餐饮习惯。进入中国前，肯德基就开始熟悉和理解中国文化底蕴，并选择与中国居民生活习惯等最为接近的新加坡作为试点，在组织层面上做了很多部署工作。2000年，肯德基便开始邀请40余位国家级食品营养专家，成立了中国肯德基食品健康咨询委员会，开发适合中国人口味的产品。从2002年推出"早餐粥"开始，肯德基陆续创新出豆浆、油条、烧饼等一系列中餐，甚至中式主餐米饭也成为其主打产品之一。肯德基曾喊出"颠覆汉堡"的口号，早在2003年就模仿北京烤鸭推出了老北京鸡肉卷，而麦当劳至今没有找到一款能在风格上与其对标的产品。麦当劳在进入中国23年后才推出了第一款以米饭为主的中餐式产品，这比肯德基尝试米饭产品晚了10年。

3. 麦当劳与肯德基的目标客户比较

麦当劳的目标市场非常明确，就是青少年市场，地点、商品、环境、音乐、标识、促销、定价、宣传、标准等所有细节，都是针对青少年顾客群的消费特点制定的，并且不多开展针对儿童市场的营销活动，这与肯德基的全年龄市场有很大区别。

肯德基以家为概念寻找消费者。推广的重点是较容易接受外来文化的青少年，一切食品、服务和环境都是为这个目标人群设计的。这是因为青少年比较喜欢西式快餐轻快的就餐气氛，肯德基希望以此吸引其他年龄层家庭成员的光临。另外，肯德基也在儿童顾客上花费了大量的精力，店内专门辟有儿童就餐区，作为儿童庆祝生日的区域，布置了迎合儿童喜好的多彩装饰，节假日还备有玩具作为礼品。肯德基做出这些努力，一方面希望培养儿童从小吃快餐的习惯，另一方面也希望通过儿童的带动，能吸引整个家庭的成员都到店中接受温馨的服务。儿童长大了，肯德基可能会变成其生活中的一部分。

总体而言，麦当劳的定位和肯德基相比还是窄了，肯德基是面向全家，定位在儿童和青少年，麦当劳则主要针对青少年市场，所以相对于麦当劳，肯德基模式更加受到中国消费者的欢迎。

四、麦当劳与肯德基品牌文化比较

（一）麦当劳与肯德基的品牌营销差异

进入2019年，肯德基的存在感似乎非常强烈，甚至可以说是动作频频。2019年4月，肯德基与LPL（League of Legends Pro League，英雄联盟职业联赛）联合推出的一个电竞赛事预测AI（Artificial Intelligence，人工智能）——KI（Kentucky Intelligence，肯德基智能）上校拿到了数据创意的全球全场大奖和内容营销类别奖，击败了包括老对手麦当劳在内的众多知名品牌。此次KI上校获得营销大奖也并非首次，在2019年3月，KI上校就在亚太媒体广告节上获得了包括年度白金大奖在内的多个奖项，在品牌营销界成为一个热门案例。

而麦当劳，或者说金拱门，相对而言比较沉默，除了当初改名"金拱门"时掀起的一股舆论热潮外，似乎至今都没有其他足以引发讨论的话题。

这对竞争对手的一动一静，都体现出了自身的风格。作为全球性的两大快餐巨头，麦当劳和肯德基棋逢对手。从全球的市场来看，麦当劳的门店比肯德基要多，但在中国市场上，麦当劳却稍逊一筹。可见，两个洋快餐品牌的本土化进程存在着巨大的不同。

1. 市场定位差异和变化

麦当劳比肯德基先进入中国市场，但并没有占尽先机。最初麦当劳采取的是无差异市场的战略，将在西方的经验直接搬运到了中国，如在加油站附近开设门店，这在美国为麦当劳带来了70%以上的利润，但在中国根本行不通。同样地，在产品方面，麦当劳以汉堡和牛肉为主，这非常符合欧美的饮食习惯，但在中国并没有那么受欢迎。

肯德基则表现出了更强的适应能力，推出了更符合中国人口味的汤、粥、饭等产品，并不断地推出有地方特色的风味新品，比如老北京鸡肉卷、川香辣子鸡等。正因为两者在初入市场时采取的战略不同，肯德基后来居上，而麦当劳也明显意识到了这一点，很快地调整了市场定位，做出了差异化的改变。

2. 品牌定位的变化和发展

麦当劳最初的目标群体是城市家庭，但随着近十几年来全球家庭和婚姻观念的改变，单身主义、晚婚晚育、丁克家庭成为突出的社会现象。而麦当劳以家庭为核心目标的同时，也侧重于"讨好"家庭中最没有购买力的孩子，因此推出了很多不具有盈利效果的产品来吸引儿童。但是，社会观念的变化，同质化竞争的压力，让麦当劳在这个细分市场上陷入艰难的境地。

随着 e 时代的来临，麦当劳的定位以及品牌的概念已经不能像以往那样吸引那些喜欢"酷"、刺激和冒险的"嘻哈一族"，因此，麦当劳进行了全球形象转换及品牌更新，在以往小孩子眼中天堂的温馨形象的基础上进行拓展，瞄准了年轻一族的消费者。"我就喜欢"准确地把目标顾客定位在了麦当劳流失得最快、公司最需要抓住的年轻一族，所有的品牌主题都围绕着"酷""自己做主""我行我素"等年轻人推崇的理念。中文麦当劳歌曲的创作者及演唱者王力宏在年轻人中很有号召力，是有主见、有活力、有上进心的年轻人的代表。王力宏创作的带有嘻哈和 R&B（Rhythm and Blues，节奏和布鲁斯）曲风的《我就喜欢》主题曲，推出之后登上了很多歌曲排行榜，在年轻人中非常流行，为麦当劳赢得了不少关注。由此可见，麦当劳放弃了中国家庭的市场定位，转向了更具有潜力的年轻人市场，从品牌上聚焦年轻化，加速了在中国的本土化进程。

肯德基的市场定位在中国市场取得了较好的效果，它推出的"全家桶"系列成为经典套餐，意外地符合中国的大家庭观念，进入了一个多层次的消费群体。

3. 品牌市场策略的变化

肯德基由于以炸鸡等鸡肉食物为主，更符合中国人的饮食习惯，这成为肯德基进入中国市场的一个先天优势。而与此相反，麦当劳以汉堡和牛肉产品为主打产品，更符合欧美人的口味，故而一开始在中国并不吃香。

在产品的创新上，肯德基不遗余力，以主打鸡肉为前提，针对中国市场推出了很多本土化的新品类，并且更新频繁，很接地气。而麦当劳一直秉持着以汉堡和牛肉为主的理念，并没有在产品的推陈出新上有太多动作。这种强硬和坚持，显得有些保守。不过，为了与肯德基"较劲",麦当劳也推出了鸡肉汉堡,并且在同类产品的比较上,如汉堡、儿童套餐和饮料,通常种类要比肯德基更加丰富。

鸡肉虽然让肯德基获得了中国市场,但麦当劳对于个性的坚持也并不是无用功。随着国人饮食上更加包容和多样,麦当劳在中国也同样获得了一席之地,连续推出了"麦咖啡"中的中高端价格的甜点和饮品,采用更加精致的服务员,以更加便宜的咖啡和甜点价格成功地在星巴克(Starbucks)和咖世家(Costa)的夹击下分得了一杯羹。不过,和它在全球范围内的营业额相比,这只是非常小的一部分。

4. 品牌优惠措施比较

在价格方面,麦当劳与肯德基在总体上相差并不大,但在价位的选择上,麦当劳要比肯德基更多,比如汉堡的最低价位和最高价位都属于麦当劳,这一点满足了更多的消费需求。

麦当劳在促销上要领先于肯德基,尤其是在价格方面,很多消费者认为麦当劳更加物有所值。比如,麦当劳率先推出超值早餐和第二杯半价这样的活动,组合优惠的策略引起了其他快餐品牌的效仿,包括肯德基;而且,在茶饮方面,麦当劳的咖啡和茶可以免费续杯,但肯德基只有白开水可以续杯。

可以看出,麦当劳擅长用价格促销来获得更多的销售量,经常开展低价促销、第二份半价的活动,一直以来,其甜品都是第二份半价;而肯德基在价格战上表现得没有那么积极,只是通常在节假日以优惠券的形式向顾客让利。

(二)麦当劳与肯德基的品牌形象策略

1. 擅长用流量外化品牌

肯德基擅长使用各种流行元素,除了请流量明星进行产品代言外,还频频进行联合跨界,比如之前的《阴阳师》主题餐厅、《英雄联盟》主题餐厅,以及与LPL电竞赛事合作的KI上校,都是它迎合年轻人喜好的表现。而在社交平台上,肯德基也喜欢用流行语与网友互动,显得年轻化并且接地气。

麦当劳虽然也重视流量,但显然要低调很多,要论最为浩大的一场营销活动,仍是改名"金拱门"这一事件,但后来其董事长称,这其实是一次"无心插柳"的营销。麦当劳在营销上并不像肯德基那样花样多、迎合流行文化,而是更注重将宣传的重心放在产品本身,从官方账号的动态和宣传海报可以看出,其产品基本都在"C位"。

2. 一个追随流量，一个强调格调

肯德基将营销玩转得非常出色，并且在本土化的进程中很好地与中国的流行趋势融合。它追随着年轻人的脚步，追求年轻化和变化，文案俏皮、频繁使用表情包、将上校老人改成帅大叔，都显示出了肯德基对于年轻市场的迎合。这种年轻化、提升曝光度的方式，的确在营销方面取得了一定的成就。

麦当劳虽然在营销上远不及肯德基，但是也摸索出了自己的套路。在产品的推广和宣传的设计上，麦当劳更加"走心"，也更为保守和稳健，并且经常会营造出一定的设计感和格调感。比如，麦当劳曾经推出过一组以"Rain（雨）"为主题的平面海报，请来专门的摄影师拍摄，选取浪漫的法国街景，经过后期处理呈现出雨中法国的场景，富有情调，并且以嵌入情景的手法让消费者产生消费联想。诸如这样的海报设计并不只有一例，麦当劳还推出过同样具有艺术气息的霓虹灯和深夜灯光的系列海报，从审美和精神的层面感染消费者。可见，麦当劳保持着一份格调，并给消费者一种更为"高端"的感觉。

（三）麦当劳与肯德基的品牌跨界策略

跨界最核心的价值是粉丝（英文"fans"的音译，指追星的人或群体，下同）人群的精准互补，以达到品牌效应叠加的营销目的。

2014 年，麦当劳打响第一战。《魔兽世界》和麦当劳正式启动跨界合作，在北京、上海和广州分别有一家特别装潢过的《魔兽世界》主题麦当劳餐厅。消费者除了可以用购买指定麦当劳产品获得的积分兑换游戏中的实用道具、坐骑、宠物和玩具外，还能在门店现场参与 COSPLAY（英文"Costume Play"的简写，指利用服装、饰品、道具和化妆来扮演动漫作品、游戏中以及古代人物的角色）、3D 合影、线下聚会等活动，线上线下的互动结合紧密。

2015 年，《风暴英雄》和《梦幻西游》与麦当劳进行合作。除了在重点城市开设主题餐厅、针对线下消费特定产品的顾客回赠线上虚拟道具之外，《风暴英雄》的重点区域主题餐厅增加了送餐员打扮成游戏中的角色上门送餐的内容，《梦幻西游》则是增加了角色实体卡片和抽奖环节。

在抓住年轻人的注意力这方面，麦当劳比肯德基略胜一筹。2017 年 3 月，网易手游《阴阳师》与肯德基全国 5 000 多家门店合作推出"欧气明星餐"，并在北京、南京、长沙、广州、上海、杭州、厦门、成都 8 个城市推出 8 家主题店。2017 年 4 月，一部以打游戏的年轻人的经历为主题的动画片《全职高手》上线，麦当劳再一次成为特定的营销渠道，推出线下全职主题餐厅。而在《全职高手》这部动画片里，麦当劳醒目地进行了内容植入，剧情中位于杭州东坡路上的全职高手主题麦当劳门店一时成为粉丝光顾的热门餐厅，售出了远超预期几倍的"麦乐卡"。

2018 年新年期间，麦当劳选择与热门电影《捉妖记 2》进行合作，打造了 3 家麦当劳"捉妖记"主题店，包括福州三坊七巷餐厅、厦门 SM 餐厅和泉州福华餐厅。消费者可以在这些麦当劳餐厅和胡巴一起"穿越"到奇趣的"捉妖记"世界，乐享新年美食。

肯德基则是与热门综艺节目《国家宝藏》进行合作，开起了肯德基超级国宝主题店。国家博物馆拿出 17 件国宝级藏品，在 18 个城市设计了不同主题的"线下博物馆"，将国宝分解藏在餐厅的各个角落，设计得十分精致，让顾客一边吃鸡一边赏国宝长知识。

（四）麦当劳与肯德基的品牌代言人策略

在 2014 年之前，麦当劳聘请过王力宏、罗志祥、杨丞琳、姚明、郭晶晶等著名歌手和运动员做品牌代言人。2014 年至今，麦当劳与肯德基所用代言人如表 2-2 所示。

表 2-2　麦当劳与肯德基代言人一览表

年份	麦当劳	肯德基
2014		张亮、吴莫愁、陈晓
2015		李宇春、黄子韬
2016		柯震东
2017	吴亦凡	薛之谦、鹿晗
2018	火箭少女 101	TFBOYS
2019	杨超越、张云雷	朱一龙、李现

1. 肯德基代言人变迁

柯震东阳光大男孩的形象加上高人气和高曝光率让肯德基选中他作为品牌代言人。但柯震东代言肯德基后没多久就发生负面事件，不适宜再出现在大荧幕上，因此肯德基只能解约。之后肯德基聘请了薛之谦当代言人，当时薛之谦正因为流传度较广的新歌和独树一帜的广告风格走红。然而不久，薛之谦也爆出负面事件，于是肯德基宣布取消薛之谦的代言，撤除所有相关广告，全线下架任何和薛之谦有关的广告牌，代言人合约也随之作废。之后，肯德基启用代言人洛天依，它是以雅马哈（Yamah）公司的博歌乐（VOCALOID）语音合成引擎为基础制作的全世界第一款 VOCALOID 中文声库和虚拟形象。洛天依的声库于 2012 年 7 月 12 日在第八届中国国际动漫游戏博览会上正式推出。

2019 年 4 月 8 日，肯德基在社交媒体推出了非真人形象代言人——一名由电脑生成的虚拟人物：肯德基叔叔。记忆中那个长着白头发、留着白胡子、一脸和蔼慈祥的肯德基老爷爷，将被替换为一个潮男大叔。新形象中保留了标志性的一些特点：一头银发，微微翘起的山羊胡，白色西装、黑色领带，只是颜值从"爷爷"逆生长为"叔叔"，见图 2-5。

图 2-5 肯德基叔叔全新形象

2. 麦当劳代言人变迁

近几年，快餐品牌与流量明星的搭配让人眼前一亮。2017 年，吴亦凡作为麦当劳近 10 年来首位明星品牌代言人，其意义非常，产生的效果也很强大。很多顾客每次走进麦当劳都会想起"凡凡"吃炸鸡时候的模样，不少女粉丝更是放弃了减肥计划，专门为支持吴亦凡而来。尝到了甜头的麦当劳也开始接触不同的明星。

2018 年 7 月 1 日，麦当劳官方微博发布了火箭少女 101 为其代言的一组海报，并配文："你 pick 的小姐姐要来麦当劳了！可盐，可甜，可酷，可帅，可淘气的她们，这次也准备了三种不同风格的表演，你们想要 pick 什么口味？万分期待~@火箭少女 101 官博"。那时《创造 101》刚结束一周多，麦当劳立刻签约火箭少女 101，这是该组合的第一次全团代言品牌合作。

这种合作方式，是由此类偶像团体的特点和快餐品牌的新品推出速度决定的。《偶像练习生》和《创造 101》所掀起的热潮毋庸置疑，但由于国内偶像团体大环境的不成熟，无论是 Nine Percent（百分之九）还是火箭少女 101，都被贴上了"成团即走下坡路"的标签。尽管前景不被看好，如今的热度却摆在眼前，品牌怎能不心动？再加上像麦当劳、肯德基这样的快餐品牌会根据季节和潮流推出新品，借助《创造101》的余热，火箭少女101这类偶像团体的人气和其引领的潮流刚好符合品牌宣传需求。至于最终此类偶像团体能存活多久，并不是快餐品牌要考虑的问题。对于品牌来说，市场如战场，机会稍纵即逝，赶上这波热潮，就会获得"1+1＞2"的效果。

（五）麦当劳与肯德基的品牌粉丝策略

由于粉丝情感属性、投入程度不同，其选择消费产品及其周边产品时会有不同的表现。有的粉丝选择投入适量的精力和资源，有的粉丝选择花大钱购买相关产品为喜爱的对象声援，通过这些消费行为来表达他们对某一对象的迷恋情感。不同的粉丝群体存在着不同程度的狂热消费行为和崇拜情绪，通过这些行为在物质和情感上得到满足。

1. 从地毯式搜索明星信息到狂热消费

粉丝消费者会持续搜索、关注有关其所追明星的新闻动态和娱乐信息，以确保自己不会错过每一次新产品的消费机会，并积累后期在粉丝社群内与其他粉丝讨论的谈资。

对粉丝消费者而言，他们需要大量的信息来刺激自己对明星的崇拜和忠诚的情绪，因此粉丝消费者会定期主动尽其所能地去地毯式搜寻资料，目的在于维持或者增加对明星的喜爱与崇拜之情，并且获取的大量明星产品动态信息能够激发下一次的消费行为，最后将购买该品牌产品的行为变成消费习惯。

2. 集邮式商品消费

粉丝消费者喜欢收集明星代言的不同系列产品或纪念品，意不在精而在多，来表明自己对明星的喜爱和忠诚，从而声明和维护自己的粉丝身份，他们往往通过周边产品占有量来显示自己的情感狂热强度。

3. 粉丝"消费者共同体"的社群聚集

粉丝消费者在爆发自己的情感时，通常期待找到同伴以获得归属感和身份认同感，因此他们通过在线上或线下建立粉丝讨论群或俱乐部来建立情感联系和进行信息沟通。通过社群内部有效的信息与文化交流，消费者获得的满足感和归属感增强，因此消费者对社群的依赖感也会不断增强，并且消费者在形成粉丝情感之后会自觉在网络上寻找粉丝社群来获得身份认同，更促进了消费者继续消费产品来维持粉丝身份。

五、结论和启示

广告文化和包装文化是品牌文化的两个重要的物质属性。本章通过对麦当劳和肯德基品牌文化的分析得出以下结论和启示：

（1）麦当劳店铺设计的本土化优于肯德基，其店面能够根据店铺所在区域消费者群体的特点进行调整设计；而肯德基大部分店铺的设计还是统一风格，区域特色和个性表现不突出。麦当劳在充分研究中国社会文化环境和深刻洞察中国消费者的基础上制作在华广告，通过品牌文化本土化拉近与中国消费者的距离，让其在价值观念上对麦当劳产生认同感。这也是麦当劳在华广告本土化取得成功的关键因素。

（2）麦当劳和肯德基在中国市场的视觉宣传平面海报、优惠卡、视频广告里都运用了丰富的中国元素，既满足本土化需求，又不失国际化风范。麦当劳在中国的店铺设计相较于肯德基虽然更多运用了本土化的元素，但总体的设计还是趋向时尚、国际化风格。

（3）品牌选择代言人的策略有：

① 美誉度。美誉度以口碑指数和专业指数作为参考。就口碑指数和专业指数来说，艾漫数据有一套比较客观的计算方式。

口碑指数是指艺人在一定计算周期内个人口碑的评分，根据艺人的公益口碑指数、婚姻爱情指数、言行指数、外形指数、性格指数、专业技能指数这六个维度加权计算得出。

专业指数是指艺人在计算周期内的专业评分，由其在参演作品中的电影票房贡献、电视剧收视率贡献、综艺节目收视率贡献、电视剧播放量贡献、综艺节目播放量贡献、奖项指数、历史贡献指数加权计算得出。

（2）契合度。找明星代言最重要的就是代言人与目标人群要高度契合。这里的高度契合有两层含义：代言人与品牌所定位的消费者高度契合，代言人展现的形象能直接打动消费者，代言人与消费者合二为一；或者代言人的粉丝与品牌锁定的消费者群体高度契合，也就是我们常说的"粉丝经济"。

（3）前瞻度。品牌方选择代言人时需要考虑这个代言人在跟品牌合作以后能够带给品牌什么？如果是当红艺人，本身的热度已经有了，品牌方一般就会考虑：艺人的热度能否持续？持续时间有多长？未来是否有作品要播出？能否满足产品在市场上的销售期以及产品发展规划？如果是选择将红的艺人，虽说有风险，但性价比会更高。品牌方需要考虑艺人的热度升温，产品的销量可能会随着这个将红艺人的热度升温慢慢地到达一个高度。

品牌选择代言人的基本法则是：选择与产品特点契合的代言人，用情感联结品牌与粉丝。对于品牌而言，选择一个契合的代言人，不仅意味着代言产品，更意味着依托代言人的气质、形象，间接传递品牌特质，缩短粉丝与品牌之间的距离。通过代言人的情感维系，品牌与粉丝之间的沟通障碍明显缩小，某种程度上，两者的关系更接近合作伙伴，而非传统的卖家与买家的关系。因此，对品牌来说，更深入地了解粉丝、了解代言人，可以少走许多弯路。

参考文献

[1] 梁玉立，王为，黄日辉，等．应用空间分析方法探讨外来快餐业的竞争关系：以广州地区麦当劳与肯德基为例［J］．学术研究，2011（6）：45－52．

[2] 仇立．论肯德基的跨文化营销及启示［J］．山东师范大学学报（人文社会科学版），2009（6）：147－149．

[3] 陈晓环，陈紫薇．麦当劳和肯德基品牌的本土化设计比较研究［J］．设计，2016（8）：120－121．

[4] 冯莹．广告设计的文化属性对品牌价值提升的意义探索［J］．艺术科技，2018（11）：17－18．

[5] 张锐，张燚．品牌的属性透视［J］．商业时代，2007（30）：37－39．

[6] 吕丽娜．肯德基电视广告话语的艺术表现策略［D］．石家庄：河北师范大学硕士学位论文，2016．

[7] 刘超威．麦当劳在华广告的本土化研究［D］．重庆：西南大学硕士学位论文，2017．

[8] 刘光明．品牌文化［M］．2版．北京：经济管理出版社，2017．

[9] 亚伦·凯勒，勒妮·马里诺，丹·华莱士．品牌物理学［M］．崔学海，译．北京：中信出版集团，2018．

[10] 雷·克洛克，罗伯特·安德森．大创业家：麦当劳之父雷·克洛克自传［M］．陈寅，译．北京：中国经济出版社，2019．

（梁力中，童宇）

第三章 品牌精神文化
——迪士尼与乐高品牌文化分析

【摘要】 品牌精神文化包括利益认知、情感属性、文化传统、个性形象等方面，具有个性化、时代性、稳定性与动态性统一的特征。企业物质条件是品牌精神文化的基础，器物文化是品牌精神文化的外化，通过品牌的价值嬗变途径显示的精神价值是品牌价值的最高阶段。迪士尼自始至终都秉持着创新、高质量、共享、故事、乐观和尊重六大核心理念，使得可传承、可发展、可持续的品牌文化和品牌价值成为迪士尼最大的资产。乐高品牌将玩耍的快乐细化为"创造带来的成就感"，强调在游戏过程中培养孩子无可替代的思考能力和知识转化能力，并通过重新定义细分市场来实现品牌差异化，使得乐高积木成为玩具中的艺术品。两大品牌的理念都是为了给全世界带来快乐，不同之处在于迪士尼整合了产业链进行品牌文化宣传，而乐高则将娱乐文化融入玩具，聚焦于积木玩具品牌文化。迪士尼与乐高在塑造高质量品牌、建立完整的产业链、注重合作经营方面对品牌文化建设具有借鉴意义。

一、品牌精神文化概述

（一）品牌精神文化的内涵

品牌精神文化是品牌创立者及其传承人在长期的品牌经营过程中，因受社会经济和意识形态影响而形成的文化观念和精神成果。和物质文化相比，它是一种更深层次的文化，是品牌文化的核心，也是品牌的灵魂。

品牌精神文化源于品牌创建活动。随着品牌经营的深入和扩大，品牌逐渐升华出带有经典意义的价值观念。这种价值观念成为品牌经营者倡导和强化的主导意识，最终由精神力量转化为文化优势。它对内有调节和指导品牌运作、优化资源配置、促使品牌健康发展的驱动力，对外有丰富品牌联想、增强品牌辐射、激发消费者购买欲望的扩张力。

品牌精神文化是由品牌经营者共同创造、消费者普遍接受的文化理念，它规定了品牌的态度、情感、责任、义务、行为特点和存在方式，因而它是品牌经营状况的客观反映。任何缺乏精神文化的组织或系统，既不能被称为品牌，也没有市场前途。在市场竞争日趋激烈的今天，赋予各类组织、系统或产品以精神内涵，使之实现差异化、个性化，是提升其竞争力的根本保障。

（二）品牌精神文化分类及特征

品牌精神文化分为利益认知、情感属性、文化传统和个性形象四个方面。品牌的利益认知是指消费者认识到品牌产品的功能特征所带来的利益。消费者在对品牌的认知过程中，会将品牌的利益认知转化为一定的情感上的利益。消费者在购买产品功能利益的同时，也在购买产品带来的情感属性。情感属性总是与一定的品牌联想相联系。品牌也代表着一种文化传统，例如奔驰代表着德国文化——高效率的组织和高品质，本田代表着日本文化——精益求精、高效率和团队精神。品牌应有一定的个性形象，这是品牌文化的核心内涵之所在。个性形象越突出，消费者对品牌的认知会越深刻，该品牌在市场将占有较大优势；否则，消费者对品牌的认知肤浅，品牌也无法引起消费者足够的注意力。

品牌精神文化的主要特征包括个性化、时代性、稳定性与动态性统一。

1. 个性化

产品可以同质，可以相似，但精神文化都各有各的特征。不贴标签的几台同型号彩电几乎没有什么不同，但贴了品牌标签后，索尼、三星、海尔、飞利浦等，便各具特色。其中的差异正是来自品牌精神文化，是精神文化赋予了品牌以不同的形象，赋予品牌以个性化和差异化特征。

2. 时代性

优秀的品牌精神文化是对新时代竞争意识、文明意识、道德意识、理想追求的提炼与概括，跳动着时代的脉搏，流动着鲜活的血液，充满了生机与活力。"问渠那得清如许，为有源头活水来。"品牌精神文化的生命正是来自它对每个时代先进文化、先进理念的不断吸收。

3. 稳定性与动态性统一

品牌精神文化一旦形成，就具有稳定性、持久性、标志性，不会因个别因素和环节的变化而变化，但它也并不是一成不变、顽固僵化的。

它之所以具有强大而持久的力量，正是因为它能够不断反映进步思想和先进文化，随时代的发展而发展，与形势的变化（如时空条件、市场竞争、技术创新、观念更新等）相适应。因而它具有动态性，是稳定性与动态性的和谐统一体。

（三）品牌精神文化的基础和外化

品牌物质文化由不可分离的两个部分组成：企业物质条件和器物文化。

1. 企业物质条件是品牌精神文化的基础

构成品牌精神文化的企业经营哲学、经营理念、经营目标、道德规范、风俗习惯等不是虚无缥缈的海市蜃楼，而是建立在一定物质基础之上的意识形态，它们必须通过一定的物质载体去表现。因此，企业物质条件和品牌精神文化之间存在着对立统一的辩证关系。企业各种物质条件和要素的存在与组织蕴含着一定的自然规律，企业和广大员工在这一自然规律指导下的生产经营活动又包含了一定的经济规律和社会规律。符合这些基本规律，企业才能生存和发展，品牌方可创造和维护。而对这些规律的把握和认识，就是品牌精神文化的萌芽。全体员工在长期的生产经营活动中对这些规律进行总结和升华，就形成了自己的精神文化。

2. 器物文化是品牌精神文化的外化

品牌精神文化通过物质形态向外折射，就是品牌精神文化的外化过程。品牌精神文化外化的结果则构成了品牌物质文化最重要的组成部分——器物文化。器物文化是品牌文化外显的部分，是最容易被消费者感知的部分，它在企业的各个物质层面上都可以得到体现。品牌的名称、标志、标志字、标志色、标志性包装、宣传性包装、宣传标语、展示陈列等企业视觉识别，是品牌形象的静态表现，是经营理念的直观反映，是企业家和员工对企业目标与经营战略思考的结果。企业的厂区规划、建筑布局、厂房样式、绿化美化等，则折射出企业的精神面貌、管理风格、审美意识等内容。产品和服务是品牌经营理念的集中反映，是这一理念指导下品牌经营实践的结果。公关、广告、营销等则是品牌与消费者沟通的重要桥梁，是传播品牌经营理念的具体手段，而其中的思想和创意也是品牌精神文化不可分割的一部分。因此，企业技术工艺设备、特性和水平也必然折射出文化和个性色彩。

（四）品牌精神文化的价值

品牌文化中的精神价值是品牌传播的最高境界，是消费者对品牌核心价值高度认同而产生的心理共鸣，是消费者对品牌的无声崇拜，能够培养消费者的品牌忠诚度和建立品牌商誉。精神文化价值整合了企业价值观、社会价值观，根植于特定文化使其具有特定文化的典型特征，如历史的继承性、民族性和地域性。品牌传播中的精神价值主要是指以观念形式存在的精神价值，如价值观、理想、道德意识、思想观念等。即使是在世界范围内，能与消费者达成精神层面互动从而成为消费者信仰的品牌也是少数，而一旦到达精神价值驱动品牌的层次，品牌往往可以成长为引领行业发展的强势品牌，如耐克代表自信的精神，哈雷代表激情、自由的精神，苹果代表不断创新的精神。品牌的价值嬗变途径见图3-1。

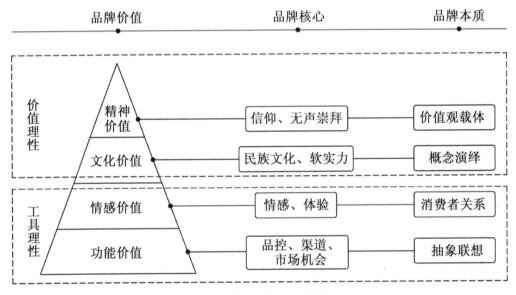

图3-1　品牌的价值嬗变途径

品牌精神文化价值是品牌的核心竞争力，使品牌具有持续竞争优势。核心竞争力具有扩展性、价值稀缺性与难以模仿性。难以模仿性是品牌核心竞争力最重要的特征。产品、服务、人员、技术等生产要素均不具有品牌独占性，可以轻易被竞争品牌模仿甚至超越，也不具有稀缺性与持续贡献价值的能力。而每一个品牌的精神文化都源于特定的历史条件、因果模糊性与社会环境的复杂性，其难以复制的特异性由该品牌的创始人、员工、品牌历史、产权特征、地域文化等要素构成，因而品牌的精神文化只有在特定的情境之中才能存在与发展，直接复制难以奏效。同时，并非所有的品牌精神文化都能够成为品牌的核心竞争力，只有优秀的强势品牌才能将精神文化打造成品牌的核心竞争力。强势品牌的精神文化具有稀缺性价值。品牌的扩展性源于核心竞争力，即对多种不同的生产技能与技术流的整合能力，以及品牌所具有的向其他品类市场延伸的能力。当核心竞争力超越生产与技术领域达到精神文化层面时，文化本身具有的强渗透、广扩展的特征使精神文化作为品牌核心竞争力的障碍远小于生产与技术的障碍。

品牌文化是品牌在消费者心目中的印象、感觉和附加价值的结晶，是品牌中的经营观、价值观、审美因素等观念形态及经营行为的总和，它具有超越商品本身的使用价值而更能使商品区别于其竞争品牌的禀赋。在社会进步、物质生活水平大幅度提高的今天，消费者的需求已经超越了物质层面，进而追求精神上的满足。人们在同质化商品充斥的市场购买商品时，不只是看中能提供给消费者实际功能的硬性商品价值，更为注重能满足消费者感性需求的某种文化——软性商品价值。

二、迪士尼与乐高品牌简介

（一）迪士尼品牌简介

迪士尼，全称为华特·迪士尼公司，英文名为"The Walt Disney Company"。华特·迪士尼公司成立于1923年10月16日，由华特·迪士尼（Walt D. Disney）及其哥哥罗伊·迪士尼（Roy O. Disney）创建。在电影史上，很难找到第二个人像华特·迪士尼那样能如此深刻地意识到电影的娱乐价值，又如此成功地把握了观众的娱乐心理。迪士尼首先想到儿童应该有自己的电影，但是他显然不满足于只为儿童拍片，他的目光盯着的是从老到少最大广度的观众市场。

迪士尼投入了电影产业，创造了革命性的娱乐形式，开创了第一个主题公园——迪士尼乐园。可以说，迪士尼虽以娱乐起家，但它与科技和媒体的高速发展紧密相连，从电视、电影到互联网，科技发展到哪里，迪士尼就发展到哪里；媒体发展到哪里，迪士尼就发展到哪里。因此，只要翻开迪士尼提供的产品目录，就可以看到其业务涵盖了娱乐文化业的全部领域：硬件上有娱乐电影制片厂、消费类产品制作部门、网络集团、电视集团、主题公园；软件上有米老鼠和唐老鸭、白雪公主和七个小矮人、美女与野兽、101斑点狗、狮子王、加勒比海盗等众多知名动画及电影。

迪士尼的英文"Disney"，字母设计像小动物，受到大人和孩子的广泛喜爱。迪士尼在不同产品上所用的标志也有不同。蓝色背景的城堡标

图 3-2　迪士尼品牌标志

志用于迪士尼电影；华特·迪士尼签名标志加上"World"是迪士尼度假村的标志；米老鼠头像标志被用于米老鼠俱乐部；带有"Studios"的是迪士尼影视制作公司的标志。迪士尼品牌标志见图 3-2。

华特·迪士尼的大脑是一个充满童话的理想世界。他将世界上浪漫的童话故事、神奇的传说和动人的民间神话变成栩栩如生的戏剧表演，并且获得世界各地观众的热烈响应，使观众们获得一种超越一切价值的体验和人生满足。迪士尼的大部分卡通形象，如白雪公主、灰姑娘、小木偶、小飞侠，其实都来自欧洲文化，但迪士尼用商业化的方式让他们在全世界流行。

1998 年 6 月，迪士尼公司推出了它的第 36 部动画故事片——《花木兰》，取材于在中国家喻户晓的民间故事。它的蓝本是教科书中的乐府名篇，问题在于，在此之前我们中国人没有发现这一名篇可以在世界动画史上焕发出金子一般的光彩。美国人把目光投向神奇的东方，2 000 余位迪士尼艺术家耗时 8 年，用原作的内核和主脉，加以现代的改编与包装，制作出了许多中国人也一边击节叹赏一边自叹不如的好电影。

2006 年，迪士尼收购了由苹果公司创始人史蒂夫·乔布斯创办的享誉全球的动画工作室——皮克斯动画工作室，创造出了《汽车总动员》《玩具总动员》《海底总动员》《超人总动员》等一系列家喻户晓的知名动画电影。

2009 年，迪士尼斥资 42 亿美元收购漫威公司（Marvel Entertainment Inc.），从而获得了蜘蛛侠、钢铁侠以及其他 5 000 多个漫画角色的所有权。2019 年上映的《复仇者联盟 4》电影为迪士尼带来了全球大约 28 亿美元的超高票房收入，票房超过《阿凡达》，登上全球影史票房榜首。2012 年，迪士尼以 40.5 亿美元收购了卢卡斯影业，得到又一座"金矿"。新的《星球大战》影片只是几粒种子，种出来的将是一株枝繁叶茂，有着玩具、游戏、文具、广告、图书、游乐场等枝干的"星战"产业大树。

2019 年，迪士尼又以 713 亿美元收购了 21 世纪福克斯公司（Twenty-First Century Fox, Inc.），包括 20 世纪福克斯影业、FX 电视网、国家地理等 300 多个国际电视频道及其他娱乐和体育业务。这是迪士尼有史以来最大的一次收购,也是美国娱乐产业第二大收购。作为全球最大的综合娱乐集团之一,迪士尼早已不是一般人印象中的普通动画公司,而是拥有"媒体网络""主题乐园""影视娱乐""消费品和互动媒体"等 4 大主营业务的综合娱乐业巨头,整个集团产业已经覆盖了动漫、主题公园、图书、服饰、房地产、网络媒体、电子游戏、零食等多个领域,创下了 14 年 20% 的年增长率和每年 18.5% 的资产回报率的成绩。2018 年,其总营收已高达 594.3 亿美元,在世界 500 强排行榜上位于 170 位。在世界品牌实验室发布的 2018 年度《世界品牌 500 强》排行榜中,迪士尼排名第 23 位。在《福布斯》发布的《2019 全球品牌价值 100 强》排行榜中,迪士尼排名第 8 位。

(二)乐高品牌简介

乐高玩具公司创立于 1932 年,位于丹麦的比隆市,是一家家族式私有企业。乐高创始人奥勒·柯克·克里斯蒂安森(Ole Kirk Christiansen)创立品牌的初衷就是想要满足儿童顾客"好好玩"的需求,品牌名称"LEGO"来自丹麦语"LEg GOdt",也就是"好好玩"(playwell)的意思。在提供模拟儿童的创造力、

图 3-3 乐高品牌标志

想象力和学习能力的高品质产品和体验方面,它是全球的佼佼者,其产品主要通过游戏性的活动来鼓励游戏者动手、动脑创作,激发他们的兴趣,并促进团结和共同思考。乐高品牌标志见图 3-3。

1947 年,乐高成为丹麦第一家拥有塑料注射成型机的制造商,这种机器的价格相当于企业上一年利润的 12 倍多。塑料玩具销量一直很不理想,在 20 世纪 50 年代初期它最多占到企业总销量的 5%~7%,所有的零售商都不看好塑料玩具,但乐高公司领导层表现出了出人意料的坚持,他们在接下来的 10 年里都在研究一个大胆的想法:怎样创造出乐高积木。经过多年的失败,当乐高公司已经由奥勒的儿子哥特弗雷德掌管时,他们才最终研究出凸起和孔的结合系统。这一设计于 1958 年 1 月 28 日在哥本哈根申请了专利,展示出乐高所称的"结合的力量"——当两块积木被拼在一起时,它们"咔嗒"一声就合上了,除非用力把它们拆开,否则它们就会一直牢牢地贴合在一起。因为积木不会垮塌,所以孩子们可以从下到上任意搭建,随心所欲地发挥他们的想象力。之后的乐高公

司开始制作不同的套装：小镇、消防站、医院、卡车等。1977年，奥勒的孙子凯尔接手了公司并做了进一步创新，其中一项创新是瞄准2～5岁儿童市场。针对低龄儿童的积木更大，这是为了防止儿童吞掉积木，也更便于小手的拿放。当时儿童在超过12岁以后，就不再玩乐高了。为了进一步瞄准更大龄的少年市场，凯尔还推出了更复杂的机械组系列。机械组系列虽然没有成功在12岁以上的少年中流行，但受到了25～45岁成年人的热情追捧，一直畅销至今。

但是，产品类型的过度开发导致乐高在1998年出现公司史上首次赤字，而赤字引发的恐慌又导致其创造了更泛滥、更匪夷所思的产品类型，几乎成为一种恶性循环。虽然1999—2002年与《星球大战》和《哈利·波特》的授权合作稍稍舒缓了亏损情形，但伴随着电影热潮的衰退，前述转型问题终究还是在2003年一口气爆发出来，让乐高陷入濒临破产的严重亏损境地。

这些由产品和品牌定位错误而导致重大失败的状况，终于在2004年新任首席执行官乔丹·维格·纳斯托普（Jørgen Vig Knudstorp）上台后开始有了转变。伴随一系列大刀阔斧的成本压缩与人事精简，乐高开始把产品核心聚焦于品牌的核心——玩具积木本身，具体做法包括将乐高乐园和乐高电玩等业务外包，把产品主力拉回过去那样通过基本零件就能拼出的建筑或者运载工具等。在乔丹接任首席执行官之初，他亲自前往美国参加了专为成年乐高玩家举办的年度聚会，并且细心聆听了这些乐高玩家的意见，更从他的老同学口中得知乐高在玩家心中的核心价值——让孩子更系统、更有创意地去思考，进一步把这份失落的核心价值带回乐高。

在与玩家社群的互动中，乐高可以很明确地掌握顾客的意见，并从中推出能受到成年玩家欢迎的产品。成年玩家在乐高消费群中占的分量逐年增大，比起所谓顾客至上，乐高的做法更像是让顾客成为生产过程的一分子。不同于乔布斯那样告诉使用者他们该要什么，乐高则乐于请使用者说出自己想要什么。

从2007年开始，乐高陆续推出独栋咖啡店、大型旋转木马、泰姬陵等动辄超过1 000元人民币的积木模型。乐高会强调这些是模型而非玩具，也是基于这些锁定成年玩家的产品比起好玩似乎更侧重于好看，且在设计、包装和销售方式上，皆和过去的孩童玩具相当不同。近几年乐高在产品设计创新上，也在突破玩家期待。例如保时捷911跑车模型，从设计研发到生产上市,就费时长达两年半之久,可见设计创新仍是乐高持续追求的经营重点,也是其牢牢维系顾客对品牌熟悉度与忠诚度的关键。在《福布斯》发布的《2019全球品牌价值100强》排行榜中,乐高排名第96位。

三、迪士尼与乐高品牌文化比较

(一)迪士尼的品牌文化

迪士尼品牌的发展历程,就是一部完整的品牌化生产和品牌传播的历史。迪士尼以"使人们过得快活"为使命,公司自始至终都秉持着六大核心发展理念:① 创新:迪士尼始终保持创意为王的传统;② 高质量:迪士尼坚持创作高品质、高票房的电影;③ 共享:迪士尼的产品可以满足不同年龄段的消费需求,将快乐传递到家庭娱乐的各方面;④ 故事:迪士尼每一部电影都在讲述不同的故事,其故事情节不仅引人入胜、打动人心,并且总是能够给人们带来欢乐和启发;⑤ 乐观:"让每一个人欢笑"是迪士尼始终坚持在做的事情,它时刻鼓励着人们保持乐观、积极向上的态度;⑥ 尊重:迪士尼一直把每一位员工当作表演家一样去爱戴,处处体现着对员工的尊重,因此才有了迪士尼乐园的演职人员百年如一日的专注表演。

文化是精神层面的因素,而精神相对物质而言更具有历史的持久性。迪士尼开创了一种以迪士尼卡通为核心的童话世界的文化。这种文化的目的在于给大众以梦想,焕发人们心底固有的童趣与纯真,通过征服观众形成稳定、永久的卖方市场。这种文化在美国本土甚至在全世界已经打下了自己制胜的根基,形成了使自身不断发展壮大的生命力。

华特·迪士尼一直认为只有借助电视节目的广泛宣传赢得观众,才能促销迪士尼公司的电影。迪士尼借助电视定期播放关于迪士尼乐园的虚拟节目,既赢得了观众的支持,也赢得了投资家的信心。迪士尼每次推出一部新片之前,整个集团上下一致,全力配合,利用所有宣传机器——迪士尼电视频道、所辖ABC电视网、迪士尼网站、迪士尼乐园、迪士尼玩具专卖店等进行推广,并与其战略伙伴电影院、麦当劳和可口可乐公司等有关方面合作,进行整体宣传。通常情况下,一部电影即使再轰动也只是"一时",但迪士尼要让它变得更为长久,于是采用了连环套:影院放过后,电视播,接着是发行录像带、光盘、书籍,同时将"明星""偶像"制成玩具,印在服装上,让它们走进孩子和家长的内心深处。迪士尼可以将一部热门电影如《狮子王》变成大为轰动的特许经营系列，衍生出电视剧、图书、玩具、主题公园和百老汇演出等。除影片的发行网外，迪士尼还拥有书籍、玩具、服装、电视剧以及录像带等其他商品的全球发行网络，所有这些构成了迪士尼复杂而完备的基础设施。在此基础上，经过多年的努力，迪士尼在动画片以及其他产品的制作方面已经赢得了人们的信任，建立起了世界性的声誉。

在经济学中，利润乘数模式是指一个大于1的利润基数为被乘数，经过几个波次的相乘之后，升级为新的利润之积，其结果就是利润大于1。根据这一经济学模型，迪士尼投入巨资塑造了自己的知名品牌，并将品牌延伸到其他的行业和领域。这种商业理念是通过传播品牌效应，最终重复获得利润。正如利润乘数模式所描述的那样，迪士尼成功运用了这一方法，取得了最终利润的循环的成功。从1928年华特·迪士尼设计出米老鼠的那一刻至今，这只可爱的小老鼠伴随了几代人的成长。《米老鼠和唐老鸭》中那些荒诞离奇、搞怪幽默的小故事几乎家喻户晓，成为经典。但迪士尼并不满足于其卡通人物仅仅出现在动漫里，而是要让人们在生活中随处可见他们的足迹，迪士尼乐园以及与迪士尼相关的玩具、少儿英语、图书、服饰等的出现就是最好的证明。

迪士尼乐园是迪士尼产业中最赚钱的迪士尼项目，包含主题公园、度假酒店以及露营和游乐区，是一个神奇的王国，每一个来到这里的人就仿佛是进入了一个脱离现实的童话世界。在迪士尼乐园的门口写着这样一句话："在这里您将会离开现实的今日，而进入一个昨日、明日与梦想的世界。"每一个来到这里的人都无法抗拒迪士尼乐园的魅力。迪士尼乐园的创建具备了一个品牌所蕴含的所有要素，独一无二，仅在价值和情感上就令人无法抗拒，消费者在别处也无法得到，所以说其品牌难以复制。在迪士尼的主题乐园里有一个集体婚礼的项目。在这里可以为那些曾经想要成为王子、白雪公主、灰姑娘等众多童话人物的新郎新娘们举办婚礼，让他们成功走入幸福的婚姻殿堂。这个项目一经推出便迎来了很多来自五湖四海的订单，越来越多的人愿意在迪士尼举办属于自己的童话般的婚礼。这些人正是广受迪士尼童话的影响，被迪士尼从小培养起的客户。就这样，迪士尼培养了一代又一代的消费者，并源源不断地为其提供精细化的服务，同时，这些消费者也不断支撑着迪士尼发展下去。

迪士尼公司品牌管理成功的关键因素是以质取胜的品牌策略，注重细节、坚持创新才使迪士尼公司出品了那么多脍炙人口的优质作品。每当谈到迪士尼品牌，人们总会第一时间想到《米老鼠和唐老鸭》《小飞象》《白雪公主》《玩具总动员》等一部又一部的经典作品。在内容的制作上，迪士尼实现了产销一体，从内容制作到渠道发行宣传，将所有环节整合成一条完整的产业链。同时，迪士尼公司也牢牢把握住卡通形象的版权，并且精细管理、运营着并购来的其他公司的卡通版权，利用其为公司创造最大的价值。通过多年的努力，这些可传承、可发展、可持续的品牌文化和品牌价值已成为迪士尼最大的资产。

（二）乐高的品牌文化

在过去的几十年里，乐高已经将玩耍的快乐细化为"创造带来的成就感"，乐高品牌也因此承担了神圣的使命——"让孩子享受建造的快乐和创造的骄傲""激发孩子的想象力和创造力""唤醒我们的童心"，它鼓励孩子们通过"动手""动脑"去追求理想，企业的最终目标是"激发和培养明天的建设者"。对于"寓教于乐"这个在中国十分受重视却总也做不好的理念，乐高给出的答案是："玩耍本身就是孩子的学习过程。"比起在玩具中生硬地加入知识内容，乐高更愿意为游戏和玩耍正名，强调游戏过程中培养起来的、无可替代的思考能力和知识转化能力。

从具体的产品层面来看，乐高最大的成就在于其核心产品——塑料拼插玩具的开发，其品牌价值主张的确定和完善也是随着这一产品的成型不断丰富起来的。虽然现在一说起乐高我们就会想起那一堆花花绿绿、带着凹凸接孔的塑料积木，但在1934年成立之初，乐高只是一个生产木制玩具的普通玩具企业——颜色鲜艳的溜溜球、可以回弹的动物玩偶和小卡车，都是乐高企业经营的产品。经过创始人奥勒和他的儿子哥特弗雷德接近20年的研发和试验，现代乐高积木的雏形才于1958年在哥本哈根获得了专利。在后来的发展中，乐高积木更是形成了一个可以"向前兼容"的玩具体系，每一代新的积木都能与1958年的产品完美拼砌，乐高积木系统得以建立。乐高积木本身并不能进行创造，它的价值正在于为消费者，特别是为对世界好奇的孩子们提供了创造一切的工具和机会，这也让乐高积木体系成为企业80多年来得以生存和发展的最重要价值载体。

产品本身是企业价值的物质载体，当品牌的核心价值主张被确定后，品牌的价值传递则主要依赖于产品本身的销售，毕竟只有"卖出去"和"被消费"之后才能实现"被感知"和"被认同"。在价值传递过程中，消费者、企业合作伙伴以及企业自身等利益相关者都将获得自身期待的价值,这就是实现价值增值的过程。而东西方在创新思路上有着相同的理念,通过了解自身优势,开发核心资源:西方科学认为,原子是构成世界的最基础单位;东方道家哲学则有"道生一,一生二,二生三,三生万物"的理念。也许乐高积木的发明者自己也没有想到,简单的乐高积木简直成了像"原子"和"一"一样伟大的存在,一片片带有凹凸接口的塑料玩具事实上就是乐高价值传递的最好资源。基于公司的核心资源,乐高的第三代家族掌门人凯尔在上任后不久做了两件让乐高在未来半个世纪内无忧效量的事情——开发主题套装积木和给乐高积木加入人仔。这两个在当时看来颠覆性的创意实际是向玩具消费者打开了"叙事"和"角色扮演"两个重要的入口,这种创新也开始把乐高从简单的造型积木逐步变为了容纳一切价值观、世界观和具体故事及人物的叙事媒介,它的包容性和灵活性可见一斑,乐高"让孩子们在创造中活得快乐"的主张也得以充分表现。

在品牌的发展中,乐高公司更加重视将玩耍和教育相结合,持续将利润的20%投入乐高基金会,全力探索"未来的游戏、学习和发展"。现代神经科学已经能够精确描述动手过程是如何刺激大脑、提升学习品质的,并得出了"从经验中学习要好于抽象的计算和总结"的结论。这些发现进一步促进乐高集团与美国麻省理工学院、英国剑桥大学和中国清华大学等世界著名学府和教育机构合作,探索建立一套系统的游戏教学方法。

乐高教育是这一理念的实践者。乐高教育隶属于乐高集团,成立于20世纪80年代初。乐高教育为全世界的教师和学生提供具有挑战性、趣味性和可操作性的学习工具和教学解决方案,鼓励学生积极思考、动手参与,坚信只有依靠学生的主动学习能力才能让学习更有效。因而乐高教育根据不同年龄(3~16岁)孩子的特点设计教学方案,涉及学科内容包括科学、技术、数学、设计、社会学等,既适用于课堂教学,也可以作为课外活动和技能培训内容。

在乐高"玩乐日"现场,员工们玩的"小车穿火圈"即是乐高教育设计的科学动手实验项目。参与者要设计一辆小车,从高坡放下后借助势能转化的动能,穿过滑坡和火圈间的"山涧",跃入火圈者为赢家。一次次尝试中,游戏者将慢慢摸索出能量转化的规律,不再只是死记硬背物理公式。

伴随乐高教育的国际经验,乐高集团在中国市场的拓展中很注重教育对业务的推动作用,在中国各大城市陆续建立了乐高教育中心。乐高集团管理层所看到的趋势是,确保孩子受到高质量的教育是中国父母的头等大事,越来越多的中国中产阶级家庭将可支配收入投入教育,这一块的增长趋势远超其他家庭消费,而乐高恰好用教育来迎合这一趋势。从2010年起,乐高集团与中国教育部合作,启动"技术教育创新人才培养计划"项目,为全国400所中小学免费配备乐高教育科学技术教具,培训400所中小学的科学技术骨干教师。"我们教授他们用乐高玩具来创造全新的教学形式。"在试点的同时,乐高教育也与北京师范大学合作来验收项目的成果,了解游戏学习对中国学生学业的提升是否与其他市场一致。从玩具生产商的角色变身教育辅助者,乐高集团正在努力了解传统教育的短板以及游戏学习是如何来弥补这些短板的。

乐高通过重新定义细分市场来塑造品牌差异化,不断突破现有对细分市场的标签印象:通过对积木大小的组合变化,撕掉了年龄的标签,使乐高的消费群体从幼儿扩散到成人;再通过对女孩的兴趣调查,利用颜色的变化,使得建筑模型不局限于男孩的定位;最后通过智能互动科技的开发、乐高大电影的应用、MOC(My Own Creation,我自己的创意)作品展等,使得乐高积木成为玩具中的艺术品。

(三)迪士尼与乐高品牌文化比较分析

通过上述的品牌文化分析可以看出,迪士尼与乐高两大国际品牌打造的共同理念都是为了给全世界的家庭与孩子们带来快乐,使消费者获得更多的幸福。两者有着诸多契合和融通之处,比如用户群面向全年龄的消费者,给青少年们带来无数的创新理念,鼓励人们去创造和实现自己的梦想。两者均秉承欧美实用主义价值观的精神,以信念为出发点,以行动为首要任务,把现实中实际的成效作为自己追求的最高目标,树立了艰苦、勤奋、务实的工作态度和精神面貌。两大品牌都是科学与艺术相结合的典范,各自代表了一个宏大的商业帝国与悠久的历史文化,体现了与众不同、与时俱进的企业文化精神。

两者的不同之处在于品牌文化的传播途径。迪士尼一直在整合和延长产业链,而乐高则是稳扎稳打地在玩具积木领域开拓和发展。迪士尼从最初的动画制作发展到主题公园,并购多个动画、影视、传媒品牌,进而开发各种衍生品,后又进军游戏界。每一次新的尝试都给迪士尼带来更大的发展空间,创造了一个又一个商业奇迹。当今玩具的巨头企业孩之宝、美泰等都纷纷通过影视、动漫、游戏等,依靠故事性的 IP

（Intellectual Property，意为"知识产权"或"智慧所有权"）来占领市场，将玩具与娱乐产业结合，来充分满足"90后"和"00后"等主流消费群体对于文化环境中的衍生品需求。而乐高的品牌价值主要聚焦于传统的积木玩具产品，将相关的文化娱乐业务引入玩具里，在取得星球大战、哈利·波特、蝙蝠侠、侏罗纪世界、加勒比海盗、迪士尼等一系列知名IP授权的品牌动画人物形象使用权之后，将场景故事导入玩具中，让消费者能更富有想象力地搭建自己喜欢的场景和建筑，并将积木玩具结合人工智能机器人编程，创造出一套系统的游戏教学方法。

表 3-1　迪士尼与乐高的品牌文化理念与传播途径

品牌	迪士尼	乐高
品牌文化理念	带给消费者快乐	
品牌文化传播途径	整合全产业链	聚焦于积木玩具，玩具结合文化娱乐

四、结论和启示

（一）结论

迪士尼和乐高两大品牌经过将近一个世纪的发展和传承，其先进的文化与生存的合理性吻合使得品牌的生命之树长青。

1. 传承和创造

凡是具有很强生命力的品牌都有一个特点，就是除了品牌本身的影响力外，还具有良好的传承、传播、传代能力，也就是说有很强的吸纳、汲取、消化、吐故纳新、兼容并蓄和传承再造能力。传承和吸纳、发扬和光大、消化和再造、补充和更新、完善和提高实际上是相辅相成的，立新不只是破旧和除旧，而是创意和创造。

2. 综合和提纯

迪士尼文化最大的特点是综合和提纯，即广泛吸收世界不同国家、地区、民族、宗教的文化，进行归纳和提炼，这就是综合和提纯的实质内涵与魅力。从"欧洲文化中心主义"开始发祥的文化经过多元文化的冲突、撞击，进而与其互补、衔接，最终得以重组、更新和提高，也就是综合和提纯过程，塑造出风靡世界的迪士尼文化，让世界不同国家的儿童欣喜地看到米老鼠、白雪公主、阿拉丁、狮子王和花木兰。提纯并不是简单提取纯正文化和再造宫廷贵族文化，提纯出的文化也不是只能供一个国家、民族和地区欣赏的偏狭文化，而是让世界各国、各民族，无论信仰、宗教、习俗如何都能欣然接受的"可乐文化",就像乐高一样能够始终带给孩子们玩耍的快乐。纯正不是狭隘和偏激,而是在普及和传播意义上的"共性"特征和升华的前提。

3. 汲取和升华

两大品牌文化的另一个特点就是汲取和升华。综合世界各国、各民族的文化是基础,提纯是取经、加工、包装和完善的过程,而汲取和升华就是加工、提高到更为崇高的人文、思想、文化、艺术境界,即归结为真实、正义、善良、勇敢、平等、爱情、自由、美丽这些人类社会的永恒主题。这是男女老少、老弱病残、不同宗教、不同肤色、不同身份、不同职业的人都能在同一蓝天下自由、平等、和谐地欣赏、感悟和交流,共同携手创造文明境界的过程。

4. 大众和经典

综合、提纯、汲取、升华品牌,用通俗的话说就是"品牌的艺术源于生活,高于生活"。倘若这一过程只满足于具有话语权的社会精英们的欣赏需求,而和每日忙于生计的人们无缘,那这样的品牌就不是大众经典的品牌,其根基就不牢固,即使称得上精品,也不可能成为先进文化而时尚起来。大众经典是因思想性和艺术性高,被广大人民群众喜爱和迅速传播,少数社会精英与弱势群体也能欣赏、接受和欢迎的文化精品。

迪士尼和乐高两大品牌都分别展示着世界文化的一些特征,不仅仅是为了企业的发展,更是丰富了全球人民的多元化生活。品牌的艺术产生于关爱、和谐、诚信、互助的公民社会这一文化土壤,而人才辈出、人尽其才、人人成才的制度文明是公民社会的坚实基础和保障。只有执着探求创新和追寻品质,来满足广大消费者的内心诉求,才能创作出被大众接受的经典品牌,才能赢得全世界人民的认同。只有继承、创造和发展世界通达的先进文化与理念,一个国家、一个民族的文化才能走向繁荣昌盛,这是迪士尼和乐高的品牌精神文化给人类展示的昨天、今天和明天。

(二)启示

1. 塑造高质量品牌

迪士尼在动画制作方面始终秉持质量至上的原则,打造高质量高标准的精品,且十分注重技术领域的创新及开发。我国要建立属于我们自己的世界性媒介品牌,有效运用属于自己的媒介品牌力,才能向全世界提供高质量的信息产品,主导世界的舆论。

2. 建立完整的产业链

迪士尼和乐高一直十分注重自身品牌的多元化发展，从单一的影视、玩具制造发展为多元的产业链，使得公司的营收分别来自产品销售、影视拍摄、主题乐园等一系列产业。我国传统的影视业可以借鉴迪士尼的方法，在做好主业的原则上更注重自身品牌的产业延伸和商品的多元化发展，如这几年票房火爆、深受年轻一代热捧的卡通电影《西游记之大圣归来》《哪吒之魔童降世》就有巨大的产业发展空间。

3. 注重合作经营

迪士尼和乐高分别都与影视工作室、各国电商、旅游机构等建立了良好合作伙伴关系，从而实现产业链的跨国整合和传播。在日益增强的全球化趋势下，企业要加强与外部机构间的合作，做到资源整合、利益共享，建立合理有效的合作模式，从而实现利益最大化。

参考文献：

[1] 段淳林. 整合品牌传播：从 IMC 到 IBC 理论建构 [M]. 广州：世界图书出版广东有限公司，2014.

[2] Prahalad C K, Hamel G. The Core Competence of the Corporation [J]. Harvard Business Review, 1990, 68 (3): 79 – 91.

[3] 李海，郭必恒，李博. 中国企业文化建设：传承与创新 [M]. 北京：企业管理出版社，2005.

[4] 段淳林. 从工具理性到价值理性：中国品牌精神文化价值提升战略研究 [J]. 南京社会科学，2018 (9)：111 – 119.

[5] 刘国华. 品牌形象论：构建独一无二的品牌价值 [M]. 北京：人民邮电出版社，2015.

[6] 刘晶晶. 谈迪士尼品牌运营及其对我国文化产业运作的启示 [J]. 商，2013 (8)：305.

[7] 钱丽娜. 乐高式探索玩乐是我们企业文化 [J]. 商学院，2016 (10)：25 – 27.

[8] 牛兴侦. 乐高玩具品牌联合战略优化研究 [D]. 哈尔滨：东北农业大学硕士学位论文，2018.

[9] 迈克尔·巴里耶. 动画人生：迪士尼传 [M]. 杨阳，董亚楠，译. 杭州：浙江人民出版社，2019.

（王 可）

第四章 品牌文化战略
——海尔与三星品牌文化战略分析

【摘要】 本章概述了品牌文化内涵与品牌文化战略的关系。通过对海尔与三星的品牌文化及品牌文化战略发展历程的阐述，明确其品牌文化内涵及在不同阶段采取的不同的品牌文化战略，分析并对比了海尔与三星在品牌文化战略定位、品牌文化传播等方面的异同，探讨了海尔与三星在品牌文化规划、实施、监控与品牌文化战略创新等方面的优势，最后得出了品牌文化是企业的生命力，企业领导人、产品和质量以及人才在品牌文化战略中具有重要作用，以及品牌文化战略要保持持续性创新等结论。

一、品牌文化战略概述

品牌文化战略是指在满足消费者需求的基础上，综合运用品牌文化属性，为增强市场竞争力、提升品牌价值而制定的一系列长期的带有根本性的总体规划和行动方案。实施品牌文化战略能够有效地增强品牌的附加值，提高品牌美誉度和品牌忠诚度，促进品牌与企业的长远发展。

罗瑟·瑞夫斯在从事广告工作20多年后，于20世纪90年代提出了一个关于品牌产品的"独特销售主张"，即USP（Unique Selling Proposition）理论，又称独特卖点理论。USP理论的核心思想是在品牌产品推广时必须有一个独特的销售主张，这个主张要有广泛的吸引力。世界品牌管理大师戴维·阿克通过长期研究认为品牌价值的构成要素包括品牌忠诚、品牌意识、品牌联想、主观质量和其他权益。凯文·莱恩·凯勒在品牌管理领域的经典著作《战略品牌管理》一书中系统地总结和阐述了有关品牌的战略管理方面的诸多问题，包括品牌为什么重要、品牌向消费者展示了什么、企业应该如何管理品牌等。凯文着眼于为提高品牌战略的长期盈利性提供概念和方法，并将社交媒体和移动营销新分支加入创建品牌资产与品牌传播的路径及方法中。

国内关于品牌文化战略的研究起步较晚。朱立于2006年出版了《品牌文化战略研究》，这是国内第一部较为详尽地分析品牌文化理论和品牌文化战略的著作，在理论分析的基础上，建立了品牌文化战略模型，提出企业可以通过品牌文化各要素的培育，建设品牌文化，从而提升品牌资产、增强企业竞争力，并论述了品牌文化战略中的创新与控制问题。郭伟在《品牌管理》一书中提出了大数据挖掘技术的品牌监测、网络品牌运营、新媒体营销、网络口碑管理、网络危机管理等内容，具有时代意义。李滨在《品牌文化与品牌战略》中详细阐述了品牌文化的属性与如何塑造品牌及品牌战略的选择问题，明确了品牌文化与品牌战略之间相辅相成的关系。

改革开放以来，我国家电行业取得了快速发展，对家电品牌文化的研究却不是很多。工业和信息化部消费品工业司发布的《中国家用电器行业品牌发展报告》对中国家电行业品牌发展环境、家电品牌发展成就、竞争格局与品牌建设现状进行分析，并提出了加强自主创新能力、建立品牌价值评价机制、加强自主品牌发展等建议。李良成分析了中国家电品牌进入发达国家市场的模式：贴牌生产（Original Equipment Manufacturer，OEM）、自主品牌（Own Branding & Manufacturing，OBM）、贴牌生产和自主品牌组合、海外品牌兼并与收购等四种商业模式，分析了各个模式的利弊，为中国家电企业全球化扩张提供借鉴。吕孟琦从家电企业品牌价值管理研究出发，通过案例分析探讨了其品牌价值产生、保值与增值的演化过程，提出了通过制定品牌战略、优化资源配置及培育企业文化等路径来提升品牌价值管理水平的建议。谭书旺通过分析海尔、海信、格力等中国具有代表性的家电企业的成功经验，总结出了家电品牌国际化策略，为其他家电企业品牌国际化提供了参考。

二、海尔与三星品牌简介

（一）海尔品牌发展历程

1984年，青岛市政府牵头将几个衰微的国有电子厂组建成了青岛电冰箱总厂，任命张瑞敏为新厂长。当时"铁饭碗"的制度成为张瑞敏第一个难以战胜的对手。看一看张瑞敏为工厂工人制定的13条规章制度就可以想象这位现代经理人面临着怎样的困难，其中有"工作时间不准打毛衣""不准偷拿公共财产""不准在车间随地小便"等。1985年的"砸冰箱"事件成为海尔历史上强化质量观念的转折点。当时张瑞敏下令将每台价值100美元的76台有质量问题的冰箱当着400多位工人的面用大锤砸了，砸掉的产品价值相当于当时500名工人3个月的工资。此事件传达的信息非常明确：有缺陷的产品就是废品；生产有缺陷的产品的员工就是不合格员工。从那以后，"零缺陷"便作为主要绩效考核标准稳固地确定下来，质量控制成为海尔最显著的优势之一。1988年12月，海尔冰箱在全国冰箱评比中获得中国电冰箱史上的第一枚质量金牌，从此奠定了海尔冰箱在中国电冰箱行业中的领军地位。1992年，青岛市政府又协调冰箱厂与青岛空调厂合并，推动海尔集团诞生。1996年，海尔在雅加达建立了第一个海外基地。之后的数年里，海尔在菲律宾、马来西亚、美国以及中东和西欧的国家建立了多个基地，开始了全球扩张之路。

截至2019年6月，海尔已在全球设有29个制造基地、10大综合研发中心、6大设计分部、18大设计中心、28个国际研发机构，聘用了300多位国际设计师，以确保海尔独特的品牌个性。83个物流配送中心、300多万平方米仓储资源、36个设备中心、6 000余家服务网点为客户提供快捷的物流服务。产品涵盖冰箱冷柜、洗衣机、热水器、空调、电视、厨电、智慧家电和定制产品8大品类15 100多个规格。其产品一直获得消费者的认可，根据市场调查机构欧睿国际（Euromonitor）发布的全球家电品牌零售量数据，截至2018年年底，海尔大型家用电器品牌零售量连续十年蝉联全球第一。

"海尔"的英文广告语是与其谐音的英文"Higher"，意为"更高"，这是它的品牌标语，也是全球化的隐喻蓝图。海尔的核心价值观包括"以用户为是，以自己为非"的是非观、创业精神和创新精神共举的发展观以及"人单合一双赢"的利益观。海尔以"没有成功的企业，只有时代的企业"的观念，将创业和创新的发展观注入企业文化与品牌文化中，致力于打造基业长青的百年企业。海尔人永远以用户为是，不但要满足用户需求，还要创造用户需求；海尔人永远以自己为非，不断否定自我、挑战自我、重塑自我，以实现以变制变、变中求胜。

"海尔之道"即创新之道，其内涵是：打造产生一流人才的机制和平台，并持续不断地为客户创造价值，进而实现"人单合一双赢"。"人"即员工；"单"不是狭义的订单，而是用户资源；"双赢"就是把每一个员工和用户结合到一起，让员工在为用户创造价值的同时实现自身价值。

海尔不变的观念基因既是对员工个人发展观的指引，也是对员工价值观的约束。海尔鼓励每个员工都应具有企业家精神,从被经营变为自主经营,把不可能变为可能。创新精神的本质是创造差异化的价值,差异化价值的创造来源于创造新的用户资源,而创新精神又推动了产品的更新换代,促进海尔品牌永葆年轻与活力。

2019年海尔作为"物联网生态品牌"成功登上BrandZ发布的《2019年全球最具价值品牌100强》榜单,品牌价值为162.72亿美元。"物联网生态"是2019年BrandZ全球榜的新增品类,海尔成为该品类下全球第一个也是唯一一个上榜品牌。同时,在Interbrand发布的《2019中国最佳品牌排行榜》中,海尔排名第23位,品牌价值131.1亿元,同比增长38%,品牌价值增速位列榜单第3位。

35年来,海尔始终以创造用户价值为目标,历经名牌战略、多元化发展战略、国际化战略、全球化品牌战略以及网络化品牌战略等阶段。海尔品牌发展战略阶段如图4-1所示。

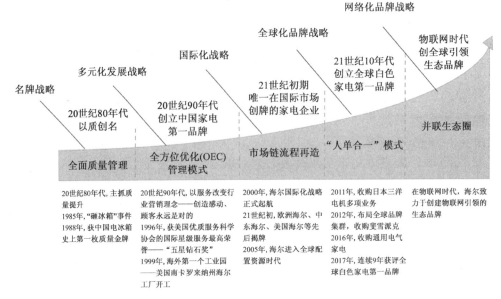

图4-1 海尔品牌发展战略阶段

(资料来源:根据海尔集团官网资料整理)

(二)三星品牌发展历程

三星集团是韩国最大的企业集团,包括26个下属公司及若干其他法人机构,在近70个国家和地区建立了近300个法人单位及办事处,员工总数达19.6万人,业务涉及电子、金融、机械、化学等众多领域。而这一切始于80多年前的1938年,三星前任会长李秉喆先生以3万韩元在韩国大邱市成立了三星商会。早期三星的主要业务是将韩国的干制鱼、蔬菜、水果等出口到中国。之后，三星又建厂开始了面粉和糖的生产及销售。1951年，三星在釜山成立了三星物产株式会社。为帮助恢复发展韩国经济，实现其"事业报国"的理念，三星开始涉足生产领域。1953年建立"第一制糖"结束了韩国白糖依赖进口的历史；1954年成立"第一毛织"开创了韩国自产布料的时代。这些基础消费品自给的实现为韩国经济的崛起打下了基础。

1969年，三星电子正式成立，不久便收购了韩国半导体公司50%的股权，快速成长为韩国市场上主要的电子产品制造商。20世纪80年代初，三星电子的核心业务在全球范围内实现了多元化扩张，其间三星越来越重视技术研发，建立了两家研发机构，进一步拓展了其在电子、半导体、光纤通信及从纳米技术到高级网络架构等技术创新领域的业务。1987年，三星电子创始人李秉喆逝世，其子李健熙继任成为新会长，提出了"新经营"的管理策略。"新经营"管理战略的实施实现了三星从"数量经营"到"品质经营"的转变，并由此实现世界一流的企业战略目标。在"新经营"管理策略实施的10年间，三星的年营业额增长了3.4倍，利润增长了28倍，并在半导体、液晶显示器、通信等技术领域确立了行业领跑者地位。2014年，三星第三代领导人李在镕继任，提出"创业三星"，并在构筑水平组织文化、提高业务效率、加强自我提升等多方面进行文化战略革新，用"充满变化与创新""以创造精神推动企业文化"等理念推动三星变革，以适应新环境下的竞争。

三星将"为人类社会做出贡献"作为自己的使命，将"构建创意的三星"作为企业的核心理念，以此激发全面的变革管理能力。

三星遵循简单的经营理念：以人才和技术创造卓越的产品和服务，并以此为全球社会做出更大贡献。为实现这一目标，三星对员工和技术都给予了高度重视。这也体现在三星的核心价值观上：人才第一，最高志向，引领变革，正道经营，追求共赢。

三星着力于放眼全球，瞄准国际领先企业并勇夺世界第一，其愿景包括：创造世界的未来，提高人类工作与生活质量；创造组织的未来，实现成为世界超一流企业的公司追求；创造自己的未来，实现自身价值。三星的服务理念是与顾客保持最紧密的关系，为了满足顾客而竭尽全力，让顾客享受最完美的售后服务。

从近些年三星入围Interbrand与美国《商业周刊》联合发布的"全

球 100 个顶级品牌"（The 100 Top Brands）榜单情况可以清晰地看出其品牌崛起的轨迹：在 1999 年的榜单中三星以位列第 96 位入榜，随后其排名逐年攀升，从 2001 年的第 42 位、2004 的第 21 位攀升至 2017 年的第 6 位，2018 年三星以品牌价值 598.9 亿美元蝉联榜单的第 6 位，品牌价值比上一年上升 6%。三星品牌发展历程可以归纳为三个阶段：第一阶段是本土化品牌成长阶段，第二阶段是国际化品牌认知阶段，第三阶段是国际化品牌成长阶段，如图 4-2 所示。

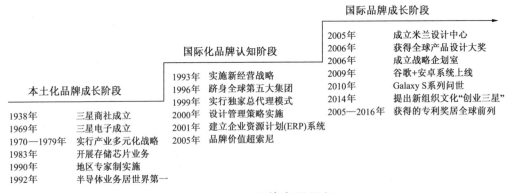

图 4-2　三星品牌发展历程

（资料来源：根据三星集团官网资料整理）

三、海尔与三星品牌文化战略比较

企业的品牌文化战略管理与经营战略一样，是一个系统工程，一个完整的战略管理过程，是站在全局的高度去统筹和规划的，它具有长期性、连续性、系统性、全局性与全员性等战略特征，它需要企业以战略眼光纵观全局持续地操作，不可能一蹴而就。海尔与三星在各自的品牌发展中都取得了巨大的成功，是品牌文化战略作用于品牌发展比较成功的实例。从表 4-1 中海尔与三星的企业文化和品牌文化的对比可以看出，两家企业都有明确的核心价值观、企业战略观、品牌定位和品牌战略，并围绕此进行品牌规划与实施，从而实现品牌价值与消费者认可度的双重增长。本章从品牌文化战略规划、实施、监控和管理四个方面对海尔和三星进行比较分析，见表 4-1。

表 4-1 海尔与三星的企业文化和品牌文化对比

项目	海尔	三星
核心价值观	创新	人才第一，最高志向，引领变革，正道经营，追求共赢
企业经营理念	以人为本	以人才和技术创造卓越的产品和服务
企业战略观	先谋势，后谋利	创意，伙伴关系，人才
企业利益观	人单合一双赢	与顾客结成利益共同体
品牌定位	中高端差异化	高端一流品牌
品种战略	多品牌战略	单一品牌战略
国际化路径	先难后易	设计、科技、奥运营销
企业管理思路	管理模式创新	危险意识与创造力

（资料来源：根据海尔与三星公开报道整理）

（一）品牌文化战略规划

品牌文化战略管理首先要从品牌文化战略规划着手。品牌的定位如何？是高端还是低端？是以品牌知名度还是以品牌价值为目标？是选取单一品牌战略还是多品牌战略？品牌文化要如何构建？其相应的产品定位、客户定位、传播途径如何？……这些都需要通过系统的品牌文化战略的规划来确定。

品牌文化战略规划就是通过深入研究品牌的内涵特点，全面分析品牌发展阶段面对的环境，从而选择一系列适当的品牌文化战略来提升品牌价值。品牌文化战略规划要从明确品牌战略定位开始，并根据品牌定位选择适合的目标客户。没有对品牌文化合理定位，其战略规划与实施就无从谈起。而产品是体现品牌文化的载体，品牌文化也主要通过符合目标客户需求的产品来实现。同时，品牌文化要采取适合的传播途径进行营销与传播，并由此获得消费者的认可，使其产生认同感与共鸣。

1. 明确品牌文化战略目标与定位

海尔围绕着经营理念为品牌定位，在竞争上的"斜坡球体论"，质量上的"有缺陷的产品就是废品"，服务上的"服务始于销售的开始"，等等，都深深地印在消费者心中。海尔始终以创造用户价值为目标，持续创新并得到了消费者高度认同，使海尔品牌获得了很高的美誉度与忠诚度。为抓住不同细分市场，海尔定位于多品牌战略，用不同的品牌占领不同的市场，以高质量打造的"海尔"迅速抢占市场，扩大市场份额与知名度之后，以卡萨帝（Casarte）、美国通用家电（GE Appliances）及奢侈品牌费雪派克（Fisher & Paykel）抢占全球高端市场。这种全方位多品牌战略强化了海尔集团的影响力与品牌价值。

早在20世纪90年代初李健熙就预见到，中国制造商将能比韩国企业更便宜地生产电子产品，因而三星必须向高端产品发展，以塑造高端的品牌形象进行品牌定位。李健熙曾经说过，三星电子的原则是：一个产品如果不可能做第一，就干脆不做。三星集团在保证产品品质的基础上也提高了产品价格并带来了利润的增长，这使三星产品渐渐摆脱了"低质"的形象，快速向市场推出堪称"世界第一"的产品。

海尔和三星在品牌文化战略的选择上都采用了以企业经营理念进行品牌文化定位的方式。海尔采取多品牌战略，而三星采取单一品牌战略。海尔品牌定位侧重于持续"创新"为客户创造价值的"全方位"品牌集群；三星则定位于高端品牌，以做"世界第一"的产品为目标。两者的定位不同，但都对本品牌的定位十分清晰、明确，在产品研发、质量管理、品牌营销等多方面都是围绕着其品牌定位及品牌形象进行的，最终使其品牌形象、品牌文化深入人心，取得了消费者高度的认同感和忠诚度。

2. 选择适合的目标客户群

"以用户为是，以自己为非"的是非观是海尔开发用户的动力。海尔认为，真正为用户着想、开发出满足用户需求的产品才能真正赢得市场。在海尔的服务理念中，"用户的难题就是我们的课题""为你设计、让你满意""用户永远是对的"已渗透到每一个员工的内心。海尔的多品牌定位将不同品牌定位于不同的目标客户，其产品适应了用户不同诉求，从而受到了用户的欢迎，而这种全方位的客户定位也赢得了消费者的认可。三星则围绕着做高端品牌的定位，选定优质高端客户群作为自己的目标客户，锁定高端市场，对目标客户的特点、消费习惯、文化层次、价值观、兴趣爱好等进行分析与定位，进而从产品定位、品牌形象、营销方式等方面进行改变，着力于以先进的设计与优质的产品，通过体育营销、公益营销、明星代言等多种途径营造其高端的品牌形象，从而抓住目标客户。

无论是海尔的定位于全方位为客户服务，还是三星的定位于高端客户群体，二者都有明确的客户定位，并根据目标客户群的特点为客户提供适合其形象、社会地位及身份的产品，从而获得消费者的认可。在品牌文化发展战略当中，品牌定位和相应客户定位是相辅相成的，必须做到精准选择，这也是品牌战略成功的关键。

3. 打造符合品牌气质的产品文化

海尔在产品定位上可以说是很成功的。20世纪80、90年代的海尔走的是中低端路线，追求高质量、低价格的性价比，以此达到市场销量第一的目标，从而迅速提升品牌知名度。进入21世纪后，海尔开始追求市场份额第一，主打中高端的产品路线，多品牌的定位与多层级差异化的产品互为支撑，相得益彰，从而迅速抢占中高端市场。自2008年至今，海尔产品在全球家电市场持续保持市场份额第一的地位。

三星电子在20世纪80年代开始发展半导体业务，其后逐步向高端产品发展。三星在产品研发及产品设计上都围绕"高端"这一中心。产品在外观、颜色设计方面保持简洁而流畅的风格，并有意识地将消费电子的时尚元素和高新技术运用于产品之中，以别出心裁的设计和高科技附加值塑造其高端产品的定位。

产品定位服务于品牌定位和客户定位，同时，产品定位也对产品研发和生产起着导向性作用。海尔和三星都有着明确的产品定位，并着力于产品研发和差异化产品战略，从而满足目标客户的需求，抢占市场份额，提升品牌知名度。同时，产品文化本身也是品牌文化的一个组成部分，品牌文化向消费者的输出一部分就体现在产品上，产品的外观、性能、给用户带来的使用体验都潜移默化地影响着品牌在消费者心里的认知和感觉，强化了品牌文化与消费者之间的联系。因此，产品文化定位必须与品牌文化定位相契合才起到促进作用，倘若产品文化定位与品牌文化定位相背离，则会伤害到品牌的形象和口碑。

4. 做好企业品牌文化形象塑造与传播

海尔在品牌文化传播上分为两个阶段，第一个阶段是实施"名牌化"战略，采取大面积推广的方式，同宣传媒体合作扩大品牌影响力，大打价格战，以促销造势来建立品牌知名度，追求全面市场份额最大化；第二个阶段是追求品牌的价值，采取集中市场推广，在细分市场建立品牌忠诚度，追求目标市场利润最大化。同时，海尔通过国际论坛传播输出自己的品牌文化。2017年以来，海尔通过与世界著名的加里·哈默管理实验室联合主办每年一次的人单合一模式国际论坛，使海尔模式享誉全球，借助参与论坛的高级专业人员传播自己的品牌实力和品牌理念，进而在国际上提升企业品牌知名度和美誉度。

三星则紧紧围绕着改变其一开始低质、廉价的形象而进行传播，借助多种传播手段塑造产品形象。在品牌形象传播的过程中坚持树立其高端、精致、有活力的形象。为了重塑品牌形象，三星果断地砍掉其他品牌，着力打造"三星"一个品牌，将全部产品定位于高端市场。同时，改变以前宣传上的混乱局面，把原来的全球50多个广告代理公司整合为一个，确保了品牌传播的一致性。

品牌要选择符合自己品牌形象的传播方式。海尔定位于名牌化战略和创品牌战略的传播方式，通过媒体宣传、公益传播以及国际论坛传播有效地提升了品牌形象；而三星则着力于打造其高端品牌形象，通过明星传播、体育营销、公益营销等手段摆脱了低质、廉价的形象，跻身高端市场并占据一席之地。

（二）品牌文化战略实施

品牌文化战略规划完成之后，要加以实施才能使品牌文化战略得以运用到提升企业品牌形象与品牌价值上。品牌文化战略的实施可以从产品文化战略、质量文化战略、营销文化战略及服务文化战略的实施中得以实现。

1. 产品文化战略的实施

在产品文化战略实施上，海尔将"创新"融入企业文化及产品文化的基因当中，不断研发满足客户需要的新产品，以差异化的产品抢占市场，提升品牌知名度与美誉度，而差异化产品离不开科技研发及技术创新。海尔过去也同其他企业一样认为夏季是洗衣机的销售淡季，后来海尔研究发现，夏季洗衣机销量低是因为现有5千克容量的洗衣机太大，使用起来费水费电，不如手洗方便。为此，海尔技术人员研制了1.5千克的"小小神童"洗衣机，产品投放市场后大受欢迎。当接到西北部用户投诉水管不好时，海尔调查发现是因为农民用洗衣机洗地瓜，造成下水管被地瓜皮堵住。海尔人并没有向客户解释洗衣机只能用来洗衣服，而是立即投入研发，很快推出了可以洗地瓜的"洗地瓜机"，这之后还为餐厅开发了削土豆皮的"洗衣机"，为青海和西藏地区人民开发了打酥油茶的"洗衣机"，还有为了适应都市狭小空间而设计的"小王子"冰箱，等等。随着互联网时代的到来，海尔紧紧抓住家电行业呈现出的产品升级、智能化和品牌集中化的趋势，将空调从"吹洁净的风"迭代升级到"让用户呼吸新鲜的空气"，先后推出空净一体机卡萨帝云鼎和天玺系列、净界空调等差异化的产品，全屋净化只要一刻钟；冰箱上推出了自由嵌入式 F + MSA 控氧保鲜、细胞级养鲜、全空间保鲜等解决方案，实现保鲜时间延长 8 倍，营养损失率低于普通冰箱的十分之一。在"互联网 +"时代，海尔大力推进定制化流程，使个性化产品成为现实。这些差异化的产品丰富了海尔的产品线，为海尔占据了细分市场，同时也排除了消费者的痛点，提高了品牌的认可度与忠诚度。

21 世纪初期，三星在市场竞争中还处在跟随者的地位。经过综合分析，三星深知在科技与质量这两方面无法与当时的手机行业老大诺基亚正面竞争，但发现了诺基亚"款式死板、无生机"这一弱点，于是确立了差异化的品牌产品塑造战略。随后三星又及时抓住了从传统手机到智能手机过渡的机遇，形成超越优势。三星在产品研发及产品设计上都围绕高端客户这一中心，在韩国、意大利米兰、英国伦敦等地设立了 7 个设计中心。各设计师不断了解市场，分析目标客户的行为偏好。精准地把握住了消费者的兴趣点，秉承"惊奇、简约、亲和力"的设计原则，设计出颜色、线条简洁而流畅的风格，突显高端、优雅的风格。三星用于设计的预算每年以 20% ~ 30% 的速度增长。同时，三星还创造了很多新颖的操作方式，比如热感应按键，以及在导航键上面采用内置轨迹球设计等，突显了品牌特色与亮点。

从上述分析可以看出，海尔和三星都十分重视产品文化战略的实施。海尔将持续不断的"创新"深耕于产品文化中，真正满足不同客户的需求，使其产品在市场上大受欢迎，同时提高了品牌的知名度、美誉度与忠诚度。三星则围绕着高端客户群，依据高端市场从产品研发、产品设计、高新技术等方面着手，创造出令消费者爱不释手的产品，从而使"年轻、时尚、有活力"的产品形象深入人心。品牌文化及其影响力通过产品作用于用户。产品带给消费者的体验是品牌文化的具体表现，而产品的优劣又直接影响品牌形象。

2. 质量文化战略的实施

产品质量的控制一直是海尔特别注重的问题。首先，海尔在员工中树立"有缺陷的产品就是废品""生产有缺陷的产品的员工就是不合格员工"的质量理念，并提出质量改进没有终点。质量理念提出后形成制度与机制，从而深入人心，使员工将质量管理规范变成自觉行动。其次，用行动重播质量意识，"砸冰箱"事件就是典型例子。海尔建立了全面质量审核体系，各事业部都设立了"质量分析室"，将质量管控贯彻于业务流程中。最后，为确保达到标准要求，追求零缺陷的产品质量，海尔制定了以"价值券"为中心的量化质量考核体系，行使质量否决权；同时，海尔以用户为中心，追求"零抱怨"的适用性产品和服务质量。

2003年，三星手机出现了不少次品，李健熙决定回收出现质量问题的3万部手机，并将这些价值30亿韩元的产品焚毁。这一举措代价很大，但三星手机的质量控制达到了相当高的水准。2016年，Note 7型号的手机发生电池自燃事故，三星立即召回所有问题产品，并加强质量管理，随后的新品Galaxy S8型号的手机热销，逐步挽回了影响。此后，三星建立起现代质量管控体系，建立质量标准，不断塑造质量管理文化，转变员工的质量观念，使质量至上的理念深入员工的意识当中。为了将缺陷产品扼杀在摇篮里，三星集团还实行了"停线"机制：如果在生产流程中发现不合格产品，整个生产线会被停下来，直到问题被解决。

在质量文化战略的实施上，海尔和三星非常相似，都对质量有着近乎严苛的标准，从质量意识到质量考核建立起一套完整的质量管理体系。质量管理体系的无缝运行又使各部门相互监督协作，不断推出高质量的产品和服务。良好的质量文化战略的实施推动了品牌文化的传播并加深了其影响。

3. 营销文化战略的实施

营销文化是贯穿于企业整个营销活动中的一系列指导思想、文化理念以及与营销理念相适应的规范和制度等的总称。在营销文化的战略实施上，海尔将"真诚到永远"植入营销文化，使之真正落实到企业员工当中，并成为自觉的行为。《海尔兄弟》这一动画片的成功影响了一代人，使用户在潜移默化中认可海尔的文化与价值观。海尔也利用事件营销塑造企业品牌形象，从最早的"砸冰箱"到"申奥成功"的宣传使品牌形象得以提升。海尔还在全国许多高校投放了洗衣机与烘干机，方便大学生生活的同时也扩大了品牌影响力。同时，海尔积极参与社会公益事业，履行社会责任，以社会公益事业扩大品牌影响力。海尔于1994年开始投资希望工程，1988年建成海尔科技馆，2003年赞助"中国少年儿童海尔科技奖"，参与"心系新人"活动组委会组织的各种公益活动，等等。在互联网时代，海尔更加注重媒体的宣传，与客户实时互动；投资拍摄电影和微电影，提升品牌形象；还通过国际论坛，借助参与论坛的高级专业人员传播输出自己的品牌文化和理念。这一系列的营销活动都体现了海尔"真诚到永远"的营销文化，提升了品牌价值。

三星则注重于将创新理念渗透到营销文化中,从设计营销、广告营销、体育营销等多方面实施品牌营销文化战略。三星通过卓越的产品设计来提升其品牌形象。1996年李健熙会长提出设计革命宣言后,三星在全球设立了设计中心,其卓越的设计极大地改变了三星产品在欧美等发达国家消费者心中廉价、低质的形象。在广告营销方面,三星用一家广告商取代了几十家广告商,以使三星广告的外观和给人的感受更一致。三星电子的"年轻、流行、时尚数字先锋"形象得到了有力强化。同时,三星运用体育营销,借助奥运平台,有效地向各国消费者传递了其品牌内涵,展示了良好的品牌形象,扩大了品牌影响力。

在营销文化战略的实施上,海尔将其以客户为中心的服务意识及创新思维贯穿于营销过程当中,而三星的营销文化则注重于从设计、宣传等多方面树立其高端、时尚的品牌形象。营销文化战略的实施是品牌文化战略实施的组成部分,是产品营销的指导思想。品牌的形象输出要通过产品营销来实现,而营销文化则是品牌文化的具体表现。

4. 服务文化战略的实施

在竞争激烈的市场中,服务质量的好坏是企业能否获得客户资源的重要因素。海尔不仅把服务当作产品的一个组成部分进行研究,而且树立起服务名牌与产品名牌同样重要的观念。海尔不仅使产品在设计、制造、工艺、用材等各方面都体现了对用户体验、人文关怀以及品质的极致追求,而且把"用户的烦恼减少到零"定为服务目标,不断努力拉近用户与产品之间的距离。从1994年的"无搬动服务"到1996年的"先设计再安装",从1997年的"五个一服务"到1998年的"星级服务一条龙",再到2001年的"空调无尘安装"以及后来的"全程管家365",海尔一步步地"推倒了企业与市场之间的墙"。尤其在智能化风潮下,海尔以打造"引领变革的智能制造竞争力"为发展战略,探索实践"人单合一双赢"模式,搭建"人人创客、引爆引领"的创业生态系统,把架设在企业和用户之间引发效率迟延和信息失真的"隔热墙"彻底去除,让员工与用户直接对接,由大规模制造向大规模定制转型。截至目前,海尔已成立9家引领全球的互联工厂样板,满足了用户高端化、个性化的需求,用户全流程参与的上门定制占比达16%,客户参与的大规模定制达52%;同时推行跨界联合IP,构建粉丝社群,推出HELLO KITTY(凯蒂猫)系列家电、"童话家"定制家居与定制电器等,驱动全流程运营效率的提升,将"最贴心的服务"做到极致。

三星在服务文化战略方面坚持服务理念创新。三星提出要从顾客的角度来思考问题，通过为顾客创造价值，实现顾客的梦想，达到三星与顾客共同成长的理想状态。从提倡"称心、舒心、放心"的服务理念，到推出以微笑（Smile）、专业（Specialty）、满意（Satisfaction）为核心的大客户3S服务品牌，以"实现高端产品的差别化"实现服务的多样化、定制化。为了给不同行业的客户提供个性化产品的定制化解决方案，三星完善了服务网络，还成立了行业大客户部，为客户提供定制化、差别化的服务。在信息化时代，三星还推出了线上服务App，完善线上、线下服务。有了完善的服务制度，还需要规范服务队伍。三星集团自行创建并管理服务网络系统，对全国服务中心的各种维修指数，如维修时间、当月输入率、顾客满意度、重复修理率等进行系统化、科学化的管理，并在此基础上对维修服务进行定期评价、考核。同时，三星建立了完善的培训机制，为所有的三星客户服务人员提供系统化的礼仪培训课程、客户服务课程及各种讲座。

再好的产品若没有良好的服务，也不可能成就品牌形象和品牌文化。从海尔和三星品牌案例中可以看出，服务文化战略的实施可以有效地提升品牌形象和价值，是品牌文化战略实施的重要组成部分。服务文化是客户最为直接的消费体验和对品牌深度认知的途径，要从服务理念、服务网络、服务质量、服务创新等多方面进行战略实施，以使其补充和强化品牌文化战略。

（三）品牌文化战略监控

在品牌文化战略实施的过程中有没有按照既定规划实施？其产品、质量、服务、营销、传播等方面是否与既定品牌定位的气质相吻合？企业如何确保品牌文化战略的实施？这些问题的解决依赖于品牌文化战略监控。只有设立相应的机制，对品牌文化的实施进行监控，才可以保证品牌文化战略的有效实施，才可以使品牌文化在发展过程中保持一致性与连续性。

海尔在建厂初期就成立了海尔文化中心，这个文化中心对海尔的对外扩张和快速发展起了巨大的作用。每并购一家企业，海尔文化中心是最先入驻的部门，通过多种形式将海尔品牌文化输出给新企业、新员工，使新海尔员工真正理解并认同海尔品牌文化，将其潜移默化地带入日常工作当中，从而确保在质量、产品和服务等多方面贯彻执行海尔品牌文化，使品牌文化保持了持续性与一致性。《海尔人报》《市场快报》《海尔新闻》是海尔中心创办的报纸，是集团的喉舌，主要负责将海尔的文化理念、管理思想、价值观等通过各种形式注入整个组织当中，并在海尔发展壮大过程中对品牌传播及文化战略进行监督管理，保证了其品牌战略的一致性与创新性。

1999年，三星在集团层面正式设立了集团品牌委员会，规定所有三星集团下属公司在海外市场使用三星品牌时都必须获得这个委员会的许可。2002年，公司各部门收到了五条诫令，其中就有"不要接受没有来头的奖项"和"不要进行过分的宣传活动"。集团品牌委员会为集团高质量的品牌形象管理、品牌文化战略管理提供了保证。

海尔和三星在不同的国家有着不同的企业文化，但都有品牌文化的传播与管理机构，这些机构对品牌文化战略起到了监控的作用。

（四）品牌文化战略优化

品牌文化战略不是一成不变的，企业若要在激烈的市场竞争中立于不败之地，必定要适应不断变化的市场。经过多年的发展，家电产业的市场环境已发生了根本的变化，无论是城市还是农村市场，家电保有量从无到有，从低到高，消费者的需求从实用性升级到高品质与个性化，一成不变的经营模式与品牌文化战略无法适应不断变革的市场环境。企业的品牌文化战略要根据不同的外部环境与内部环境做出相应的调整，不断地实行品牌文化战略优化升级，才能保持其品牌文化的先进性，体现出与其他品牌的差异性，从而使企业在激烈的市场竞争中保持领先地位。

海尔的品牌文化战略从最初的质量优先战略到后来的差异化多层次产品战略，迅速抢占市场，提升知名度；进入21世纪，其品牌文化战略调整为以用户为中心，走向全球化并向高端市场扩张；在"互联网＋"时代，海尔又及时推出"人人创客"的创业生态系统，为创新打造平台。同样的，三星从最初的传统商业模式到多元化战略，到20世纪90年代以"新经营"为核心的"做世界第一"的产品为主导的高端品牌战略，再到"创业三星（Start-up Samsung）"的创新经营的品牌"文化革新"战略，都是在不同阶段采取不同的品牌文化战略，不断地对品牌文化战略进行优化升级，从而很好地把握机遇，提高品牌影响力与美誉度。

品牌创新要充分考虑市场对品牌新形象的认可与接受程度，只有以市场为中心、以消费者为中心才能真正实现品牌创新与优化。品牌文化战略的优化要适应当下的市场环境及消费者的价值观。在大数据时代，市场竞争加剧，消费者需求不断升级，品牌战略要遵循科学的调查程序，敏锐捕捉不断变化的环境和客户新的需求点,确定品牌创新优化的具体方案,一旦企业内外部环境有变化,方案要及时修正。

四、结论和启示

(一) 品牌文化是企业的生命力

企业之间的市场竞争最终是品牌的竞争,而品牌的价值和影响力则是由品牌文化决定的。企业的品牌文化对内可以留住认同其品牌文化的人才,能激发广大员工的积极性、主动性和创造性,使团队更具凝聚力、向心力与战斗力,为企业可持续发展提供坚实的保障;对外能提升品牌形象,提升企业的知名度、美誉度和客户的黏度,使品牌形象深入人心,得到消费者的认可,从而保障企业在激烈的市场竞争中立于不败之地。

优秀的品牌文化是企业可持续发展的源泉,是保证企业发展的生命力。没有品牌文化的品牌便是无水之源,干涸而没有灵魂;没有品牌文化的品牌只可能是一个没有内涵的符号,在短期内也许会取得一定的知名度,但一定不会有长久的生命力。企业的可持续发展与市场竞争力取决于强有力的品牌文化,在面对各种挑战和竞争时,优秀的品牌文化使企业具有很强的凝聚力和战斗力,使企业不断地自我创新以适应新的竞争环境。

品牌文化不可照抄照搬,一个成功企业的品牌文化不是照搬过来就可以适应另一个企业的环境。品牌文化是在自身企业的企业文化中提炼、发展起来的,是企业发展过程中的战略方向、经营理念、价值观的体现,是在员工思想当中、日常行为当中形成的工作作风、精神和理念。品牌文化必须是本品牌核心价值的体现,是适应本企业、本品牌战略定位和文化定位的独有特质,由此才可能形成与其他品牌差异化的品牌文化,才可以使品牌具有高辨识度。

海尔在发展初期就非常重视品牌文化的建设,在收购其他公司时不是先派去财务团队,而是先派去企业文化工作人员,向被收购企业员工宣讲海尔的企业文化、品牌文化,以多种途径取得新员工的认同。只有员工认同企业的品牌文化才可以将其践行于日常工作中、产品中、服务中,才能将品牌文化通过产品和服务传播出去。

(二) 企业领导人是企业品牌文化战略的第一倡导者

海尔和三星品牌发展的过程中都有灵魂般的领导人——海尔的张瑞敏和三星的李秉喆、李健熙、李在镕祖孙三人。企业的品牌文化是企业家素质的外化，企业家的品格、品牌战略思维、品牌意识和规划决定了企业的生存和发展状况。企业家通过其杰出的领导才能、领导魅力、远见卓识，带动企业塑造形成独特的理念和文化，这对一个企业的长远发展与成功发展来说是极为珍贵的。

张瑞敏从一开始狠抓质量到20世纪90年代提出OEC管理模式["O"代表"Overall"（全方位），"E"代表"Everyone"（每人）、"Everything"（每件事）、"Everyday"（每天），"C"代表"Control"（控制）、"Clear"（清理），简称"日事日毕，日清日高"]，使先进的管理理念植根于企业当中，并通过企业文化宣传使员工真心认同海尔的品牌文化。海尔品牌国际化战略中的"先难后易"的路径、创国际名牌战略、"人单合一双赢"模式，都证明是张瑞敏的高瞻远瞩和先进的管理理念带领着海尔完成一次次的蜕变，成功塑造了海尔的品牌形象，使海尔品牌文化深入人心。"三星电子之所以能够取得让人刮目相看的成绩，很大程度上得益于李健熙强有力的管理"，日本《钻石》杂志这样评价。三星领导人李健熙于1993年到2014年在任期间带领三星从一个韩国本土企业成长为全球品牌价值排名第6位的国际企业集团，这与李健熙卓越的领导才能密不可分。李健熙有着强烈的危机意识，帮助三星在每一次危机来临之前都做好了充分的准备。他始终保持冷静的头脑以做出正确的判断与选择。李健熙独立思考的习惯与对新事物的好奇心驱使他在别人还疑虑重重地看待市场时果断地投资到自己未来的事业上。三星公司如今在品牌形象、产品设计、人员管理等方面的卓越表现与李健熙的独特个性是密不可分的。

（三）高质量的产品是品牌文化的硬核

品牌的成功最主要还是体现在产品上，产品是否有高科技含量、过硬的质量与完美的服务，是客户评价品牌的主要指标。产品是品牌的主要载体，没有过硬的产品，品牌再知名，广告与营销做得再好，也不过是空中楼阁，品牌铸造也只能是无本之木、无源之水。而先进的技术、严苛的质量管理和完善的服务是构成优秀产品的关键，过硬的产品则是搭建品牌的基石，是品牌文化的硬核所在。企业品牌的竞争力最终体现在企业品牌产品的竞争力上。只有具备自主研发与自主创新能力的企业才能在市场竞争中取胜，只有拥有了自主知识产权支持，产品才具有国际竞争力。而这就要求企业提高自身技术水平，加大研发投入，掌握产品核心技术，提高自主产品创新能力，不断开发出满足市场需求的差异化产品。

海尔的核心价值观就是"创新"并不遗余力地投入研发。2017年，海尔申请专利7000余项，发明专利占比大于60%。2017年12月第十九届中国专利奖颁奖大会上，海尔荣获家电唯一专利金奖和2项外观设计金奖，累计获国家科技进步奖14项，占行业总奖项的三分之二。目前，海尔的专利布局覆盖25个国家和地区，累计获得国际设计大奖百余项。2018年10月，国际电工委市场战略局（IEC/MSB）召开人工智能（AI）白皮书发布会及行业发展研讨会，而由海尔牵头制定的全球首个AI标准白皮书也在这次大会上正式发布，使海尔在AI研发与工艺上占得先机，有力提升了海尔品牌在全球人工智能产业发展中的话语权和影响力。海尔将观念创新融入企业文化和品牌文化中，不仅在产品上创新，更在商业模式上、组织架构上创新，使新的组织架构更好地贴近用户，使每一个海尔人都保持创新精神，研发出真正受用户欢迎的产品。三星同样非常重视产品研发，在全球设有17个研发中心，拥有近27000名研究人员。三星的技术研发投入占营业总收入的9%以上，高强度的研发投入使得三星拥有半导体、通信等方面的一流技术，这构成了三星独特的竞争优势，也为其制造一流产品奠定了坚实的基础。

产品和品牌之间是相辅相成的关系，优秀的产品可以促进品牌形象的提升；反之，倘若产品不具备竞争优势，与品牌宣传相左，会使消费者产生心理落差，进而伤害到品牌形象。产品是品牌文化战略的核心，在品牌文化战略的选择与实施过程中，要把产品作为重中之重来发展。产品是品牌文化战略最为重要的组成部分，是品牌文化的集中体现，也是成就品牌的关键。

（四）人才是品牌文化战略的践行者

无论是产品、质量、服务还是品牌文化战略，都是由企业中最大的资源——"人"来完成的。因此，"人才"是企业品牌文化战略中重要的组成部分，也是品牌文化战略得以实施的保证。企业的所有问题都在于人，员工形成合力才能达成企业目标。如果员工本身没有被充分激励，当然不会有企业的成长，更不用提企业品牌文化的建立与战略实施。"个人生涯计划与海尔事业规划的统一"是海尔的口号。公司提出了将个人生涯计划和海尔事业规划相统一的企业价值观。因为张瑞敏认为企业的基础是个人，没有个人能力的发挥，企业就不能成为一个有机体，也就无法形成企业活力。因此当海尔有预算买车时，张瑞敏优先买了为员工服务的公司班车而不是为他所用的轿车；当有福利房时，海尔也优先分给了一线的员工。而海尔人也将海尔的企业文化和品牌文化慢慢根植于心中。在解决问题时，海尔人会不假思索地、自然而然地按照海尔的标准去做。1999年成立的海尔大学，成了为公司培养管理人才和员工学习企业文化的基地，至2016年共开设了35个培育项目，覆盖企业员工1 700余人。三星的核心价值观是人才第一，引领变革，以三星的人力资源和技术创造卓越的产品和服务，并以此更好地为全球社会做出贡献。三星在其发展过程中也特别重视人才，对人才的投入从不吝啬，由此为三星的产品提升、技术提升、品牌提升都带来了非常好的效益。

好的品牌文化战略首先需要得到企业员工的认可，员工才可能把品牌文化带入生产和服务当中，使得品牌文化战略得以实施。当今的市场竞争最终是人才的竞争，优秀的人才和团队会将企业品牌文化不断推进，提升企业影响力。同时，人才也可以使品牌文化历久弥新，保持其创新的持续性。

（五）品牌文化战略要保持持续性创新

随着时代的进步，人们的生活节奏变得越来越快，而科技更新换代的时间间隔也越来越短，往往在较短的间隔就出现颠覆性的技术革命，比如数字化的运用、大数据时代带来的市场变化以及5G时代的到来等。而一个企业的内部也不是一成不变的，新一代的年轻人的观念、价值观和新环境下的管理理念等也促使着企业不断变化。因此，品牌文化战略也需要保持持续的创新，以适应不断变化的内部环境和外部环境，才能创造与保持企业品牌文化的先进性、持久性。只有不断创新的与时俱进的品牌文化才是具有生命力的品牌文化，只有保持不断创新的品牌文化战略才是先进的、优化的战略。

品牌文化创新是品牌维护的一部分，是品牌文化战略的组成部分，有着其独特的地位。品牌文化创新并非否定原来的品牌文化和形象，而是要在新环境下充分挖掘品牌核心价值中更新的因素，其目标在于保持品牌的生命力和竞争力，保持品牌的地位和形象。企业需要随时补充、调整其品牌文化的内涵，才能在竞争中取得成功。

参考文献

[1] 戴维·阿克. 管理品牌资产［M］. 吴进操，常小虹，译. 北京：机械工业出版社，2012.

［2］凯文·莱恩·凯勒. 战略品牌管理［M］. 吴水龙, 何云, 译. 北京：中国人民大学出版社, 2014.

［3］朱立. 品牌文化战略研究［M］. 北京：经济科学出版社, 2006.

［4］郭伟. 品牌管理［M］. 北京：清华大学出版社, 2016.

［5］李滨. 品牌文化与品牌战略［M］. 西安：西安交通大学出版社, 2016.

［6］工业和信息化部消费品工业司. 中国家用电器行业品牌发展报告（2017—2018年度）［J］. 家用电器, 2018（12）：20 - 38.

［7］谭书旺. 中国家电品牌的国际化策略研究［J］. 现代商业, 2019（8）：9 - 11.

［8］黎敏. 海尔开放式创新对新型研发机构发展的启示［J］. 科技管理研究, 2017（17）：124 - 130.

［9］金贤洙, 彭剑锋, 西楠, 等. 企业文化适应性与危机管理研究：以三星集团为例［J］. 中国人力资源开发, 2017（4）：122 - 129.

［10］王飞. 三星中国市场经营战略分析［J］. 当代经济管理, 2014（2）：25 - 30.

（张阿沛，张智慧）

第五章 品牌文化构建
——华为与思科品牌文化分析

【摘要】 品牌文化经过赋予品牌独特的文化内涵，确立鲜明的品牌定位，并充分利用各类内外部传播路径构成消费者对品牌高度的认可，形成品牌信仰，最终产生强烈的品牌忠诚，从而增强企业的竞争力，并为品牌战略的成功实施提供了强有力的保障。华为是全世界领先的ICT基础设施和智能终端提供商，在全球展现出越来越强势的能力。思科作为全球500强企业，是全世界互联网解决方案供应商的领先者。本章以华为和思科品牌为研究对象，运用案例研究方法比较其品牌文化，探索品牌文化构建路径，主要包括品牌精神文化、品牌物质文化和品牌行为三个方面。

一、品牌文化构建概述

根据戴维·阿克的定义，品牌文化是指通过赋予品牌深刻而丰富的文化内涵，建立鲜明的品牌定位，并充分利用各种强有效的内外部传播途径形成消费者对品牌在精神上的高度认同，创造品牌信仰，最终形成强烈的品牌忠诚。从企业角度而言，品牌文化可以提升品牌力，将无形的文化价值转化成为有形的品牌价值，形成差异化的竞争优势，使企业获得更多的利润。从消费者角度而言，品牌文化与消费者认同的价值有了交集，能让消费者在享用商品所带来的物质利益之外，还能有一种精神上的满足。

在科技高速发展的今天，同类产品的价格差异会越来越小，因此企业的竞争不会停留在价格战上。实施品牌文化战略作为品牌差异化的一种策略，成了对抗竞争品牌和阻止新品牌进入市场的重要手段。这种竞争壁垒存在时间长，不易被突破。

一个成功的品牌应该是产品和文化的结合，它需要企业员工常年累月的细心经营和积累，这是一个调研、整理、取舍、提炼与提升的不断磨合的科学过程。所以打造企业品牌文化要从长远出发，克服急躁情绪，以持之以恒的精神和扎扎实实的工作态度，积极稳健地推动品牌文化建设，使之成为企业发展的一种力量，推进企业向更高、更快的方向发展。

（一）品牌文化内涵的研究

品牌文化是基于企业和消费者价值建立的文化，是企业产品交换过程中形成的文化，是企业与消费者的沟通文化。品牌文化将企业与市场、消费者紧密联系起来，增强了企业竞争力，为企业长远发展提供了精神支持。

在《公司精神》一书中，杰斯帕·昆得（Jesper Kunde）认为公司应倡导实行"精神化管理"。公司精神是组织赖以生存的一系列价值观、态度和观念，没有不具备公司精神的品牌。同时，"品牌信仰模型"把品牌的发展概括为产品、概念化品牌、公司理念、品牌文化和品牌精神5个等级。

根据国内外学者的研究，我们认识到品牌文化的内涵不是单一的。詹姆斯·多纽斯（James F. Donius）认为品牌文化是品牌的价值系统，与人或国家的文化方面的情况很相似。在品牌选择方面，他认为性能和经济因素最受重视，但是与品牌选择关系最密切的是文化、社会和心理因素。何忠保、何飞云认为品牌文化是品牌在消费者心目中的印象、感觉和附加价值，是经营理念、价值观、审美因素等观念及行为的体现，它能够使消费者实现心理满足，具有超越商品本身的使用价值以及使商品区别于竞争品的禀赋。黄蕾、黄焕山认为品牌文化一方面是通过品牌名称、品牌标志、品牌包装等展示出来的文化，另一方面，其实质是企业形象、企业经营理念等的综合。王海忠认为品牌文化是某一品牌的拥有者、购买者、使用者或向往者之间共同拥有的，与品牌相关的独特信念、价值观、仪式、规范和传统的结合。

尽管学者对于品牌文化的内涵没有定论，但对品牌文化的重要性都保持肯定意见。品牌文化作为一种文化现象，对企业自身价值创造、竞争力提升以及国民经济发展都具有重要意义。

（二）品牌文化构建的研究

关于品牌文化的构建，国内外学者从不同角度进行了阐述。徐丽、胡仪元认为品牌文化构建可从三个方面进行：激发高素质人才的认同并使其参与品牌文化的构建；满足消费者需求并完善企业品牌文化的服务体系；增强企业品牌文化凝聚力，扩大对外影响。在《奢侈品战略》一书中，文森·白斯汀（Vincent Bastien）、诺埃尔·凯费洛（Jean-Noel Kapferer）认为产品代表着时间、工艺、生产程序、品牌历史、声望等因素，是文化的焦点，是品牌与文化紧密联系的体现，同时文化也提升了消费者对品牌的忠诚度，是品牌战略资源的来源。

另外，品牌文化构建还需要体现企业核心价值观，注重消费者体验，满足消费者的高层次品位追求。沙莎认为品牌文化建设是情感、人性、文化三者的有机结合，企业应当全面把握三者之间的互动关系，以求创造一个极具独特性的特点，形成品牌吸引力，获得顾客。

对于品牌文化构建的作用，朱立认为可概括为提升品牌价值、促进企业和消费者之间的融合、实现品牌个性差异化、增强市场竞争力等方面。妮明认为品牌文化可以帮助企业更好地实现商业促销的目的，能够满足目标消费者物质之外的文化需求，有助于培养品牌忠诚度，形成品牌壁垒。

（三）品牌文化构建的内容和一般方法

学者们从不同角度探讨了品牌文化构建的内容。国际品牌咨询公司（Interbrand）认为品牌文化结构主要包含信仰、价值观、规范、象征和氛围五个要素。郑永球通过对中国茶文化的研究得出了如下结论：品牌文化是在市场条件下，以商品或者服务等物质元素为基础的一种精神存在。他将品牌文化分为物质、市场和精神三个层次。刘铭从消费视角探讨了品牌文化与消费文化、社会文化之间的关系，从品牌文化自身和消费者两方面分析了品牌文化的构建。朱立在《品牌文化战略研究》中以品牌文化研究为依据，将品牌文化构建分为品牌精神文化、品牌物质文化和品牌行为文化三个层次。其中，品牌文化的核心是品牌精神文化，它是品牌的一种意识形态和文化观念，包括品牌愿景、价值观念和目标等。

品牌文化构建的一般方法，即首先确定企业品牌精神文化，找到可以将自身与同类型企业区别开来的品牌个性，同时注重与消费者的情感沟通；其次要以质量文化为基础，建设具有独特风格、简洁大方的品牌物质文化；最后要不断学习和提升品牌营销手段，并发挥企业领导者的企业家精神作用，丰富品牌行为文化。

二、华为与思科品牌简介

（一）华为品牌简介

华为技术有限公司于 1987 年在深圳注册成立，是全球领先的 ICT（信息与通信技术）基础设施和智能终端提供商。华为在通信网络、信息技术、智能终端和云服务等领域为客户提供有竞争力且安全可信赖的产品、解决方案与服务，与生态伙伴开放合作，持续为客户创造价值，释放个人潜能，丰富家庭生活，激发组织创新。

截至 2019 年 6 月，华为有 19.4 万名员工，业务遍及 170 多个国家和地区，服务 30 多亿人口。2019 年 1 月 24 日，华为发布了迄今最强大的 5G 基带芯片巴龙 5000。211 家世界 500 强企业、48 家世界 100 强企业选择华为作为数字化转型的合作伙伴。

截至 2018 年 12 月 31 日，华为公司的总资产为 6 658 亿元，销售收入高达 7 212 亿元，年复合增长率为 26%。目前，华为是全球最大的专利持有企业之一，截至 2018 年 12 月 31 日，在全球累计获得授权专利 87 805 件，其中中国授权专利累计 43 371 件，中国以外国家授权专利累计 44 434 件。90% 以上专利为发明专利。华为坚持每年将 10% 以上的销售收入投入研究与开发。2018 年，从事研究与开发的人员有 8 万多名，约占公司总人数的 45%；研发费用支出为 1 015 亿元，约占全年收入的 14.1%。近十年累计投入的研发费用超过 4 800 亿元。2019 年，随着 5G、人工智能、IoT（物联网）等新技术登上舞台，华为消费者业务不仅将继续提供更好的智能终端产品，引领行业发展，更重要的是将为全球消费者提供最极致的全场景智能生活体验，以期更多人爱上华为品牌。

华为是一家 100% 由员工持股的民营企业。华为通过工会实行员工持股计划，参与人数为 96 768 人，参与人仅为公司员工，没有任何政府部门、机构持有华为股权。华为对外依靠客户，坚持以客户为中心，通过创新的产品为客户创造价值；对内依靠努力奋斗的员工，以奋斗者为本，让有贡献者得到合理回报；与供应商、合作伙伴、产业组织、开源社区、标准组织、大学、研究机构等构建共赢的生态圈，推动技术进步和产业发展。华为遵从业务所在国适用的法律法规，为当地社会创造就业、带来税收贡献、使能数字化，并与政府、媒体等保持开放沟通。同时，华为聚焦全连接网络、智能计算、创新终端三大领域，在产品、技术、基础研究、工程能力等方面持续投入，向客户数字化转型，构建智能社会的基石。

华为致力于把数字世界带入每个人、每个家庭、每个组织,构建万物互联的智能世界:让无处不在的连接,成为人人平等的权利;让无所不及的智能,驱动新商业文明;所有的行业和组织,因强大的数字平台而变得敏捷、高效、生机勃勃;个性化的定制体验不再是少数人的专属特权,每一个人与生俱来的个性得到尊重,潜能得到充分的发挥和释放。

华为品牌标志(图5-1)像一朵菊花,其花瓣有8瓣,看起来比较简洁,代表华为的员工蓬勃向上、万众一心。很多人还会把华为的标志解读为一个正在散发光芒的太阳。华为的总裁张平安也说过,希望华为能够把产品销售到全世界的各个地方,也就是"散发光芒"的意思。另外,华为的标志在设计上采用了聚散的模式,8瓣花瓣由聚拢到散开,寓意着华为事业发展上的兴盛。底部核心聚在一起,体现

图 5-1　华为品牌标志

了华为坚持满足客户需求、为客户创造价值的核心理念。花瓣上的光影元素折射出了华为积极进取、不断创新、开放合作的理念。花瓣下面黑色的"HUAWEI"字母在花瓣红色的映衬下显得独立且引人注目。红色给人一种冲动感,让华为显得更为出众。

华为的品牌文化具有以下3个明显特征:一是华为一直以来坚持"以客户为中心,以奋斗者为本"的价值观。公司给予员工充分的信任,帮助员工通过组织实现自己的价值,为员工追求成功提供必要的条件和渠道,使得员工对于所在的组织具有极高的满意度和忠诚度,从而在行为上表现得更为主动,更愿意合作,更具有责任心和奉献精神。二是华为的团队精神。华为非常崇尚"狼",整个组织在行为上从上到下一直保持"狼性";"开放、妥协、灰度文化"让华为在整体上始终保持均衡发展。华为的管理模式是矩阵式管理模式,要求企业内部的各个职能部门相互配合,通过互助网络,对任何问题都能做出迅速的反应。同时,华为的销售人员在相互配合方面效率非常高,华为从签合同到实际供货只要4天的时间。三是华为鼓励创新,不断强化员工的危机意识。公司鼓励员工自我批评、自我否定,防止经验主义,从而实现一次次的自我突破。

(二）思科品牌简介

思科系统公司成立于1984年12月，总部位于美国硅谷。Cisco（思科）这一名字取自San Francisco（旧金山）。创始人莱昂纳德·波萨克（Leonard Bosack）和桑迪·勒纳（Sandy Lerner）是斯坦福大学的一对教师夫妇，夫妇二人设计了"多协议路由器"的联网设备，用于斯坦福大学校园网络。这个联网设备被认为是联网时代真正到来的标志。1993年，世界上出现了一个由1 000台思科路由器连成的互联网络，思科系统也从此进入了一个迅猛发展的时期。

目前，思科已成为全球领先的网络解决方案供应商。公司产品以路由器、交换机、IOS软件为主，还有宽带有线产品、板卡和模块、内容网络、网络管理、光纤平台、网络安全产品与VPN设备、网络存储产品、视频系统、IP通信系统、远程会议系统、无线产品、服务器等。

截至2018年12月31日，思科公司全球员工数达到72 900人，全年总销售额为493亿美元，同比增长3%。按GAAP（通用会计准则）标准计算，净收入为1亿美元，每股收益为0.02美元。按非GAAP标准计算，净收入为127亿美元，与2017财年相比增长5%；每股收益为2.60美元，比2017年增长9%。运营活动的现金流2018财年为137亿美元，相比2017财年139亿美元减少2%。在2018全财年，思科通过股票回购和股息分红向股东回馈了236亿美元。在2018财年第四季度，思科完成了对一家非上市公司的收购，提供基于人工智能的关系情报平台。在2018财年第四季度，思科还宣布了对运营商视频软件解决方案业务的出售协议。在2018年8月2日，思科宣布了对非上市企业多云安全公司（Duo Security）的收购意向，该公司通过云提供统一访问安全和多因素认证服务。

思科于1994年进入中国市场，从事销售、客户支持和服务、研发、业务流程运营和IT服务外包、思科融资及制造等领域的工作。自2001年以来，思科在中国的本地采购超过1 700亿元人民币，累计股权投资超过68亿元人民币。目前，思科在华注册合作伙伴超过1 500家，每年为合作伙伴产生380亿元人民币的业务。2005年成立于上海的思科中国研发中心是思科在美国以外的第二大研发中心。2012年5月，位于北京的思科中国研发中心分支机构正式落成。2013年5月，位于深圳的思科中国研发中心分支机构成立。至此，思科在上海、北京、杭州、苏州、合肥、深圳多地拥有相当完备的研发资源团队与机构，进一步加快了思科中国研发中心在国内市场的整体布局和本地化发展步伐。2015年6月，思科宣布未来几年内将在华继续投入逾百亿美元，聚焦中国市场，支持本土创新，助力产业变革和经济增长。

作为一家拥有强大硅谷基因的科技公司，思科一直在驱动转型和创新，为客户和合作伙伴带来最大价值，并在这个过程中不断在全球推进业务重组，调整投资、资源和团队，将资源分配到关键增长领域，以最强的科技实力助力客户、合作伙伴完成数字化转型。

思科品牌标志（图5-2）的下方是非常显著的公司英文名称，而上方的像是信号一样的图样取自旧金山金门大桥的造型。创建公司的莱昂纳德·波萨克和桑迪·勒纳夫妇选用金门大桥来象征他们的网络公司，寓意思科就好像连接世界的"金桥"，让世界各地的网络紧密联结、畅通无阻。据悉，莱昂纳德夫妇曾希望使用公司注册地的地名"San Francisco"作为公司的名称，但按照美国的法律，任何公司不得以城市名作为产品、品牌的名称，因此他们只能使用"San Francisco"的后5个字母注册，同时将旧金山的代表性建筑金门大桥的抽象图案作为公司的徽标。

图5-2　思科品牌标志

文化决定着企业核心竞争力的方向，是企业核心竞争力的源泉。思科品牌文化特征主要体现在以下两方面：一是员工的行为体现，包括与众不同的购并人才策略、卡式文化和节约文化。首先，思科通过大规模的收购，拥有先进的技术和人才，实现快速发展。思科的企业文化对人才相当宽容，不在乎他们的年龄、性别、肤色、宗教信仰，只要有才华就会重用。其次，思科员工随身携带5张卡片，包括门卡、企业文化卡、紧急求助电话表、全球电话拨号方式卡、公司目标卡，通过卡式文化来不断提醒员工思科的文化。同时，思科坚持节约文化，在办公环境及公司管理中处处体现了思科的节约意识，而且员工自觉自愿，将节约文化内化为自己的一种意识。二是思科的激励制度。根据赫茨伯格的双因素理论，激励和保健是同等重要的，思科更是双管齐下，通过全员期权、即时奖励机制、紧急医疗帮助以及员工福利等方式激励员工：思科全员享有期权；在思科，任何有杰出贡献的员工都可以及时拿到现金奖励；思科为全球的员工提供24小时紧急服务；思科也注重对员工家庭的关怀，以让员工更放心地工作。

三、华为与思科的品牌价值

(一) 华为与思科在福布斯全球品牌价值 100 强榜的排名

2019年5月，美国《福布斯》杂志发布了《2019 全球品牌价值 100 强》榜单，华为从 2017 年开始连续 3 年入围榜单，位列第 97 位，排名较 2018 年下降 18 位；思科位列第 15 位，排名较 2018 年上升 1 位。华为与思科 2015—2019 年在《福布斯》全球品牌价值 100 强榜的具体排名如图 5-3 所示。

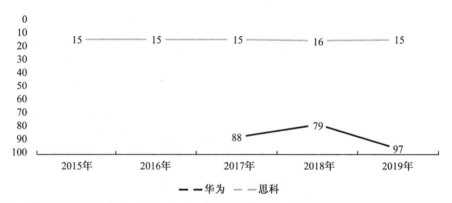

图 5-3　华为与思科 2015—2019 年在《福布斯》全球品牌价值 100 强榜的排名统计

(二) 华为与思科在 BrandZ 全球最具价值品牌 100 强榜的排名

2019 年 6 月 11 日，2019 年 BrandZ 全球最具价值品牌 100 强榜单发布，华为连续第四年进入榜单前 50 位，排名较 2018 年上升 1 位，位列第 47 位，品牌价值同比增长 8%；思科在近 5 年里首次进入榜单前 50 位，排名较 2018 年上升 15 位，位列第 42 位，品牌价值同比增长 35%。华为与思科 2015—2019 年在 BrandZ 最具价值全球品牌 100 强榜的排名情况具体如图 5-4 所示。

图 5-4　华为与思科 2015—2019 年在 BrandZ 全球最具价值品牌 100 强榜的排名统计

（三）华为与思科在《财富》杂志世界500强排行榜的排名

2019年7月，美国《财富》杂志发布2019年世界500强排行榜，华为跃居第61位，较2018年上升11位；思科位居第225位，较2018年下降13位。华为与思科2015—2019年在《财富》杂志世界500强排行榜的排名情况具体如图5-5所示。

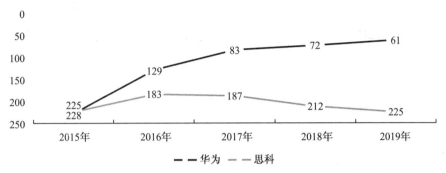

图5-5　华为与思科2015—2019年在《财富》杂志世界500强排行榜的排名统计

（四）华为与思科在Interbrand全球最有价值品牌榜单的排名

在2018年Interbrand发布的全球最有价值品牌榜单上，华为位列第68位，排名较2017年上升2位，品牌价值比2017年提高14%，达75.78亿美元；思科位列第15位，排名较2017年上升1位，品牌价值比2017年提高8%，达345.75亿美元。华为与思科2015—2018年在Interbrand全球最有价值品牌榜的排名情况具体如图5-6所示。

图5-6　华为与思科2015—2018年在Interbrand全球最有价值品牌榜的排名统计

（五）华为与思科在《世界品牌500强》排行榜的排名

2018年12月，世界品牌实验室独家编制的2018年度（第十五届）《世界品牌500强》排行榜于12月18日在美国纽约发布，华为位列第58位，排名较2017年上升了6位；思科位列第15位，排名较2017年上升了 1 位。华为和思科 2015—2018 年在《世界品牌 500 强》排行榜的排名情况具体如图 5-7 所示。

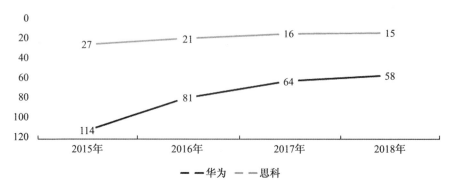

图 5-7　华为与思科 2015—2018 年在《世界品牌 500 强》排行榜的排名统计

本文根据福布斯、BrandZ、《财富》杂志、Interbrand、世界品牌实验室发布的数据，整理了华为和思科的品牌价值排名情况，具体如表 5-1 所示。

表 5-1　华为与思科品牌价值排名情况

年度	品牌	福布斯全球品牌价值100强榜	BrandZ 全球最具价值品牌100强榜	《财富》杂志世界 500 强排行榜	Interbrand 全球最有价值品牌榜	世界品牌实验室《世界品牌 500 强》榜
2019	华为	第 97 位	第 47 位	第 61 位	第 74 位	第 51 位
	思科	第 15 位	第 42 位	第 225 位	第 15 位	第 15 位
2018	华为	第 79 位	第 48 位	第 72 位	第 68 位	第 58 位
	思科	第 16 位	第 57 位	第 212 位	第 15 位	第 15 位
2017	华为	第 88 位	第 49 位	第 83 位	第 70 位	第 64 位
	思科	第 15 位	第 66 位	第 187 位	第 16 位	第 16 位
2016	华为	未入榜	第 50 位	第 129 位	第 72 位	第 81 位
	思科	第 15 位	第 67 位	第 183 位	第 16 位	第 21 位
2015	华为	未入榜	第 70 位	第 228 位	第 88 位	第 114 位
	思科	第 15 位	第 67 位	第 225 位	第 15 位	第 27 位

通过表 5-1 可以发现，华为和思科的品牌价值得到了各方的认可，这两家企业的品牌价值虽有波动，但基本上品牌的累积价值呈上升趋势，品牌竞争优势明显。

四、华为与思科品牌文化比较

品牌文化作为品牌竞争力的重要组成部分,始终贯穿于品牌竞争力管理的整个过程,也决定着品牌竞争力的积累方向。本章基于品牌文化理论研究,比较华为和思科两大品牌,分析品牌文化在精神文化、物质文化、行为文化三个方面的具体构建,以进一步解读企业品牌价值。其中,精神文化构建从企业愿景、企业使命、核心价值等方面展开;物质文化构建从品牌名称、质量文化、产品特征方面展开;行为文化构建从宣传广告语、领导者特征、社会责任方面展开。

(一)品牌精神文化构建

品牌精神文化是企业在长期的品牌经营过程中,因受社会经济和意识形态影响而形成的文化观念和精神成果。它是一种更深层次的文化,是品牌文化的核心,也是品牌的灵魂。品牌精神文化是由品牌经营者共同创造、消费者普遍接受的文化理念,它规定了品牌的态度、情感、责任、义务、行为特点和存在方式,因而它是品牌经营状况的客观反映。任何缺乏精神文化的组织或系统,既不能称之为品牌,也没有市场前途。

面对日益加剧的市场竞争,华为和思科一直以来都非常重视品牌文化的建设,其中最核心的部分就是品牌文化的精神和价值观,它们是品牌文化的精髓。两家企业通过构建企业使命、企业愿景、企业文化、核心价值观等工作的开展,均建立了自身的精神文化体系。本章根据华为和思科(中国)公司官网数据,整理了两家公司的品牌精神文化构建情况,如表5-2所示。

表5-2 华为和思科品牌精神文化构建

华为		思科	
构建项目	内容	构建项目	内容
企业愿景	丰富人们的沟通和生活	企业愿景	网络改变人们的工作、学习、生活和娱乐方式
企业使命	聚焦客户关注的挑战和压力,提供有竞争力的通信解决方案和服务,持续为客户创造最大价值	企业使命	为顾客、员工和商业伙伴创造前所未有的价值和机会,构建网络的未来世界

续表

华为		思科	
构建项目	内容	构建项目	内容
企业价值观	成就客户、艰苦奋斗、自我批判、至诚守信、团队合作	企业文化	质量第一、顾客至上、超越目标、无技术崇拜、节约、回馈、信任、公平、融合、团队精神、市场转变、乐在其中、驱动变革、充分授权、公开交流
核心理念	聚焦、创新、稳健、和谐	核心价值观	像偏执狂一样关注并满足客户需求

华为和思科作为全球知名的通信设备领导企业，已营造了品牌文化建设的良好开端，同时自创始之日起就有一个伟大的品牌文化构想。华为通过在通信网络、IT、智能终端和云服务等领域为客户提供有竞争力且安全可信赖的产品、解决方案和服务，与生态伙伴开放合作，持续为客户创造价值，释放个人潜能，丰富家庭生活，激发组织创新。思科希望改变网络的局限性，让网络成为最时尚的潮流，为顾客、员工和商业伙伴创造前所未有的价值和机会，构建网络的未来世界。此外，华为以《华为基本法》为里程碑，进一步确定华为创业的观念、战略、方针和基本政策，构筑公司未来发展的宏伟架构，成为第一个完整、系统地对企业价值观进行总结的中国企业。而思科在每位员工入职时发3张卡片，其中一张就是公司文化卡片，一面印着公司的使命和价值观，一面印着高级管理层强调的原则和思科文化的核心理念，让员工随时随地随身携带企业文化，关注企业品牌文化。随着经营的深入和扩大，品牌逐渐升华出带有经典意义的价值观念，这些价值观念成为华为和思科经营者倡导和强化的主导意识，最终由精神力量转化为品牌文化优势。

（二）品牌物质文化构建

品牌物质文化作为品牌文化不可或缺的构成部分，代表了企业的有形资产。品牌物质文化作为品牌精神文化的外化，是品牌精神文化的基础，是企业品牌的表层文化。品牌的名称、质量、产品等品牌物质文化的载体是经营理念的直观反映。品牌物质文化作为品牌文化的最外层，集成了一个品牌在社会中的外在形象。消费者对品牌的认识主要来自品牌的物质文化，它是品牌对消费者最直接的影响要素。

1. 品牌名称

华为英文名为"Huawei"，在注册公司的时候，任正非看到墙上的"中华有为"四字标语，于是将公司取名为"华为"。因为"华为"的发音与"夏威夷"的英文发音相似，很多外国人经常会将"华为"讲错，所以公司经常会讨论要不要将名字改掉。后来经过十多年的争议，最终决定不改了，因为他们觉得改名还不如教一教外国人如何正确用英文说出"华为"。谁都不曾想到，一个随意的取名却造就了如今中国的"闪亮名片"。几十年后的现在，华为成为立足于中国、立足于世界的品牌。

思科英文名为"Cisco"，是"旧金山"英文名字"San Francisco"的最后5个字母。思科一直致力于为无数的企业构筑网络间畅通无阻的"桥梁"，并用自己敏锐的洞察力、丰富的行业经验和先进的技术帮助企业把网络应用转化为战略性的资产，充分挖掘网络的能量，获得竞争优势。如今思科系统公司已成为公认的全球网络互联解决方案的领先厂商，其提供的解决方案是世界各地成千上万的公司、大学、企业和政府部门建立互联网的基础，用户遍及电信、金融、服务、零售等行业以及政府部门和教育机构等。

2. 质量文化

华为建立了全球管理体系，确保企业文化的传承和业务的有效管理。基于"让华为成为ICT行业高质量的代名词"的质量目标，华为明确"大质量"就是基于ISO 9000的全面质量管理，对准客户需求，以战略为牵引，在公司范围内推行并持续落实大质量管理体系要求，不断强化以客户为中心、基于价值创造流的管理体系建设，实施全员、全过程、全价值链的质量管理，以构建共赢生态，促进社会可持续发展。

思科文化的第一条就是质量第一。思科始终追求质量第一、顾客至上，同时不遗余力地推行技术创新，以创新体制和机制驱动不断变革，从而占领了世界网络技术领先位置。思科的指导思想是：在有限的时间内开发出高质量的项目；如果它有用的话就采纳，没用的话就放弃。

3. 产品特征

华为从运营商服务、云服务、消费者业务3大业务入手，通过创新的产品为客户创造价值，为电信运营商提供创新、安全的网络设备，为行业客户提供开放、灵活、安全的ICT基础设施产品，为云服务客户提供稳定可靠、安全可信和可持续演进的云服务。华为智能终端和智能手机正在帮助人们享受高品质的数字工作、生活和娱乐体验。

华为长期坚持不少于销售收入10%的研发投入，并坚持将研发投入的10%用于预研，对新技术、新领域进行持续不断的研究和跟踪。根据华为2018年年报，2018年，华为在研发方面投入了1 000多亿元人民币，在《2018年欧盟工业研发投资排名》中位列全球第五。同时，华为主动应对未来网络融合和业务转型趋势，提供全网端到端的解决方案，全面构筑面向未来网络融合的独特优势。

思科的主要产品是企业网和核心路由器等数据通信设备，在技术和产品上都极其先进，同时为客户提供数据通信领域的全套解决方案。思科认为网络技术产品生产商要有全球战略眼光，力求产品处于全球领先位置。思科坚持创意领先，把产品做优、做强、做大的战略，每一个产品都要做到世界第一或第二。截至2018年，思科有10个产品的市场份额位列世界第一，其中网上会议系统占50%，路由器占61%，无线网络占56%，语音系统占37%，交换机占75%。

此外，思科采用开放和标准的协议，使得自身必须在产品技术以及其他方面都有突出表现，才能在众多竞争者中脱颖而出，也迫使其他竞争对手必须采用相同的协议和标准来制造竞争性产品，这使客户拥有了更多的选择。思科提供了一系列产品和解决方案来满足客户的不同需求。在部署新的应用系统时，思科基于开放标准的技术解决方案满足了客户融合数种不同的技术并充分利用最新技术的需求。在公司价值链分析中，思科把一些辅助业务都外包出去。同时，思科通过收购公司来构建新技术并加快其产品上市的节奏，并且只收购那些自己有能力收购的公司。这些公司要么和思科处于同一市场，要么产品与思科相近。思科通过并购这些同行来保证自己在行业内的技术领先定位。

（三）品牌行为文化构建

1. 宣传广告语

"营销管理之父"科特勒曾说过："营销是一门真正创造顾客价值的艺术。"这种为用户而从产品出发，最终又回落到用户身上的营销，才能真正留住人心。宣传广告作为营销手段和方式，能够很清晰地向用户传达某种观念，在此观念中深化产品特点。

2012年，华为已经是《财富》排名第351位的500强企业，但是，当时的华为在国内的知名度并不高。国内很多消费者使用着"HUAWEI"标志的产品却不了解华为。为改变上述现状，华为推出了第一条广告语："华为，不仅仅是世界500强。"它成功引起了大众对华为品牌及其广告语的讨论，它让更广泛的用户认识华为，或者说是，重新认识华为。从 2013 年起，那个一直低调务实的华为，终于开始打响了品牌形象的攻坚战，接连推出一系列优秀广告，激励斗志、宣告梦想，彻底扭转了大家对华为的刻板印象。

到 20 世纪末，思科公司虽然非常成功，但品牌知名度很低。许多消费者和投资者都知道思科的股价，但行业外的人很少知道它做什么业务。为了建立品牌认知和品牌价值，思科与索尼、松下、美国西部公司（US West）建立了伙伴关系，向市场提供标有思科标识的联合品牌调制解调器。此外，思科推出了公司的第一个电视节目，名为"你准备好了吗？"（Are You Ready?）的广告是这个节目的组成部分，这也成了思科一个代表性广告语。

华为和思科部分代表性宣传广告语如表 5-3 所示。

表 5-3 华为和思科部分代表性宣传广告语

序号	华为	思科
1		20 世纪 90 年代晚期：赋权互联网一代（Empowering the Internet Generation）
2		1997 年：你准备好了吗？（Are You Ready?）
3		2001 年：发现互联网上的一切可能性（Discover All That's Possible on the Internet）
4	2012 年：华为，不仅仅是世界 500 强	2003 年：互联网现在的力量（The Power of the Network Now）
5	2013 年：以行践言（Make It Possible）	2008 年：人际网络时代（The Human Network）
6	2015 年：痛，并快乐着（Dream It Possible）	2012 年：明天从这里开始（Tomorrow Starts Here）
7	2016 年：不在非战略机会点上消耗战略竞争力量	2016 年：绝佳时机，前所未遇（There's Never Been a Better Time）
8	2019 年：华为 5G，智领未来；致敬承诺	2019 年：联天下，启未来（Internet of Everything）

2. 领导者特征

品牌文化从一定意义上看就是企业家文化，是企业领导者作用、意志、品格的反映。华为的"领袖精神"董事长——任正非，1968 年从重庆建筑工程学院肄业后直接应征入伍成为一名工程兵战士。任正非在军队的14年深深影响了他的价值观，并且锻炼了他的钢铁意志。同时，任正非从西点军校的三大信念"责任、荣誉、国家"推演出"责任、荣誉、事业、国家"，并以此作为华为员工必须永远铭记的誓言。任正非从军队继承的"必须攻无不克"的精神，成为华为强大执行力的来源。在任正非的字典里没有"苦难"两个字。任正非的人格魅力也来自他对自己的严格自律。以《华为基本法》为代表的华为文化反映了任正非雷厉风行的性格和军事化的作风。他认为做企业就需要狼的精神，因为狼有让自己活下去的三大特征：一是敏锐的嗅觉；二是不屈不挠、奋不顾身的进攻精神；三是群体奋斗。同时，在任正非的带领下，床垫文化、压强文化、危机文化、服务文化、服从文化、自我批评文化也成为华为文化的一部分。

从思科成立至今的4任领导人分别代表了思科不同的发展时期。第一任领导为创始人莱昂纳德·波萨克和桑迪·勒纳夫妇，他们有很多共同研究路由器的朋友，使得思科拥有了先进的技术支持优势。在创始人夫妇的领导下，思科主要成员之间营造了极好的团队协作精神。同时，领导团队也意识到顾客的重要性，以顾客为中心的宗旨成为思科品牌文化中极其重要的一条。第二任领导是约翰·莫里奇（John Morgridge）。当时思科处于发展壮大阶段，莫里奇坚持团队意识管理，以顾客为向导，主张平等主义，倡导冒险和革新。同时，天性节俭的莫里奇也让节俭成为公司的优良风气，并传承下来，使得思科公司整体支出减少。第三任领导是约翰·钱伯斯（John Chambers）。钱伯斯继续注重整个公司有共同的目标和前进方向，坚持以顾客为中心，强调提高效率，理性处理与竞争对手的商业关系。另外，钱伯斯针对那些拥有思科需要的技术且将来有可能成为有力竞争者的中小公司提出了并购策略，从而实现思科在网络市场上长期不可替代的地位。第四任领导为罗卓克（Chuck Robbins）。罗卓克从2015年上任至今，对公司业务进行了转型，矫正团队被动作风，提高了公司上下执行力。通过上述分析发现，思科领导人特征均很好地与企业文化进行了融合。

3. 企业社会责任

华为积极承担企业社会责任，选择与客户、员工、当地社区居民、产业链合作伙伴等利益相关方携手，共建和谐健康生态。一是华为关注员工发展和价值实现，秉持"积极、多元、开放"的人才观，与各类人才同创共赢。2018年，华为全球员工来自近160个国家和地区，海外员工本地化率约70%，女性管理者的比例达到7.05%。二是华为联合相关方共同开展类型丰富的公益活动。2018年，华为在全球开展了177个社区公益项目，如孟加拉国农村救济活动、柬埔寨赈灾、乌兹别克斯坦青年人才培养等。三是华为将可持续发展要求全面融入采购业务战略和流程，提升供应链竞争力。2018年，华为对93家拟引入供应商进行可持续发展审核，其中16家供应商因为审核不合格未被引入。

思科致力于发挥技术和专业知识优势，为社会变革推动者提供强有力的支持，提出"加快全球问题的解决速度，造福于全人类、全社会和整个地球"的战略目标。一是思科在全球范围提供了更多获得高质量教育的机会，思科网络技术学院于1998年进驻中国。作为思科规模最大、持续时间最长的企业社会责任项目，思科网络技术学院通过将有效的课堂学习与创新的基于云计算技术的课程及教学工具相结合，提供信息和通信技术培训。截至2019年6月，通过参加思科网络技术学院的培训，160万人获得了新的就业机会。二是思科每年投入数百万美元来帮助社会变革推动者应对社会挑战。思科中国官网数据显示，已有近1.54亿人从思科的公益活动中受益。三是思科致力于打造环保型企业，为保护地球环境贡献力量。为此，从2016年到2019年，思科连续四年荣获教育部"卓越合作伙伴"殊荣。

五、结论和启示

（一）品牌精神文化应具备自身价值和品牌形象塑造力

在现代消费中，消费者接触的品牌都蕴藏着一定的文化，这些品牌文化影响着消费者的选择和购买。品牌文化的核心在于深刻的品牌价值内涵和情感内涵，也就是所谓的品牌所凝炼的价值观念、生活态度、情感诉求、审美观念等精神象征。

企业应赋予品牌深刻而丰富的文化内涵，建立鲜明的品牌定位，并充分利用各种强有力的内外部传播途径形成消费者对品牌在精神上的高度认同，创造品牌信仰，最终形成强烈的品牌忠诚。拥有了忠诚度就拥有了稳定的市场，这将大大提高企业的竞争实力。

同时，企业可通过对品牌文化核心价值的不断演绎，让品牌的文化价值沉积在忠诚消费者的脑海里，进而使消费者以品牌为荣，并自发地购买该品牌的产品，使品牌逐步成为消费者生活中的必需品或者是某种文化象征，这是品牌文化追求的最高境界。

(二) 品牌物质文化应与品牌精神文化相统一

品牌文化不是简单的单一模式,而是着眼于品牌构建过程中的多方面关系的协调,从而获得社会各个消费领域、消费层次的多方面认同,并使用"文化共鸣—认同品牌—认购产品"的多边模型,即通过"文化力"拉动"销售力",促进"产品力",从而实现企业持续性发展。

通过比较华为和思科的品牌物质文化建设发现,物质文化建设不仅要符合企业自身的客观实际,还要跟上时代前进的步伐。根据不同时代的价值观和消费需求,品牌物质文化建设要适应消费者的心理变化,同时品牌物质文化建设应遵循品质文化原则、技术审美原则、顾客愉悦原则、优化组合原则、环境保护原则。

一个强大的品牌文化,需要企业根据品牌定位,整合品牌名称、标志、产品、质量等外部文化资源与内部文化资源,形成企业品牌的价值体系。企业应明确本企业品牌内涵及其价值,针对不同产品创立不同定位的品牌文化。这些品牌文化应能反映品牌对客户的服务承诺、品牌附加值,塑造出独特的品牌个性。

(三) 品牌行为文化应体现品牌的价值主张

在品牌经营的过程中,增加顾客对于品牌文化认知,可创造顾客对于品牌的情感归属和利益认知。品牌文化突出了企业的外在宣传、整合优势,将企业观念有效地传递给消费者,令消费者对品牌产生更高的黏性和忠诚度。

企业应通过品牌文化的构建来凝炼和彰显各自的文化特色,增强差异化,提高核心竞争力,通过品牌文化的传播来提高品牌的认知度、知名度和美誉度,从而改变日益明显的"同质化"问题,进一步提高市场占有率,实现又好又快的发展。

品牌文化作为品牌价值的体现,更多的是追求外部效应,是品牌的无形资产。品牌价值的累积是通过品牌文化来实现的,品牌价值影响力最关键的就是得到大众认同。企业应通过宣传广告、领导者、社会责任等多方面途径,让企业的价值主张与消费者在社会各方面的需求协同,让消费者获得文化满足,在消费者心理上形成鲜明的识别标签,进而培养品牌忠诚群,构建品牌的文化差异,形成重要的品牌壁垒。

参考文献

[1] Lynn B. Upshaw. 塑造品牌特征 [M]. 戴贤远,译. 北京:清华

大学出版社，1999.

［2］Jesper Kunde. 公司精神［M］. 王珏，译. 昆明：云南大学出版社，2002.

［3］何忠保，何飞云. 民营企业品牌塑造探析［J］. 商场现代化，2007（8）：136-137.

［4］黄蕾，黄焕山. 品牌文化释疑［J］. 商业时代，2007（7）：20-21.

［5］Vincent Bastien, Jean-Noel Kapferer. 奢侈品战略：揭秘世界顶级奢侈品的品牌战略［M］. 谢绮红，译. 北京：机械工业出版社，2013.

［6］王海忠. 品牌管理［M］. 北京：清华大学出版社，2014.

［7］徐丽，胡仪元. 企业品牌文化的构建研究［J］. 生态经济，2008（8）：128-131.

［8］沙莎. 企业如何培育品牌文化［J］. 市场周刊，2019（2）：9-11.

［9］朱立. 品牌文化战略研究［M］. 北京：经济科学出版社，2006.

［10］妮明. 认知品牌文化［J］. 东方企业文化，2009（5）：14-16.

［11］刘铭. 消费视角下品牌文化构建初探［J］. 长沙大学学报，2018（5）：74-77.

［12］郑永球. 论茶的品牌文化与产销实践［J］. 广东茶业，2000（4）：43-47.

［13］刘英为，汪涛，周玲，等. 中国品牌文化原型研究：理论构建与中西比较［J］. 营销科学学报，2018（1）：1-20.

［14］Sharon Schembri, Lorien Latimer. Online brand communities: constructing and co-constructing brand culture［J］. Journal of Marketing Management, 2016, 32（7-8）：628-651.

［15］徐晗. 思科跨国并购后的文化整合研究［D］. 沈阳：辽宁大学硕士学位论文，2014.

［16］姚婧姣，谢玉梅. 华为与思科国际化路径比较分析［J］. 江南大学学报（人文社会科学版），2010（3）：82-86.

（胡菊，佘彩云）

第六章 品牌文化传播
——耐克与阿迪达斯品牌文化分析

【摘要】 品牌文化传播是企业将经过提炼的品牌文化价值观通过适当的传播载体向社会公众和企业利益相关者进行传播的过程。本章在相关理论和文献综述的基础上,以耐克与阿迪达斯品牌为例,从品牌文化核心价值、品牌市场定位、品牌代言人、品牌价值创新等方面比较分析了两大体育品牌的品牌文化传播。

一、品牌文化传播概述

(一) 冰山的85%——品牌文化与品牌文化传播

如果说品牌价值是一座冰山,这座冰山浮在水面上的15%代表着品牌的产品,而不为人知的水面下的85%是品牌的文化特征与文化价值。随着科技的进步,不同品牌间的产品实物差别甚微,因此我们更应该注重的是水面下冰山的85%——品牌文化。胡茉认为,品牌文化是与品牌有关的一系列语言、审美情趣、价值观念、消费习俗、道德规范、生活方式等的结合体,是"深刻丰富的文化内涵",传统媒介、网络媒介、突发事件、公众事件、焦点事件、焦点人物、慈善活动是"强有力的外传播途径"。在此基础上,赵雨田认为,品牌文化是指通过赋予品牌深刻而丰富的文化内涵和鲜明的品牌定位,以及充分利用各种强有效的内外部传播途径形成的消费者对品牌认知上的高度认同、态度上的品牌信仰和情感上强烈的品牌忠诚。

品牌文化传播是企业将经过提炼的品牌文化价值观通过适当的传播载体向社会公众和企业相关利益人进行传播的过程,具体包括五个层次,即品牌文化核心价值的提炼、品牌文化的内向传播、品牌文化的外向传播、顾客满意、反馈作用。品牌文化核心价值的提炼围绕品牌文化的四个属性展开,即利益认知、情感属性、文化传统和品牌形象。王胜南认为，品牌形象是品牌在市场上和社会公众心中所表现出的个性特征，它体现公众特别是消费者对品牌的认知，包括品牌名称、包装、图案广告设计等。品牌文化与品牌形象是相辅相成的关系。深厚的品牌文化是良好的品牌形象的基础，良好的品牌形象能够促进品牌文化长远发展。

（二）品牌文化传播模式

品牌文化的传播模式是指研究品牌文化传播过程、性质、效果的模式。

1. 单向传播模式

单向传播理论认为传播媒介拥有不可低估的强大力量，它们传递出的信息可以引起受传者直接速效的反应，左右人们的态度和认知，甚至形成集体情绪，直接支配受传者行为，以20世纪20年代伯罗的魔弹效果论为代表。胡洁雅认为，虽然单向传播模式存在着种种明显的不足，但无论是在纸媒时代、电媒时代，还是在自媒体时代，它在品牌传播中都占据着无可取代的地位。广告是单向传播模式的重要形式，品牌文化传播在很大程度上离不开广告。当前，品牌公司仍是把广告直销作为品牌文化传播的主要渠道。

在多媒体时代，品牌单向传播的三大法宝是：① 花费巨额的广告费用，使品牌形象铺天盖地地出现在人们的生活当中，反复加强人们对品牌的认知。② 雇佣顶级的广告公司进行创意包装，在广告中没有刻意的推销，而是用"真诚的沟通方式"传达品牌文化，从而使消费者能从众多的信息中筛选出品牌信息，并形成深刻的印象。③ "一个形象代表一切"，读图时代的单向传播新理念就是品牌形象化。成功的单项传播会使受众不是用简单的标志与字母的排列组合对品牌形象进行编码，而是一看到品牌商标和标语，就联想到品牌，达到"一叶知秋"的效果。不用复杂的广告词，不用煽情的广告语，商标和标语对品牌的射影就是最简单、原始却十分有效的传播方式。这种受众对品牌的快速联想，是其对一种品牌文化在潜意识中的认可。

2. 两级传播模式

两级传播理论认为信息的传递是按照"媒介—意见领袖—受众"这种两级传播的模式进行的。美国著名社会学家拉扎斯菲尔德提出，观念总是先从广播和报刊传向"意见领袖"，然后再由这些人传到人群中不那么活跃的部分。通过"意见领袖"的人际传播比大众传播在态度改变上更有效。两级传播模式在品牌文化传播中的集中表现，就是选择品牌代言人。品牌代言人分为"顶级流量"（指极具人气的艺人）和小众的"意见领袖"。由"流量明星"的背书来传播品牌的内涵，会使品牌文化更加深入人心。这种两级传播方式的品牌传播效果比普通的广告更加显著。

根据长尾效应，那些原来不受重视的销量小但种类繁多的产品或服务，由于总量巨大，累计起来的总效应可能会超过主流产品。所以，品牌有时会反其道而行之，邀请小众、知名度稍低、单一领域的"意见领袖"，走多样化、个性化品牌文化传播之路，其所获得的效益有可能会超过顶级"流量明星"的传播效果。

3. 循环传播模式

1954年，威尔伯·施拉姆（Wilbur Schramm）提出了循环传播模式。他把大众传播模式类比为人际传播模式，强调传播双方是完全平等的主体，通过你来我往的相互作用，在共同的经验范围之内完成消息传播。参与传播过程的每一方在不同的阶段都依次扮演译码者、解释者和编码者的角色，充分地发挥着主动性。

在移动传播和社群化传播环境中，品牌打造与受众"共同的经验范围"，搭建扁平化的沟通渠道和机制，将其受众纳入其传播机制中的每一个环节，"面对面"地获得受众的反馈。品牌社群就是循环传播模式的典型代表。品牌社群使品牌文化传播由大众传播走向小众传播，由大媒体传播走向小媒体传播，由企业主导的自传播走向能产生传播裂变的社群化传播。在品牌社群中，品牌与受众是"完全平等"的关系。品牌首先对受众有深刻的了解，然后给自己取一个昵称，以拟人化方式与受众经历共同的仪式和惯例。

二、耐克与阿迪达斯品牌简介

（一）耐克品牌发展简况

耐克公司成立于1972年，总部位于美国俄勒冈州波特兰市，是全球著名的运动鞋和服装供应商。菲尔·奈特（Phil Knight）和他在俄勒冈大学的长跑教练比尔·鲍尔曼（Bill Bowreman）是耐克的联合创始人。创业初期师徒二人一拍即合，各投500美元成立蓝带体育公司，开始了代理日本鬼冢虎跑鞋（Onitsuka Tiger）的生意。但代理他国品牌不一定适合美国人，而且品牌商的代理条件过于苛刻，于是，奈特决定创办自己的公司——耐克，生产适合美国人的跑鞋。

耐克自成立以来飞速发展，公司以生产制作篮球鞋为主，运动项目涵盖田径、棒球、冰球、网球、足球、长曲棍球、篮球、板球等。截至 2019 年 8 月底，耐克的全球员工超过 73 100 名，年度营收超过 363.9 亿美元。在 BrandZ 发布的《2019 年全球最具价值品牌 100 强》榜单中，耐克以 473.6 亿美元的品牌估值成为体育产业中最具品牌价值的公司。

耐克的口号是"Just do it"（想做就做），品牌理念是"力克群雄，追求成功"，品牌创新的理念是"每 6 个月就呈现给消费者一张新面孔"。耐克的核心价值观是"体育、表演、洒脱自由的运动员精神"，企业哲学是"通过运动与健身，提高人类的生活品质"，企业宗旨是"不断改进，不断创新"，经营理念是"永不停息"，企业管理理念是"以人为本"。这些独具特色的精神层理念正是耐克区别于其他企业的关键，无一不在耐克与竞争者的市场竞争中发挥着重要作用，也是它打败老牌竞争对手锐步和阿迪达斯的绝密法宝。没有这些极具特色的企业品牌文化的传播，耐克就不会是今天的耐克，也不再是全球消费者所信赖和选择的体育用品品牌。耐克品牌标志见图 6-1。

图 6-1　耐克品牌标志

（二）阿迪达斯品牌发展简况

1924 年，阿迪达斯只是开创于自家厨房的为专业运动员提供设备的家庭作坊。1949 年 8 月 18 日，49 岁的阿道夫·阿迪·达斯勒（Adolf Adi Dassler）与德国巴伐利亚州的一个小镇的 47 名工人合作办厂，成立了阿迪达斯公司。70 年后的今天，阿迪达斯以 133.55 亿美元的品牌价值位居 2019 年 BrandZ 全球品牌价值 100 强排名第 100 位和服饰类第 3 名，已然是一家全球性的上市公司，也是世界上最大的体育品牌之一。截至 2019 年 8 月，阿迪达斯集团在全球拥有超过 46 000 名员工，旗下包括锐步、Rockport、CCM-Hockey 等 170 多家子公司。阿迪达斯公司的产品组合广泛，从最先进的运动鞋到日常使用的服装配件，比如箱包、手表、眼镜，以及其他各种运动装备。毫不夸张地说，在全世界的任何一个角落，都能够看到"三道杠"标志。

"一切皆有可能"（Impossible is nothing）和"全倾全力"（Adidas is all in）是阿迪达斯的新旧标语。其品牌核心价值观是诚实可信、负责守信、鼓舞人心；发展创新、诚挚坦率、富有经验。阿迪达斯旗下产品有三个系列，同时也代表了三种不同的品牌文化，分别为运动传统系列

（三叶草标志）、表现系列（三条纹标志）和运动时尚系列（圆形标志）。阿迪达斯三叶草标志本意是将三个大陆板块连接在一起，意味着延伸到全世界的运动力量。三片叶子分别代表着奥运精神中的"更高、更快、更强"。阿迪达斯三条纹标志是由阿迪达斯的创办人阿迪·达斯勒设计的。三条纹的阿迪达斯标志代表山区，指出实现挑战、成就未来和不断达成目标的愿望。运动时尚系列的标志则是代表始终站在时尚前沿、追求高端享受的潮人潮品精神。该系列是日本著名设计师山本耀司与阿迪达斯品牌合作的高端时尚品牌。阿迪达斯品牌标志见图6-2。

图6-2 阿迪达斯品牌标志

三、耐克与阿迪达斯品牌文化传播比较

（一）品牌文化核心价值

品牌文化植根于企业文化，而企业文化又产生于民族文化和精神。品牌文化核心价值要与本土民族精神相契合，才会有品牌的认同度和忠诚度。品牌文化能够在全球传播，深层次的原因是民族精神成为"普世价值观"，得到更多国家消费者的认同。

阿迪达斯品牌的经典口号"一切皆有可能（Impossible is nothing）"源自《圣经》中的"Nothing is impossible for god（对于上帝而言没有什么是不可能的）"，类似中国道家哲学中的"道生一，一生二，二生三，三生万物"，代表着一种从零到一、从一迭变升级的创新精神和刻苦品质。这种品牌文化核心价值是德国工匠精神的一个展现。11世纪手工业繁荣时期留下的职业精神化作了德国人的文化基因。德国工匠可以终其一身做好一件作品，一个产品的问世可能经过多代工匠的努力，这就是德国人眼里的"没有不可能（Impossible is nothing）"。阿迪达斯从手工作坊到如今的世界第二大服饰公司，阿迪达斯的斯坦·史密斯（Stan Smith）（图6-3）从一款普通的白色球鞋到"史上最佳球鞋"，真正诠释了"Impossible is nothing"。

20世纪60年代，阿迪达斯生产了一款专业网球鞋"小白鞋"。经过多次的技术革新，阿迪达斯"小白鞋"在70年代与美国网球运动员斯坦·史密斯结缘，有了自己的名字"Adidas Stan Smith"，纯色白、耀眼绿和Stan Smith字样是其重要的三元素。1988年，"Stan Smith"以2 200万双的销量创下吉尼斯世界纪录。2008年累计售出3 000万双，被评为史上十佳球鞋之一。之后，Stan Smith仍然在不断迭变，并在2012—2014年开展"饥饿营销"。2012年，Stan Smith产量锐减并在媒体上销声匿迹。2014年，阿迪达斯全面发力，扩充营销渠道及产品线，开展各种联名、明星上脚、限量发售活动，同时逐步推出各种材质、各种配色的个性化产品。2015年Stan Smith售出800万双，至此累计售出超过5 000万双。2016年，以Stan Smith为代表的阿迪达斯运动传统系列销量较上年增幅达80%，同时阿迪达斯集团的鞋类销售同比暴涨53%。

图6-3 Stan Smith 经典款

耐克创始人奈特怀抱超越阿迪达斯和锐步等老牌鞋业的梦想，凑齐1 000美元便开始创业。奈特总是敢做"第一个吃螃蟹的人"，他创立的耐克是第一个采取名人代言打响知名度的企业，是很早就采用虚拟化生产的战略而没有自己生产线的企业。耐克创始人的魄力和耐克的发展都体现着"Just do it"的品牌精神。"Just do it"鼓励人们勇于实践、勇于挑战，让自我意识得到放大和尊重。20世纪90年代，耐克原本准备用"I can"（我能行）来代替"Just do it"作为品牌口号。始料不及的是，美国公众异口同声地反对。人们对"I can"的反驳是：OK, you can! Will you shut up about it and just do it?（好的，你能行！但你能闭上嘴去做吗?）美国民众对"Just do it"的偏爱，本质是对勇于实践、敢于斗争的民族精神的守护。

美国向来重视个人价值，强调个人自由权利，鼓励人们为了个人权利要勇于斗争、勇于实践。由于将品牌文化与民族精神深层次融合，耐克在北美市场的大获成功是必然的和符合历史规律的。美国价值观在全球输出和渗透，也是耐克品牌文化在全球传播的前提。

(二)对外传播的前提是找准市场定位

品牌文化传播需要找准并深耕品牌定位。这就如同挖水井,首先要找到地下水源方位,然后就要在此专注下挖。如果没有准确定位,东一榔头西一棒槌,绝对不会"为有源头活水来"。艾·里斯认为,消费者以品类来思考,以品牌来表达,所以企业创建品牌的正道是把握分化的趋势,创新品类,创建品牌,发展品类,壮大品牌。体育用品品类定位可以分为项目定位、年龄定位和性别定位。考虑到不同种族人在运动喜好和天赋上的差异,增加了种族定位一栏,见表6-1。

表6-1 耐克与阿迪达斯品牌定位情况

体育用品品牌	项目定位	性别定位	年龄定位	种族定位
耐克	篮球	男性	青少年	白人、黑人
阿迪达斯	足球	男性	青少年	白人

两大品牌的市场定位具有如下特点:

1. 项目定位平分秋色,分别锁定两大运动

阿迪达斯从品牌创建之初就将品牌定位为专业运动装备,从1936年柏林奥运会到1980年莫斯科奥运会,平均每届奥运会有70%的运动员穿阿迪达斯运动鞋。因为专业运动员大多选择阿迪达斯提供的装备,所以阿迪达斯公司成为行业标杆。阿迪达斯在专业运动装备领域深耕多年,逐渐把足球作为自己的项目定位。1954年瑞士世界杯上,德国足球队穿着阿迪达斯首创旋转嵌入式螺钉足球鞋,成功摘得世界杯桂冠。1970年阿迪达斯的"Telstar"成为世界杯足球赛首次指定用球,阿迪达斯也成为国际足联的赞助商,赞助合约一签就是60年。1972年,耐克成立之初缺失准确的品牌定位,想在足球、网球等阿迪达斯已深耕多年的项目领域分一杯羹,然而品牌发展之路步履维艰。20世纪80年代初期,经过市场调研与公司决策,耐克将自身项目品类定位于篮球。新的品类定位使耐克迅速崛起,市场占有率超过阿迪达斯。

2. 种族定位不断细化,开发黑人市场的巨大潜力

20世纪80年代以前,体育用品代言人几乎都是网球手和高尔夫球手。因为中产阶级以上有闲钱的人大多是白人,而且他们接纳的偶像也大多是白人。体育品牌商大多固执地认为,白人市场无法接纳黑人,体育用品也不会迎来黑人市场。但是耐克决定投资乔丹。因为耐克通过细

化和扩大市场，看到了黑人消费群体的巨大潜力，也预测出乔丹在黑人市场群体中的巨大感召力。

1984 年，耐克的"Air Jordan"系列应运而生。"Air Jordan"的意思是"气垫乔丹"或"飞人乔丹"，一语双关，既宣传了新技术气垫，又传达了"乔丹可以飞"的信息。品牌宣传的广告里，乔丹穿着红黑相间的"Air Jordan"，展示着自己强大的扣篮技术，像神一样在半空中飞翔。耐克开始采取新的营销策略，不只是要让明星穿耐克的鞋子来推销实物，还要把明星塑造成一个不朽的神话形象，并且在明星和球鞋之间形成强有力的连接。孩子们在观看广告和购买球鞋时，怀揣着对自己的未来的期许和梦想，然后奋发图强。黑人区的孩子们都渴望有一双自己的"Air Jordan"，希望自己能够像乔丹一样，通过自己的天赋和努力成就人生。乔丹更是在广告中说，"别尝试着像我，要尝试比我好——那是目标"。一年后，耐克靠"Air Jordan"实现了 13 亿美元的销量，打开了其他运动鞋品牌所忽视的黑人市场。直到今天，"Air Jordan"已经迭代到了第 18 代，黑人区的青少年依然对这款球鞋充满挚爱。这是耐克品牌找准市场定位的一个生动的表现。

为致敬黑人文化，阿迪达斯推出了 2019 年黑人月系列鞋。该系列鞋款均采用黑色鞋面，辅以紫色和亮红色点缀，绚丽的配色抓人眼球。该系列鞋的灵感来源于在美国黑人文化发展史上有着极其重要地位的哈莱姆文艺复兴运动。

此外，阿迪达斯还深挖黑人流量明星的市场潜力。聘请了众多品牌代言人，如著名歌手坎耶·韦斯特（Kanye Omari West）、法瑞尔·威廉姆斯（Pharrell Williams）和碧昂丝·吉赛尔·诺斯（Beyoncé Giselle Knowles），著名体育运动员詹姆斯·哈登（James Harden）、达米恩·利拉德（Damian Lillard）以及保罗·博格巴（Paul Pogba）等。黑人明星发挥市场感召力，从产品和市场上为阿迪达斯提升了口碑和销量。

3. 年龄定位青少年，抓住心理做传播

耐克的目标客户主要是青少年。"酷文化"广告使得耐克公司能适应其产品市场发展的新要求。1986 年，伴着由象征嬉皮士的著名甲壳虫乐队演奏的著名歌曲《革命》，一群穿戴耐克产品的美国人痴如醉地进行健身锻炼。这则耐克"酷文化"广告反响强烈，所宣传的气垫鞋在北美市场大获全胜，耐克的市场份额也一举超过锐步，成为美国运动鞋市场的新霸主。20 世纪 80 年代末和 90 年代初，美国青少年追求独立的个性心理特征和刚刚兴起的健身运动变革之风相结合，让人耳目一新的"酷文化"应运而生。"酷文化"是年轻人的一种生活状态和精神需求，是社会发展的一种潮流。随后，耐克为迎合喜欢彰显个性的青年人的需求，设计出了许多具有非凡个性的运动鞋。运动鞋市场中"潮流"的特性成为莫大的推动力。

为聚焦青少年市场，阿迪达斯专设"斯黛拉运动"（Stellasport）子品牌。"斯黛拉运动"颜色选择充满活力的粉色、亮色拼接，款式版型年轻化和个性化，而且价格定位适合年轻消费者，比如服饰、鞋履的价格大概在20美元到100美元。阿迪达斯重视青少年对品牌的线下体验。2016年，阿迪达斯在上海开启青少年运动（Young Athletes）品牌体验店，这也是中国首家专为青少年儿童打造的品牌体验店。该店面采用了阿迪达斯运动场的设计概念，展现青少年突出的运动表现及运动活力。如今，阿迪达斯在全世界重点城市的核心商圈新开或将现有大店升级成更多的青少年运动形象店铺。

4. 传统市场立体营销，挖掘女性市场新潜力

耐克与阿迪达斯都建立了三级的立体营销系统。在营销结构的顶端，借助国际大型赛事和国际一线明星代言（如乔丹代言耐克、贝克汉姆代言阿迪达斯），建立国际高端体育品牌形象，使营销范围覆盖整个国家乃至国际。二级营销是通过赞助国家级体育竞赛和国内一线明星，使营销范围覆盖省、市。营销系统最底层是通过举办赛事活动与广大青少年群体紧密结合。针对男性消费者，立体营销系统中以赛事或明星作为品牌宣传渠道无疑是简单有效的方式；而女性群体更注重品牌体验和切身的实用性，因此针对女性消费者的品牌营销方式需要创新。

2014年，体育运动市场中，女子产品业务营业收入保持两位数的增长，女性群体的品牌意识增强，耐克和阿迪达斯敏锐地发现这一市场空白，开始布局女性运动市场。一是在世界主要城市开设女子体验店，二是宣传口号强调女性新觉醒，三是聘请女性明星和运动员作为代言人，四是与其他女性高档运动品牌合作，或者邀请女性奢侈品牌设计师跨界设计。2017年，耐克女性产品的收入占到整体业绩的20%，女性运动装备业绩的增长逐渐与男性产品抗衡。耐克与阿迪达斯针对女性的品牌推广策略见表6-2。

表 6-2　女性运动品牌推广策略

体育品牌	线下体验店	代言人	口号	合作品牌
耐克	中国上海 iAPM 女子体验店，美国加州纽波特比奇体验店	网球运动员李娜	Better for It（只为更好）	Sacai
阿迪达斯	韩国首尔体验店，中国北京体验店、成都体验店	WNBA 全明星、健身网红、欧洲拳击冠军	Unleash Your Creativity（发挥你的创造力）	Lululemon

（三）以人为本，用发展的眼光选择代言人

用发展的眼光设计企业品牌文化传播，一是要遵循体育苗子——体育明星的良性循环，二是要将目光从仅仅集中于一线体育明星转为投向普通体育人群、非体育领域"意见领袖"。这其中都应该贯穿着以人为本的温情，而不只是商业利益的冰冷往来。

1. 给予"明日之星"充足的成长空间

耐克的"以人为本"表现为品牌与选手共同成长。耐克和阿迪达斯为一些存在潜能的运动员创造机会，让一些明日之星成为其品牌文化的传播者。李娜成为亚洲获得大满贯冠军的第一人后，领奖感言说的第一句就是"感谢赞助商"。这一真诚话语背后，是耐克公司长达 17 年的培养。只有有人文情怀的公司才会长期坚持赞助同一代言人并在十几年以后迎来所谓的"回报"。1997 年，耐克公司慧眼识珠，当时年仅 15 岁的李娜有幸在其资助下前往美国得克萨斯州的纽坎伯网球学院，练习网球技术，同时学习英文。这对李娜来说，是个人职业成长中的一次宝贵的机会。2002 年，李娜选择退役两年去大学读书，耐克在此期间一直对李娜表达关心。2004 年，李娜重新出征网球战场，耐克立即送上代言合同"李娜系列"。十几年间，耐克为李娜提供训练及比赛中所需要的各种运动装备，还有场下的休闲运动服饰。

2. 给予"流量明星"丰厚的回报

耐克与乔丹的合作，最初是单纯的代言合同；在发现乔丹巨大的市场号召力后，耐克马上设计乔丹系列球鞋；在乔丹成为国际巨星后，耐克又与乔丹进行股份共享合作。

斯坦·史密斯对于代言的要求：我不在乎是什么样的合同和钱，我在乎的是有这样一条生产线，这里面的鞋子都是用我的名字命名的。当其他品牌打退堂鼓时，只有阿迪达斯马上答应，并且除了正规的赞助费用，5年内这双鞋的5%的利润和10年内衍生款式的3%的利润都交给斯坦·史密斯先生。从此，阿迪达斯开始了与斯坦·史密斯半个世纪的合作。贝克汉姆得到阿迪达斯十多年的赞助，并最终以1亿英镑签订终身合作协议，被球迷们称为"阿迪·贝克汉姆"。

3. 给予"末日英雄"足够的尊重和支持

再耀眼的体育巨星最终也会走向事业低谷。但耐克与阿迪达斯秉着以人为本的原则，对"末日英雄"给予宽容、支持，并将积极向上的体育精神传递给广大受众。2012年伦敦奥运会的男子110米栏，刘翔摔倒退赛，全球观众一片唏嘘。当刘翔单脚蹦过起点时，耐克的营销团队便第一时间对先期制定的夺冠营销方案进行调整。耐克大中华区传播总监黄湘燕立即表态，"伟大并不属于少数人，每个人都可以伟大。以此为理念，我们结合伦敦赛场热点，用最快的速度表达耐克对'伟大'的独到理解和崭新定位"。十多分钟后，耐克便通过官方微博发布了广告"活出你的伟大"，刘翔的照片旁边注解这样几行字："谁敢拼上所有尊严，谁敢在巅峰从头来过，哪怕会一无所获；谁敢去闯，谁敢去跌，伟大敢。"耐克随后投放电视广告"活出你的伟大——刘翔·无需给别人答案"。耐克充满温情地解读了刘翔的退赛，机智地扭转了不利舆论，将伟大和金牌重新定义，让观众看到真正的奥运精神。

耐克和阿迪达斯对品牌代言人都采取了以人为本的原则，换来了品牌代言人对品牌极高的忠诚度。1992年巴塞罗那奥运会的颁奖仪式上，以乔丹为首的梦之队拒绝上台领奖，因为必须穿本次奥运会赞助商锐步的领奖服。场面一度尴尬，后经耐克总裁的及时调解，乔丹和他的梦之队才同意上台完成了颁奖仪式，但前提条件是披挂美国国旗来掩盖领奖服上锐步的标志。有人对此事件评价说，梦之队对耐克的忠诚度超过了对祖国的忠诚度。《入围》（ShortList）杂志将阿迪达斯 Stan Smith 鞋评为"史上十佳球鞋之一"。为此，代言人斯坦·史密斯出了一本幽默的书《Stan Smith：有人以为我是一只鞋》，回顾自己与阿迪达斯小白鞋相互成就的过往。

4. 支持其他竞技领域"意见领袖"

根据长尾效应，品牌邀请小众、知名度稍低、单一领域的意见领袖，其所获得的效益有可能会超过聘请顶级"流量明星"的传播效果。以耐克和阿迪达斯在电竞体育领域的品牌文化推广为例。电竞形势大好，庞大的游戏爱好者群体不仅包括体量巨大的中学生，也包括大学生和白领等，这其实与耐克体育用品的市场对象重合。所以《英雄联盟》（LOL）职业选手们的粉丝群体不可小觑，电竞市场的潜力亟待挖掘。2018 年，简自豪（Uzi）成为耐克在全球电竞领域签约的第一位选手。2019 年，耐克用 5 年 10 亿元人民币的合同成为英雄联盟职业联赛（LPL）官方队服赞助商，合同会一直维持到电子竞技正式成为亚运会和奥运会的正式比赛项目的那一天。以后的电竞少年们，不管是娱乐还是生活，都会有耐克产品和耐克广告的陪伴。2018 年 12 月，阿迪达斯携手游戏品牌 EA Sports 发布限量款球衣，并邀请 7 位中国电竞达人代言。2019 年 8 月 28 日，职业电竞主播忍者（Ninja）与阿迪达斯达成合作关系，他也成为第一个登上 ESPN 杂志封面的电竞选手。此次合作也是阿迪达斯首次与电竞选手合作。

（四）依靠科技实现三大创新，探索未来体育品牌传播之路

冷东红认为，体育品牌营销理念的创新有三个方面：首先，利用科技和大数据技术，实现产品创新；其次，通过新的战略带来新的业务模式的创新；再次，通过社交平台提升用户体验，实现品牌价值创新。

1. 将环保和 3D 打印融入产品创新

2015 年起，阿迪达斯与海洋环保组织 Parley（Parley for the Oceans 的简称）合作，生产海洋垃圾运动鞋"Adidas x Parley"系列鞋。Parley 系列鞋的编织鞋面由 95% 的海洋塑料与 5% 的可回收聚酯纤维构成。其中的海洋塑料来自回收而来的海洋废弃物和从非法偷猎船上收缴的渔网。平均每双球鞋耗费 11 个塑料瓶，而鞋带、鞋垫、鞋跟、鞋舌等各个部分都可以用回收产品加工制成。阿迪达斯为环保概念鞋制作的海报见图 6-4。

图 6-4　阿迪达斯环保概念鞋海报

"将 3D 打印踩在脚下"是阿迪达斯关于 3D 打印运动鞋的宣传广告。3D 打印运动鞋不仅能给运动员带来竞争优势,帮助消费者解决某些健康问题,更重要的是传递了一种新的科技生活理念。耐克和阿迪达斯在生产 3D 打印运动鞋的路上你追我赶(表 6-3)。据阿迪达斯官网介绍,利用 3D 技术制作鞋子目前的成本昂贵且推广的路还很远,但是可以欣喜地预见由概念鞋到量产指日可待。未来,用户如果在阿迪达斯店里的跑步机上跑上几步,阿迪达斯就能快速获取跑步者的足部数据,利用 3D 打印技术快速制造出最适合顾客脚形的跑鞋。

表 6-3　3D 打印运动鞋大事年表

时间/年	3D 打印运动鞋大事件
2013	耐克"蒸汽激光爪"3D 打印橄榄球鞋
2014	耐克新款 Vapor Carbon 2014 精英版跑鞋
2015	阿迪达斯"Futurecraft"3D 跑鞋系列
2018	阿迪达斯 Futurecraft 4D、AlphaEDGE 4D 跑鞋

2. 定制化服务,实现业务模式创新

定制化服务,一方面是个性化营销,意味着摒弃一味地告诉消费者可以做什么,而是致力于发现消费者需要的是什么;另一方面是以多品种、中小批量混合生产取代过去的大批量生产。

阿迪达斯定制化服务的典型例子是 Stan Smith 的"Stan Yourself"活动(图 6-5)。阿迪达斯给 Stan Smith 消费者提供三种不同的配色,消费者也可以将鞋舌上原本史密斯的头像换成自己的,让自己的个性彰显。这一举措在社交网络上引起强烈的反响。耐克制造商体验(Nike Maker's Experience)服务也是个性化营销结合现代科技的典范。耐克利用 VR(Virtual Reality 的缩写,意为"虚拟现实")技术,通过灯光投射装置,把用户选择的图案、花纹、颜色实时投射到用户的鞋子上,用户可以现场设计自己的鞋子。随后,鞋子就会进入制作流程,并且采用人工来负责其中的粘胶和缝纫,以确保整个制作过程不超过 1 个小时。虽然目前这些服务还没有在全球推广,但是耐克宣称这种定制化服务是未来零售业的一个初期构想。把设计权交给消费者,为用户提供个性化的服务是与用户良好沟通的基础。

图 6-5 "Stan Yourself"活动海报

3. 科技与社交双管齐下，实现品牌价值创新

在线品牌社群通过应用程序（App）、品牌网站、论坛或者第三方社交平台（如微信群、微博、QQ）实现品牌和受众、受众和受众的互动。网络上互动的文字会对社群成员的思想和行为产生直接而深刻的影响，使其形成难忘的品牌体验。这种体验会进一步演化为共同的意识和责任感，构建一种和谐的关系。品牌社群的建立，有利于品牌提升销量、洞察市场、观察舆情和危机公关，还可以获取产品体验反馈和创新的想法。"Nike＋"App 就是品牌社群的成功案例。"Nike＋"有 SNKRS、Training Club、Run Club 三个子社群（图 6-6）。用户可以通过 Nike 网站或"Nike＋"App 轻松登录社群，获得运动装备产品信息、专业形体训练指导和与其他运动爱好者进行互动，以及寻找最近的耐克门店和预约线下活动。当其他运动品牌还在争当提供优质运动服饰装备的"裁缝"时，耐克已化身为一个综合了运动产品、休闲锻炼、健康管理和社交娱乐的"时尚引领者"。耐克正在搭建一个全新的品牌生态圈，实现体育产品运营到体育事业运营的升级转化。

图 6-6 "Nike＋"构成图

四、结论和启示

本章对耐克与阿迪达斯品牌文化的比较分析，对中国本土体育品牌在核心价值确立、市场定位、选择代言、科技创新等方面具有借鉴意义。

（一）扎根民族文化沃土，深耕品牌核心价值

耐克和阿迪达斯的品牌文化分别起源于美国个人主义和德国工匠精神，它们驾着国家文化外溢的东风传播，并抓住机遇打开了中国的运动产品市场大门。

随着"一带一路"倡议的推进，中国的优秀文化绽放异彩，中国体育品牌也应充满文化自信，以民族文化为基础，在国际市场上大展身手。中国优秀传统文化既包括诸子百家哲学思想、中国神话故事、中国传统美德故事，也包括中国的工匠精神，更包括红色基因、革命传统。2015年，李宁品牌致敬中国传统文化，打出了"中国李宁"的发展战略，先后出品"飞甲"篮球鞋、"钟馗"鞋、"半坡"鞋、"天工开物"系列和"悟道"系列。2018年，中国国旗色的运动服在纽约时装周大放异彩，被誉为"国货之光"。千里之行始于足下，中国体育品牌如何"讲好中国故事"，仍然还有很长的路可以走。

（二）找准市场定位，把握前行方向

准确的市场定位如大海里的灯塔，使得企业有着正确的前进方向。耐克和阿迪达斯都有着明确的市场定位，它们的目标客户群是30岁以下的都市年轻人，产品定位是高档专业运动产品，主打产品是鞋子。基于高档运动品的市场定位，耐克和阿迪达斯采取了顶级赛事、顶级球星、一流卖场的营销策略。所有世界顶级体育赛事，不管是奥运会、世界杯，还是其他单项体育的顶级赛事，它们的品牌广告永远最闪亮。耐克有乔丹、詹姆斯等NBA明星树立自己在篮球领域的无人可及的地位，阿迪达斯靠贝克汉姆、梅西、卡卡等众多的足球巨星奠定了自己在足球领域的霸主地位。不管是篮球、足球还是其他运动领域，主要的体育明星似乎都能被收在两大品牌的麾下。最后，在选址方面，耐克跟阿迪达斯如影随形，专卖店都选择在黄金地段、最好的商业区、一流的卖场。正因为如此，人们在脑海里将耐克与阿迪达斯的排名放在了其他运动品牌的前面。

（三）不拘一格降人才，做代言人"孵化器"

在选择和挖掘代言人价值上，耐克与阿迪达斯值得很多体育品牌学

习。一是资助"养成系"明星,济于微时,有知遇之恩。送 15 岁的李娜去网球学校,助力贝克汉姆转俱乐部,等等,当今很多顶级体育明星成名的背后,都有耐克和阿迪达斯的一份功劳。顶级明星与品牌之间形成了相互成就、共同进步的关系。二是关注非体育竞技领域,为"意见领袖"点赞。关注娱乐圈和电竞领域,邀请流量小的娱乐圈明星或电竞明星代言,也是耐克和阿迪达斯博得青少年好感的常用措施。三是挖掘明星背后的故事,展现品牌精神内涵。在明星代言的广告中,耐克和阿迪达斯将产品从使用层面提高到情感层面。广告片中不明确提及品牌名称,也不宣传产品特性和优势,而是将明星的故事娓娓道来,将故事中所蕴含的精神,比如耐克"Just do it"的精神、阿迪达斯"Impossible is nothing"的精神,潜移默化地印在人们的脑海之中。

(四)产品与服务需要个性化、科技化和社交化

耐克与阿迪达斯实施"互联网+体育"策略,紧紧追逐科技前进的步伐。一方面,不断研发产品核心科技,并大胆尝试与"3D""环保材料"等科技前沿的结合;另一方面,依靠社群媒体,掌握客户大数据并用于提供定制化服务,拉近客户与品牌的距离。在产品与服务的科技化方面,中国体育品牌反应较慢,起步较晚。(表6-4)

表6-4 国内外体育品牌科技化对比表

科技化	品 牌		
	耐克	阿迪达斯	李宁
3D 打印	"蒸汽激光爪"鞋(2013 年)	Futurecraft 跑鞋(2015 年)	首款定制鞋(2018 年)
环保材料	Nike Blazer Mid Premium 运动鞋(2011 年)	UltraBOOST Uncaged Parley 量产(2015 年)	Green in Black 概念鞋(2014 年)
社群 App	"Nike+"(2010 年)	"Adidas" App(2017 年)	与"小米运动"合作,无独立的社群 App

耐克成立至今已有 47 年,阿迪达斯成立至今更是长达 70 年。与之相比,中国运动品牌还处于成长初期。品牌文化的塑造需要时间,品牌文化的传播需要长期发力,品牌文化潜移默化进入世人头脑需要企业孜孜不倦、一点一滴地积累,中国运动品牌任重道远。

参考文献

[1] 胡茉,夏健明. 品牌文化构成要素及其传播路径研究 [J]. 现代管理科学, 2011 (2): 17-19.

[2] 赵雨田. 耐克广告的文化传播研究 [D]. 西安: 西安体育学院硕士学位论文, 2013.

[3] 胡洁雅. 耐克品牌文化传播模式探析 [D]. 上海: 上海体育学院硕士学位论文, 2010.

[4] 菲尔·奈特. 鞋狗 [M]. 毛大庆, 译. 北京: 北京联合出版公司, 2017.

[5] 艾·里斯, 劳拉·里斯. 品牌的起源 [M]. 寿雯, 译. 太原: 山西人民出版社, 2012.

[6] 江亮. 国内外一线体育用品品牌营销比较研究: 以耐克、阿迪达斯与李宁、安踏为例 [J]. 河北体育学院学报, 2016 (6): 14-21.

[7] 冷东红. 体育品牌营销传播的理念研究: 以耐克品牌为例 [J]. 东南传播, 2017 (6): 122-124.

[8] 李新啸, 邱林飞. 体育用品品牌理论框架探析 [J]. 浙江体育科学, 2019 (2): 15-21.

(张香宁, 姚远)

第七章　品牌文化与企业形象
——香奈儿与欧莱雅品牌文化分析

【摘要】 在概述品牌文化与企业形象相关理论和文献的基础上，对香奈儿与欧莱雅的品牌进行了介绍。化妆品作为法国的特产之一，有着悠久的历史和独特的品牌文化。香奈儿与欧莱雅的品牌文化既有相似点，又在品牌定位和企业形象方面存在明显的差异。通过对两大品牌比较分析，深入探讨品牌文化和企业形象对于企业发展产生的影响力。

一、品牌文化与企业形象概述

关于品牌文化和企业形象，学术界进行了很多探讨和研究，品牌文化越来越受到国内外学者的关注。品牌文化和企业文化密切相关，但又有所不同。企业文化是基于企业而衍生出来的一种文化，其核心是企业精神。成熟的企业文化是企业全体员工共同形成的信念、价值观和行为方式。良好的企业文化可以为企业业绩带来积极的影响，并成为企业的一项核心竞争力。企业文化一般包括物质文化、制度文化和精神文化三个层次的内涵。陈丽琳则进一步提出了企业文化的四层次理论：第一个层次是思想内涵，第二个层次是信息网络，第三个层次是行为规范，第四个层次是企业形象。在三层次理论的基础上，四层次理论更加强调企业内部信息的沟通、文化的传达和实施机制。

但是，品牌文化不等于企业文化，也不等于商品文化。品牌文化的内涵一方面是通过品牌名称、品牌标志、品牌包装等展示出来的文化，另一方面其实质是企业形象、企业经营理念等的总和。李光斗指出，品牌文化是文化特质如经营观、价值观、审美观等观念形态结晶在品牌中的积淀和品牌经营活动中的一切文化现象，以及它们所代表的利益认知、情感属性、文化传统和个性形象等价值观的综合。林青和赵青艳将社会文化纳入了品牌文化范畴中，认为品牌文化兼容于企业文化和社会文化，能在企业和社会消费群体间产生共鸣，并使消费者从消费产品过程中获得某种强化的社会价值观念、信念、行为操守原则和精神。而陈放则从更普遍的角度认为品牌文化就是指文化特质在品牌中的积淀，是品牌活动中的一切文化现象。

一般说来，品牌文化被认为是通过赋予品牌深刻而丰富的文化内涵，建立鲜明的品牌定位，并充分利用各种强有效的内外部传播途径形成消费者对品牌在精神上的高度认同，创造品牌信仰，最终形成强烈的品牌忠诚。品牌文化是品牌在经营中逐步形成的文化积淀，代表了企业和消费者的利益认知、情感归属，是品牌与传统文化以及企业个性形象的总和。与企业文化的内部凝聚作用不同，品牌文化突出了企业外在的宣传和整合优势。

国外学者对品牌文化的研究起步于20世纪末。道格拉斯·霍尔特（Douglas B. Holt）认为，品牌文化本身是"故事、形象"，是由公司、主流文化、影响势力和顾客这四类创作者共同讲述的。但是故事到底是什么，霍尔特并没有进行阐释。而根据莱斯尼·德·彻纳东尼（Leslie de Chernatony）对品牌识别的定义，文化和个性都是品牌识别的组成部分，但在他的定义中，文化指的是企业文化。还有一些学者则是从品牌社区的角度来阐述品牌文化的作用，他们认为品牌文化是凝结在品牌中的企业价值观念的总和，品牌所蕴含的文化内涵深藏品牌里层，是品牌价值的核心和源泉。通过文化识别，品牌与周围文化属性相同或相近的消费者结合成一个文化联盟。同时，品牌受到企业营销手段和社会主流消费者文化的共同影响，所以品牌可以帮助消费者明晰其个性识别，而这种品牌作用甚至可能与企业的营销意愿相对立。

关于企业形象，现在的企业越来越关心如何管理企业形象以增加利益相关者，特别是顾客群体对企业的关注。每一个企业都在关注："我在顾客心目中的形象如何？相比竞争对手，我的形象是否具有吸引力？"在同质化竞争日趋激烈的今天，企业形象作为一项无形资产，可以帮助企业实现差异化并增加其在竞争中胜出的机会。企业形象是对企业进行综合性评价的一个重要因素，当顾客听到某企业的名称时，首先映入其脑海的就是企业形象。

研究者对企业形象的界定主要包括两种视角。一种视角强调企业形象是顾客对企业的一种总体印象。詹姆斯·贝敦（James Bayton）最早以拟人化的观点提出"企业形象"这一概念，认为消费者往往通过个性化的描述，如"大方""友善"等措辞，来描绘企业所具有的属性，基于形象是一种"格式塔"的理念。另一种视角强调企业形象的形成是一个动态过程。企业形象的形成符合以类别为基础的信息处理理论的思路，是顾客心目中的一个选择过程。顾客在与组织互动的过程中得到不同的体验与相关信息，然后对其进行有选择的加工，从而对企业形成一种个人印象。就品牌形象而言，一是基于顾客视角的品牌形象研究，另一是基于公司视角的品牌形象管理研究。前者主要强调消费者对公司的认知、评价和联想，而后者则突出品牌形象是公司无形的声誉资产，不但能形成差异化竞争优势，给公司带来资产性利益，而且还能在市场上有效构建进入壁垒。

综合以上两种界定，我们认为，企业形象是消费者将企业提供的产品、服务或通过其所从事的社会性活动获得的相关信息及经验，与其竞争对手加以比较形成的一种主观性整体印象。有关企业形象的维度，主要有两种观点。一种观点认为企业形象包含两方面的因素：功能性因素与情感性因素。功能性因素主要对企业绩效进行逻辑性和结构性分析，着眼于容易测量的有形特征；而情感性因素是基于主观性态度对组织形成的感知，与心理维度相关。二者共同构建起顾客心目中的企业形象。另一种观点则认为企业形象并不反映目标对象的实质，而是感知者在与目标对象互动的基础上形成的一种主观性表征。因此，企业形象就是顾客对企业的主观性态度、视角以及情绪。企业形象不但能使企业的产品和服务在更大的广度和深度上吸引顾客，而且能使企业更有效、更圆满地实现自己的综合目标。企业通过高质量的设计、塑造、展示企业形象，可以提高企业在国内外市场上和社会公众心目中的知名度，给企业带来丰厚的经济效益与社会效益。

结合上述理论和文献分析，无论是品牌文化还是企业形象及品牌形象，对于企业的可持续性发展都至关重要，而且品牌文化和企业形象不是孤立存在的，品牌文化是企业形象的内驱载体，而企业形象是品牌文化的外在表现，两要素是相辅相成、相互促进的。而在具体探讨品牌文化和企业形象的同时，笔者发现化妆品是一个极具时代特色的行业。从西方的"娇兰"、东方的"谢馥春"开始，经过近两个世纪的更迭，东西方化妆品品牌的内涵也得到了不断的延伸，化妆品不再只是富人的专享，也不再仅仅是香水、胭脂粉的狭隘定义。本章将以香奈儿和欧莱雅这两大国际化妆品品牌为例，深入分析品牌文化和品牌形象。

二、香奈儿与欧莱雅品牌简介

（一）香奈儿品牌简介

香奈儿（Chanel）是一个有着百年历史的著名品牌。香奈儿（Chanel）的创始人是可可·香奈儿（Coco Chanel，原名 Gabrielle Bonheur Chanel）。1910 年，可可·香奈儿在巴黎开设了一家女装帽子店，凭着非凡的针线技巧，缝制出一顶又一顶款式简洁、耐看的帽子。1914 年，可可·香奈儿开设了两家时装店，对后世影响深远的时装品牌"Chanel"宣告正式诞生。

图 7-1　香奈儿品牌标志

香奈儿的"双 C"标志（图 7-1）由可可·香奈儿在 1925 年亲自设计，沿用至今，早已成为时尚界的经典存在。关于这个标志灵感的来源有三种说法：一种说法是，设计的灵感来自奥巴齐内（Aubazine）教堂的玻璃窗，可可·香奈儿曾在那里度过了自己的童年；还有一种说法是，可可·香奈儿在一个著名的派对上偶然看到了一个文艺复兴时期的"双 C"标志设计；最后一种说法比较符合大众心理，是关于一个叫卡佩尔（Capel）的男孩的爱情故事。他挚爱可可·香奈儿一生，并在最初时支持她的事业和她的一间服装店。传记作家贾斯迪妮·皮卡蒂（Justine Picardie）曾暗示说，"双 C"标志是一种隐喻，可可·香奈儿和卡佩尔没有商业联系，没有结婚证，但他们彼此重叠，也随时远离。

经过一个多世纪的发展，香奈儿目前已是全球范围内奢侈品行业的标杆和典范，在世界品牌实验室发布的 2018 年度《世界品牌 500 强》排行榜中，香奈儿排名全球第 44 位（图 7-2）。与此同时，香奈儿在全球奢侈品价值排行榜上位居前三，它不像皮尔·卡丹那样通过大量转让特许经营权来盈利，也不像路易威登那样大规模地收购其他品牌，它甚至没有可以占有市场份额的二线品牌。它走的是单一的路线，一切都是围绕着产品本身开展的。

2018世界品牌500强【40-50】						
排名	品牌英文	品牌中文	品牌年龄	官方网站	国家	行业
40	Unilever	联合利华	89	unilever.com	英国	日化
41	Haier	海尔	34	haier.com	中国	物联网生态
42	Marlboro	万宝路	110	marlboro.com	美国	烟草
43	ICBC	中国工商银行	34	icbc.com.cn	中国	银行
44	Chanel	香奈儿	108	chanel.com	法国	奢侈品
45	Ford	福特	115	ford.com	美国	汽车与零件
46	Zara	飒拉	43	zara.com	西班牙	服装服饰
47	eBay	eBay	23	ebay.com	美国	互联网
48	Boeing	波音	102	boeing.com	美国	防务与飞机制造
49	Adidas	阿迪达斯	69	adidas.com	德国	服装服饰
50	UPS	联合包裹	111	ups.com	美国	物流

图 7-2 香奈儿在世界品牌实验室
2018 年度《世界品牌 500 强》排行榜上排名第 44 位
（数据来源：世界品牌实验室官方网站）

作为一个来自法国巴黎的奢侈品品牌，香奈儿有着十分鲜明的品牌定位：① 专注于产品的设计、开发、创新、维护，自始至终贯穿着低调奢华的风格；② 发挥其文化优势，将冷冰冰的奢侈品塑造为璀璨夺目的艺术品，增加其价值内涵；③ 香奈儿的代言人与其商品展示给顾客的优雅、尊贵的特点相辅相成，这些魅力非凡的代言人几乎拥有所有女人都渴求的特质——美貌、优雅、独立、魅力十足。所以香奈儿从创办至今，虽然也遭遇过发展困境，但其品牌特色始终鲜明，正如其创始人传奇的一生一般，用香奈儿的一句广告语来形容再贴切不过：想要无可取代，你必须时刻与众不同。

（二）欧莱雅品牌简介

欧莱雅集团是世界著名的化妆品生产厂商，创立于 1907 年。在品牌创立初期，创始人欧仁·舒莱尔（Eugène Schueller）的行动成为欧莱雅的基因：利用研发提升美丽。弗朗索瓦·达勒（François Dalle）担任董事会主席之后，集团开始进行国际化扩张，收购战略性品牌标志着欧莱雅这段令人惊叹的增长历程的开始。欧莱雅的座右铭是"Savoir saisir ce qui commence"（抓住新机遇）。特别是近些年来，在集团大量研发投资的推动下，欧莱雅迎来了巨大的增长，伴随着投资的是战略性产品的发布。这些产品不仅创造了历史，而且增强了集团的品牌形象。集团通过品牌在世界各地的扩张和战略性收购，规模大增。发展至今，欧莱雅集团名下已经拥有巴黎欧莱雅、美宝莲纽约、乔治·阿玛尼、兰蔻、科颜氏、碧欧泉等 20 多个全球知名一线品牌。欧莱雅多次入选《财富》世界

500强以及世界品牌实验室《世界品牌500强》，2018年名列《世界品牌500强》第87位，品牌影响力深入人心。

欧莱雅的一切都源自舒莱尔设计、制造和销售给巴黎的美发师的染发剂。1907年，年仅28岁的法国化学家欧仁·舒莱尔发明了世界上第一支无毒染发剂，并取名为"欧莱雅"（L'Oréal）。"l'oreal"一词来源于希腊语"opea"，象征着美丽。1909年7月30日，舒莱尔开始自己创业——他用800法郎成立了法国无害染发剂公司，这就是欧莱雅公司的前身。

1939年4月4日，法国无害染发剂公司正式更名为欧莱雅公司。巴黎欧莱雅是欧莱雅集团的开山品牌之一，它向注重自身形象的人们提供真正领先潮流和品质超群的产品，将对创新、功效、风格及卓越体验的执着完美地凝结在"你值得拥有"的理念当中。强大的科研和技术投入则对品牌的核心价值提供了很好的支持。作为欧莱雅集团最古老的品牌，巴黎欧莱雅以合理又大众化的价格，提供优质和功效卓越的美容产品，成为大众消费市场中优秀的品牌。

欧莱雅于1964年收购兰蔻（Lancome），建立高档化妆品部；1965年收购卡尼尔（Garnier），这让欧莱雅得到了一整套具备有机定位的辅助护发产品；1989年在得到授权的情况下，欧莱雅在全球市场上开始销售乔治·阿玛尼（Giorgio Armani）；1996年收购美宝莲（Maybelline），获得有利的竞争优势，在美国化妆品市场上占据了无可撼动的地位；1994年自创的染发产品品牌"卓韵霜"进入市场；2000年收购植村秀（Shu Uemura），这是欧莱雅旗下的第一个日系彩妆品牌；2002年与雀巢合资推出营养品品牌一诺美（Inneov）；2012年收购科莱丽（Clarisonic）并将其归于高档化妆品部。在1964年至2014年这50年间，欧莱雅一共收购了25个品牌，涉及彩妆、护肤、美发等多个领域，这些品牌共同组成了欧莱雅公司庞大的多品牌"金字塔"体系，如图7-3所示。

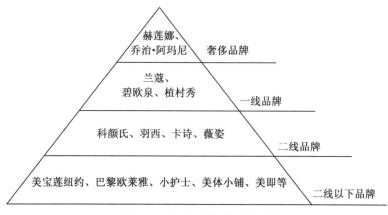

图 7-3 欧莱雅品牌金字塔

三、香奈儿与欧莱雅品牌文化比较

(一) 法国化妆品品牌文化

化妆品作为法国的特产之一,有着悠久的历史和独特的品牌文化。同时,法国化妆品以其独特的品牌文化作为传承,在世界各国都享有盛誉。法国化妆品品牌进军国际市场并取得了巨大的成功,其背后所隐含的法国灿烂的化妆品文化也得到了传播。在世界人民的心中,法国化妆品或者法国女性往往会与高贵、优雅产生联系,法兰西人民对生活充满了追求和热爱。而香奈儿和欧莱雅显然是其中的绝佳代表。

法国化妆品文化的历史是形成法国化妆品的文化特征这一社会表征的社会背景。法国的化妆品业发展有很长的历史,法国化妆品一直到现在仍然风靡全球,并且以历史悠久、质量上乘、原料考究而著称。大约在 13 世纪,法国贵族使用化妆品和香精香料的盛况可以看作法国化妆品产业发展的开端。在那时的法国宫廷,男女都是乐施粉黛的,流传至现代的各种法国宫廷绘画作品中都清晰地展示了当时的法国男性贵族成员有粉面文唇的习惯。而到了法国国王路易十四在位时期,化妆品行业形成了一个发展的高潮。路易十四是以追求艺术与美而闻名的一位法国国王。在他的影响下,从贵族到平民,从首都巴黎到普通乡野,每个人都有艺术细胞并且不断地追求更加美丽。在这样的大环境下,与美丽有关的各种歌剧、服装设计行业发展得非常迅速,人们对自己的外表非常重视。这种对外貌的重视使得人们不惜花重金研发香水和化妆品,于是成就了法国化妆品行业的大发展。一直到今天,爱美之心人皆有之,于是法国化妆品也成为世界化妆品业的翘楚。

提到法国化妆品的历史，不可不说的便是法国香水的发展史。法国的化妆品公司和香水公司可谓是一体的，每一个化妆品品牌公司旗下都拥有一款或者多款香水。1730年，法国第一家香精香料生产公司诞生于格拉斯市，该城市后来也成了上百家香精香料公司的家乡。经过多年的发展和改革，这些香精香料生产公司已经被合并成了三家规模较大的集团公司。唯一不变的是，格拉斯市还是一直为法国各大名牌香水销售公司提供香水的配制业务，名牌香水销售公司在收到了配制完成的香水原料后只需要在其中按需要的比例加入中性酒精和蒸馏水并进行包装后就可以出售了。在法国，香水业和各种时尚行业也有着千丝万缕的联系。其中比较特别的便是香水业和时装产业的关系。时装业是法国的支柱产业之一，时装也是人们追求的美丽中的一种。法国各大名牌服饰公司几乎都会拥有一款自己品牌的香水。销售香水既可以为时装公司获得更大的利润，也可以为其品牌增添更大的品牌价值。

法国化妆品文化特征的社会表征客体是品牌文化。法国化妆品得天独厚的市场优势和产品优势使得化妆品公司不断得到发展。在长年累月的成长中，各个公司的经销观、审美观以及价值观等文化特质积淀成了独特的品牌文化，这种文化帮助各品牌建立了鲜明的定位，同时也帮助品牌完成了对消费者的理念灌输，使得消费者对品牌文化产生认同感，逐渐构建了品牌固定的消费人群定位以及顾客忠诚度。多个化妆品品牌的品牌文化又构成了法国化妆品业的品牌文化。这个过程是一种社会的互动，人们交流并接受着对于法国化妆品品牌文化的知识和看法。同时，这个过程将法国化妆品文化的特征具体化到法国化妆品品牌文化这一实际的客体中去。这也是形成社会表征的客体化的行为。

法国化妆品的品牌文化是与奢侈品牌文化相通的。化妆品在法国已经不仅仅是简单的日用品，而是引入了奢侈品的品牌文化。法国化妆品在消费者的眼中已经成了身份高贵的代名词，这种产品形象的形成和企业的营销宣传作用是密不可分的。奢侈品在很多时候都是一种身份的象征，它满足了人们的虚荣心，以高昂的价格和卓越的品质成为气质高贵的代名词。奢侈品牌是一种无形的概念，奢侈品牌的概念本身隐含了一些无形的内容，例如服务和体验等。奢侈品牌具有一种象征意义，可以象征一种高雅和精致的生活方式。奢侈品的受众基本都是注重品位和质量的人群，主要是高端消费者。

(二)"英雄所见略同":两大品牌的相似点

香奈儿和欧莱雅作为法国化妆品行业的品牌翘楚和代表,各有不同的市场定位和品牌形象。欧莱雅以品牌线全能著称,从一线奢侈品牌到二线以下大众品牌全覆盖,可谓将市场"一网打尽"。而香奈儿品牌走的是"极奢"路线。极致的奢侈就是香奈儿,最好、最高贵的就是香奈儿,这种品牌的烙印已经深深地刻在消费者的心中。通过比较分析,笔者发现其实两个品牌之间存在着某些惊人的共通之处,真可谓"英雄所见略同"。

1. 作为行业巨头,欧莱雅和香奈儿都非常擅长进行品牌管理

这种管理不仅仅是擅长营销推广产品系列和建立良好的产品形象,同时也擅长建立、培养和推广公司自身品牌的形象。欧莱雅和香奈儿都采用过一系列手段来进行有效的品牌管理。一方面,积极地策划一系列公益性活动方案并付诸实践,积极承担相应的社会责任,为公司建立了良好的口碑和形象。2012年欧莱雅集团的企业捐助额达到2 890万欧元;香奈儿则连续多年参加联合国儿童基金会(UNICEF)的慈善活动,以实际行动传递爱心。参加这些活动,不仅为公司在世界市场和消费者中创造了优秀的品牌价值,无形中同样也为公司赢得了一笔丰厚的品牌资产。另一方面,两大品牌均擅长采用有效的公关手段来推广公司品牌。从1997年以来,巴黎欧莱雅一直是历届法国戛纳电影节的官方彩妆合作伙伴。十多年以来,欧莱雅一直与戛纳电影节联手为观众们带来了超凡的视觉盛宴。仅在第68届电影节的12天中,欧莱雅就提供了400瓶发胶、1 600支唇膏、600瓶指甲油和380管睫毛膏。除了关注时尚界盛事以外,欧莱雅集团于1998年提出了"为投身于科学的女性"计划,旨在表彰那些对科学进步做出研究贡献的女性。该计划得到了联合国教科文组织的大力支持。通过这个计划,每年都会有5位代表五大洲的女性获得"欧莱雅—联合国教科文组织世界杰出女科学家成就奖",用以表彰她们的科研成果。其次,欧莱雅与联合国教科文组织联合设立了"联合国教科文组织—欧莱雅青年女科学家奖学金",鼓励杰出青年女性,并为她们提供去国外著名院校工作的机会。除此之外,欧莱雅还根据各国实际情况,与当地的联合国教科文组织联合设立了"国家青年女科学家奖学金",用来鼓励本地的青年女科学家在本国开展科研工作。这个计划声誉日隆,已经是国际范围内表彰女性科学家的标杆项目。而香奈儿品牌发展至今百年的历程中,最大的两个IP,一个是其创始人可可·香奈儿;另一个

则是香奈儿的艺术总监卡尔·拉格斐（Karl Lagerfeld），人称"老佛爷"。产品是品牌的载体和基石，而"老佛爷"深谙营销之道，十分擅长借力公关，其每年参加的慈善活动不计其数，每次都亲力亲为，香奈儿的公益形象因此显著提升。

2. 保持"西方观念"，同时强调"本土元素"

以中国市场为例，香奈儿和欧莱雅能够在中国市场取得成功很大程度上要归功于公司根据市场特点定制的多方面策略。香奈儿创建了一个名为"文化香奈儿"的网站，让观众能够在网上获得整体体验。该网站提供了四种语言，包括中文和韩文。除了网站之外，中国观众也可以通过观看介绍该网站节目的视频，并通过参加展览的名人的评论来体验在屏幕前的展览。中国元素的运用对中国消费者有很大的影响，并在一定程度上提升了品牌的威望。欧莱雅曾推出了一系列以"中国元素"为特色的产品，引起轰动，而保持"中国灵感"和"西方奢华感"的平衡是其成功的另一个窍门。同时，为进一步吸引本土的消费者，香奈儿和欧莱雅都聘请了中国区的品牌形象代言人，以正确的方式利用"中国元素"，让中国市场认识到其品牌正为中国顾客服务。

3. 重视产品研发，科技制胜

在香奈儿位于法国庞坦的研究中心里，200多位研究人员充分发挥各自的专业优势，在一个综合、全面且具有系统性的多学科组织中，推进着女性美丽事业。这个组织还拥有两个国际研究中心：美国皮斯卡塔韦（Piscataway）研究中心与日本船桥（Funabashi）研究中心。与庞坦研究中心一样，这两个研究中心也致力于促进前瞻性研究，并且联合最负盛名的国际知名大学团队开展合作研究项目，不仅鼓励广泛的探索与调研，同时还大力推动新型配方与活性成分的研发。而欧莱雅集团丰富的产品线都是源于对产品研发的重视，欧莱雅集团的发展也离不开对产品研发的重视。欧莱雅一直坚持持续不断的研发投入和创新。欧莱雅的起源是创始人发明了世界上第一支合成染发膏，可以说欧莱雅集团的第一桶金就是通过研发的产品而赚到的。如今，欧莱雅利用遍布全球的研发中心来为其提供产品的创新和改进服务。截止到2019年6月，欧莱雅集团在世界各地共有22个研发中心和17个评估中心，有50个科技应用监管部门，并有超过30个与大学、公共研发中心或新生企业进行合作的项目。欧莱雅的研发和创新团队拥有来自30多个学科超过3 817名的员工。其中一半以上员工是博士或工程师。2017年、2018年，欧莱雅分别注册专利498项、505项。欧莱雅每年都将销售收入的3.5%用于产品研发,其对于产品及品牌研发的投入相当可观。

(三)"术业有专攻":两大品牌的差异

前文分析了香奈儿和欧莱雅在品牌经营、管理等方面的诸多异曲同工之处,但就品牌本身而言,香奈儿和欧莱雅在品牌文化、品牌推广策略上存在着很多差异,用"术业有专攻"来形容它们之间的差异再贴切不过了。

1. 特色鲜明的品牌定位

香奈儿和欧莱雅作为化妆品行业的标杆和典范,其品牌在消费者心中都已经形成了深刻的印象,但两者各自有着鲜明的品牌定位。香奈儿,除了是化妆品的代表,更是奢侈品的代名词,该品牌走的是"极奢路线"。低调奢华是香奈儿市场定位中一个显著的特征。香奈儿有着悠远的品牌故事、极富内涵的品牌文化、鲜明的品牌标志,这一切就像精神图腾一样让品牌的拥护者感受到来自香奈儿的低调奢华。当人们一看到山茶花和双C标志就会马上想到香奈儿品牌,一看到菱格纹链条包、5号香水、双色鞋、斜纹软呢料套装等也会马上反应出这些是香奈儿的产品。香奈儿女士善于从生活中撷取灵感来创作产品,作品完美地展现了解放意义的自由和选择,以及表现女性美感的自主舞台。在多年的发展中,香奈儿已经成为奢侈品一线品牌,根据《福布斯》杂志发布的《2019全球品牌价值100强》排行榜,香奈儿位列全球第79位(图7-4),并且是仅有的6家奢侈品上榜品牌之一,品牌价值高达90亿美元。

再来看欧莱雅。欧莱雅精心打造的"金字塔"多品牌策略(表7-1)已经大获成功。自1996年进入中国市场开始,欧莱雅便向中国引入了10个旗下大品牌,共耗时6年,初步完成了其产品组合,也使得中国消费者对其产品和文化有了认识和了解,更有利于其运行其他策略。这些品牌并不是一股脑地盲目冲向市场,而是分门别类地列入适合自己的层级当中,这些层级就是通过它们的品位及价格来定位的,"金字塔"格局就此慢慢成形。在确定各类产品定位的同时加之以配套的宣传手段,使得欧莱雅在中国声名鹊起。欧莱雅是个拥有百年历史的跨国品牌,它能如此成功,除了高品质的产品和适度灵活的营销战略之外,其对消费者的研究和对目标市场的深刻了解也是非常重要的因素。欧莱雅体贴舒适的关注和对消费需求的全方位照顾使得消费者体会到了来自内心的"美"的关怀,多种购买渠道为消费者节省了更多的时间、精力和金钱,让消费者更容易得到这个品牌的产品和呵护。利用消费者的口口相传并不能让欧莱雅风靡中国，是其配套的宣传策略让欧莱雅家喻户晓，在消费者内心占据重要地位。

	Rank	Brand	Brand Value	1-Yr Value Change	Brand Revenue	Company Advertising	Industry
LV	#12	Louis Vuitton	$39.3 B	17%	$15.5 B	$6.5 B	Luxury
GUCCI	#30	Gucci	$18.6 B	24%	$9.8 B	-	Luxury
HERMÈS	#33	Hermès	$18.1 B	18%	$7 B	$352 M	Luxury
	#64	Cartier	$10.7 B	1%	$7.4 B	-	Luxury
ROLEX	#78	Rolex	$9.1 B	-2%	$5.1 B	-	Luxury
	#79	Chanel	$9 B	12%	$6.5 B	-	Luxury

图 7-4　香奈儿在《福布斯》发布的
《2019 全球品牌价值 100 强》排行榜上排名第 79 位

表 7-1　欧莱雅各品牌的市场定位

层级	产品种类	品牌名称	市场定位
塔尖部分	高档化妆品	赫莲娜	"严谨、科学、艺术、哲学、女性" 消费群体年龄偏高，消费能力强
		兰蔻	"高品质的护肤及香水产品" 消费群体年龄较高，消费能力较强
		碧欧泉	"高尚的生活格调源于简约自然的保养" 消费群体具有一定的消费能力
		植村秀	"专业彩妆及化妆工具" 消费群体趋向年轻化，具有一定的消费能力
		羽西	"专为亚洲人的皮肤设计" 适合各个年龄段消费能力适中的消费者

续表

层级	产品种类	品牌名称	市场定位
塔中部分	活性健康化妆品	薇姿	"健康护肤"仅供药房销售
		理肤泉	"皮肤科疾病的辅助性治疗产品" 仅供药房销售
	专业美发	巴黎卡诗	"洁、护、韵" 专业护发产品，美发沙龙专用
		欧莱雅美发	"与众不同，展现自我" 专业美发产品，美发沙龙专用
		美奇丝	"激情美发" 面向时尚年轻人，主攻低端市场
塔基部分	大众化妆品	巴黎欧莱雅	"巴黎欧莱雅，你值得拥有" 提供护肤、彩妆及染发产品，面向大众消费层
		美宝莲	"美来自内心，美来自美宝莲" 面向大众消费层
		小护士	"自然精华，健康肌肤" 面向追求自然美的年轻消费者，主攻低端市场
		美即	"女性休闲主义" 面向追求完美肌肤的大众消费层

[资料来源：欧莱雅（中国）官网]

2. 企业形象最大IP："超级明星"还是"品牌金字塔"？

如前所述，企业形象是消费者将企业提供的产品、服务或通过其所从事的社会性活动获得的相关信息及经验，与其竞争对手加以比较形成的一种主观性整体印象。香奈儿品牌从创立至今，其品牌本身便携带着浓重的"主角"气息，从品牌创始人可可·香奈儿到艺术总监卡尔·拉格斐，两代掌门人本身就是香奈儿品牌最大的IP。可可·香奈儿颇具传奇色彩的一生令世人叹为观止，卡尔·拉格斐接手该品牌后，也成为无可争议的焦点。"老佛爷"的每次活动都是在聚光灯之下，其一举一动都代表着品牌的动向。所以撇开产品、设计等元素，香奈儿品牌的"主角IP"是其他品牌都不具备的一大亮点和特色。

其实欧莱雅也有"主角"气息，只不过光环没有香奈儿那么耀眼。其创办人欧仁·舒莱尔曾经是一位化学家，在创办欧莱雅之后，凭借着个人超级突出的能力，使企业日益发展壮大。在1957年欧仁·舒莱尔去世时，欧莱雅已经成为全欧洲最大的日化和护肤品公司之一。但欧莱雅真正为消费者所熟知的还是其庞大的"品牌金字塔"，那么多个令人印象深刻的品牌都是其金字塔中的一员。市场似乎已经习惯了欧莱雅的品牌扩张。目前欧莱雅旗下有27个子品牌，实现了从二线大众市场到尖端奢侈品市场的全覆盖。可以说，欧莱雅品牌做到了人人用得到、人人用得起。

当然，鲜明的品牌文化特色也伴随着相应的挑战和难题。例如，与香奈儿的经典性相对应的则是产品过于单一，而网络消费市场需要企业用多元化的产品来满足消费者需求。以男装为例，香奈儿男装基本都是大一号的女装，镶边外套、山茶花以及珠宝饰品仍然是主要的设计元素，导致其男装没有打造出独立的风格特征。在香水领域，迪奥（Dior）在主打推销女性香水的同时，研发男士香水并推入市场，采取多元化的政策应对市场需求；而香奈儿的思变意识不强，对开发新领域意愿不大，在香水的男性消费市场明显滞后于迪奥。如果香奈儿在网络市场仍然实行过于单一的产品策略，品牌优势将会被弱化。再看欧莱雅。欧莱雅以"金字塔品牌"策略发展，取得了不错的成绩。但"强中自有强中手"，对标全球最强的几家日化集团，像宝洁、联合利华，拥有着更强、更大的品牌线，投入了更大的研发成本，获得的市场也更大。显然，欧莱雅还有很大的进步空间。

四、结论和启示

本章首先从理论层面阐述了品牌文化与企业形象，接着通过对香奈儿和欧莱雅两个品牌进行比较分析，印证了无论是品牌文化还是企业形象，对于企业的长远发展都至关重要。并且，品牌文化和企业形象不是孤立存在的，品牌文化是企业形象的内驱载体，而企业形象是品牌文化的外在表现，两者相辅相成，相互促进。

法国在中国人眼中是浪漫和时尚的代名词。以欧莱雅和香奈儿为代表的法国化妆品是集创造力、高科技和高质感于一体的产品。法国化妆品文化的特征是产品多样化、销售渠道多样化、重视宣传以及积极拓展国际市场。作为表征客体的品牌文化分为法国化妆品业的品牌文化和各化妆品公司的品牌文化。法国化妆品业的品牌文化具体表现为与奢侈品文化紧密联合。法国化妆品满足了人们的虚荣心，并以高昂的价格和卓越的品质成为气质高贵的代名词。

本章通过对欧莱雅和香奈儿品牌文化的案例分析，总结了欧莱雅和香奈儿独特的品牌文化。这种文化不仅继承了法国化妆品业的文化，还发展出了专属于欧莱雅和香奈儿品牌的魅力。不过，笔者发现这两者在品牌发展方面也有进一步提升的空间，比如说香奈儿，其定位走的是"极奢路线"，所以一度在营销推广方面遇到了瓶颈。香奈儿长期以来坚持大于 CPI（Consumer Price Index，消费者物价指数）增长率的定价上涨策略和不降价的推广模式已经深入人心，这令相当一部分消费者"可望而不可即"。其实可以考虑在特定阶段设定一些特定优惠，通过让更多的消费者实际体验到香奈儿的产品，让产品有可能渗透到更广的市场领域。再比如说欧莱雅，在"品牌金字塔"策略推进的过程中不可避免的就是品牌本土化的考验。

总体而言，品牌文化与企业形象是企业的软文化、软竞争力，虽然看不见摸不着，但对企业的发展而言至关重要。

参考文献

［1］刘光明．企业文化与核心竞争力［J］．经济管理，2002（17）：6－9．

［2］Kotter J P, Heskett J L. Corporate Culture and Performance［M］. New York：Free Press，1992.

［3］金思宇．关于中国企业文化建设现状的基本判断及对策［J］．管理世界，2002（7）：147－148．

［4］陈丽琳．企业文化四层次结构理论及应用［J］．经济体制改革，2007（5）：78－80．

［5］黄蕾，黄焕山．品牌文化释疑［J］．商业时代，2007（7）：20－21．

［6］李光斗．品牌竞争力［M］．北京：中国人民大学出版社，2004．

［7］林青，赵青艳．品牌文化的透视及营销策略［J］．商场现代化，2007（13）：233－234．

［8］陈放．品牌三段论［J］．中国工商，2002（2）：152－155．

［9］黄蕾，刘书慧．企业文化与品牌文化之比较研究［J］．当代经

济, 2006 (9): 60-61.

[10] Douglas B H. Brand and Brand Building [M]. Boston: Harvard School Publications, 2002.

[11] Leslie de Chernatony. Brand Management through Narrowing the Gap between Brand Identity and Brand Reputation [J]. Journal of Marketing Management, 1999, 15 (1-3): 157-179.

[12] Holt D B. Why Do Brands Cause Trouble? A Dialectical Theory of Consumer Culture and Branding [J]. Journal of Consumer Research, 2002, 29 (1): 70-90.

(汤华，王玉香)

第八章　品牌文化传承
——茅台与五粮液品牌文化分析

【摘要】 品牌文化传承的本质是对品牌文化核心的继承、发展和保护。中国酒文化源远流长，自杜康造酒开始，已经有几千年历史。从古代祭祀祈福、将士出征到如今亲友团聚、情感联络，在传统文化中，白酒始终让人魂牵梦绕。本章以茅台与五粮液两大白酒品牌为例，比较分析了两大白酒品牌产地及风味差异、酿酒工艺差异、品牌战略差异，并结合茅台与五粮液两大白酒品牌探讨了老字号品牌文化的传承与保护措施。白酒品牌文化的传承与保护是对历史酒文化的继承、丰富和保护，是为了品牌在未来之路上更好地创新和发展。

一、品牌文化传承概述

（一）品牌生命周期

产品生命周期理论是美国哈佛大学教授雷蒙德·弗农（Raymond Vernon）于 1966 年在其《产品周期中的国际投资与国际贸易》一文中首次提出的。菲利普·科特勒在弗农的产品生命周期理论的基础上，采用销售和利润作为纵坐标，时期作为横坐标，画出产品生命周期曲线，这条曲线分为四个阶段：导入、成长、成熟和衰退。菲利普·科特勒认为，如果用产品生命周期的概念加以分析，品牌也会像产品一样，经历一个从出生、成长、成熟到最后衰退并消失的过程，但他同时也承认许多老品牌在现实中经久不衰。品牌的生命周期和我们熟知的企业生命周期类似，一般分为四个阶段：品牌的初创期、品牌的成长期、品牌的成熟期以及品牌的后成熟期。

（二）品牌文化传承的内涵

品牌文化的建立是指在清晰的品牌定位基础上，利用各种内外部传播途径形成受众对品牌在精神上的高度认同，从而形成一种文化氛围，通过这种文化氛围形成很强的客户忠诚度。这种忠诚度是将品牌物质要素与文化精神高度合一的境界，人物合一是对品牌文化的总结。沙莲香在《中国民族性》中认为，"文化体现在所有的产品中，却不是产品本身，它只是作为人们的行为方式和思考方式存在于产品中"。笔者认为，中华老字号品牌内在的价值观、处世态度与情感诉求是中华传统文化的深切体现，老字号产品与服务就是中华传统文化最富有特色的外在呈现。文化是老字号发展的基石，也是老字号企业区别于普通企业的壁垒所在，因而挖掘老字号文化传统、传承老字号品牌文化是所有老字号企业必须做的一项重要工作。

品牌文化传承的本质是对品牌文化核心的继承、发展和保护。品牌文化的核心是文化内涵，具体而言是其蕴含的深刻的价值内涵和情感内涵，也就是品牌所凝炼的价值观念、生活态度、审美情趣、个性修养、时尚品位、情感诉求等精神象征。品牌文化是一个具有一定深度及广度的概念，具有三个层面的内涵。外层品牌文化是表现在企业产品外观上的文化形式，是消费者看得见的文化信息，由产品的商标、标志等品牌外表形式构成。外层品牌文化能给消费者带来最直接的感官文化信息，是产生品牌吸引力的前提。中层品牌文化反映企业所处的特定社会及民族的主流文化信息。深层品牌文化信息是品牌文化中含有的被消费者接受的企业经营理念、经营策略、经营方式等文化信息。

（三）中华老字号品牌文化保护

"中华老字号"是指在长期的生产经营活动中，沿袭和继承了中华民族优秀的文化传统，具有鲜明的地域文化特征和历史痕迹，具有独特的工艺和经营特色，取得了社会广泛认同和良好商业信誉的企业名称和产品品牌。品牌保护就是对品牌的所有人、合法使用人实行资格保护措施，以防范来自各方面的侵害和侵权行为。品牌文化保护需要对品牌文化正本清源，限定品牌的合法使用人，保护品牌文化不受不正当侵权的影响，保证品牌得以持续健康发展。除政府对中华老字号品牌的认定保护外，保护老字号品牌文化的主要手段有传统工艺技艺的传承、品牌的宣传与推广、加强品牌管理等。

二、茅台与五粮液品牌发展历程

中国酒文化源远流长，自杜康造酒开始，已经有几千年历史。从古代祭祀祈福、将士出征到如今亲友团聚、情感联络，在传统文化中，白酒始终让人魂牵梦绕。从文化学的角度来看，酒文化是物质文化和精神文化的结合体。一方面，酒文化包含了酒本身从起源、酿造到饮用等过程中形成的物质文化因素；另一方面，酒文化又包含了酒承载的人的精神、心理和社会关系等精神文化因素。茅台与五粮液作为中国白酒酱香型和浓香型名酒代表，其文化内涵具有较强的典型性。

（一）茅台品牌简介

中国贵州茅台酒厂（集团）有限责任公司（以下简称"茅台集团"）总部位于贵州省北部风光旖旎的赤水河畔茅台镇。茅台集团以贵州茅台酒股份有限公司为核心企业，员工3万余人，拥有全资、控股和参股公司26家，涉足产业包括白酒、保健酒、葡萄酒、证券、保险、银行、文化旅游、教育、房地产、生态农业及白酒上下游产业等，企业总资产突破2 000亿元，多次入选BrandZ全球品牌价值500强企业。公司核心产品贵州茅台酒属绿色食品、有机食品、国家地理标志保护产品和国家非物质文化遗产，是香飘五洲四海的中国名片。2018年，茅台集团完成营业收入859亿元，同比增长29.5%；增加值856亿元，同比增长28.9%；净利润396亿元，同比增长28.2%；实现税收380亿元，同比增长32.1%。

茅台集团一直秉承"大品牌有大担当"的社会责任观，是行业内唯一连续10年发布年度社会责任报告的企业，连年荣获"履行社会责任五星级企业"荣誉，还荣获中国慈善领域最高政府奖"中华慈善奖·最具爱心捐赠企业"等荣誉，成为民族品牌在企业社会责任中的领军企业。自2012年起每年捐资1亿元，连续7年捐资7亿元，帮助14万名贫困学子圆梦大学。

茅台股票是中国A股市场价值投资的典范，长期是沪深两市第一高价股，市值超过10 000亿元，是全球市值最高的烈性酒公司。2019年3月，英国品牌评估机构"品牌金融"发布《2019中国最有价值的500大品牌》排行榜，茅台品牌价值为304.70亿美元，年增长率为43.4%，排名比2018年上升1位，位于第14位，位列全球酒类品牌第1位。2019年8月17日，中国酒类流通协会和中华品牌战略研究院联合发布了《中国酒类品牌价值200强》研究报告，茅台以3 005.21亿元蝉联榜首；同时发布的还有首份《全球名酒100强》榜单及全球名酒品牌价值研究报告。与《中国酒业品牌价值200强》测算企业品牌价值不同，《全球名酒100强》测算的是单个品种的品牌价值。中国飞天茅台的品牌价值高达

1 823.41亿元人民币，排名全球名酒品牌价值第1位。

茅台酒品牌历史悠久。茅台酒的商标最初用木刻印刷，只是在一个花瓣形的图案内书写"贵州省茅台酒"几个楷书字样而已，后来才改为连史纸铅印。清代，茅台镇酒业兴旺，"茅台春""茅台烧春""同沙茅台"等酒声名鹊起。清康熙四十三年（1704年），以"茅台"命名的白酒品牌开始出现。茅台镇最早的烧房之一"偈盛烧房"于1704年将其生产的酒正式定名为"茅台酒"。1951年，政府通过赎买、没收、接管的方式将成义（华茅）、荣和（王茅）、恒兴（赖茅）三家私营酿酒作坊合并，实施三茅合一政策——国营茅台酒厂成立。

飞天茅台酒最典型的特征就是茅台酒外包装，以及酒瓶上都有飞天仙女的标志。当年，仙女捧杯的传说广为流传，同时也在人们的心里留下了深深的印象。后来仙女捧杯的图案被茅台酒厂选为品牌标志，作为茅台酒的注册商标。茅台酒厂还特意在瓶颈上系上两条红丝带，以象征仙女披在肩上的红飘带，这也成就了我们今天常看到的飞天茅台酒的产品形象。1999年10月，中华人民共和国诞生50周年之际，中国历史博物馆收藏了一瓶50年的陈酿茅台，并为茅台酒厂颁发了收藏证书："兹因茅台酒与共和国的世纪情缘和卓越品质而尊为国酒，暨在共和国五十华诞中以窖藏五十年之'开国第一酒'晋京献礼而誉为历史见证和文化象征。现我馆接受贵州茅台五十陈酿酒捐赠，并予永久收藏。"这份收藏证书，从一个侧面明确地肯定了茅台酒与中国革命的红色情缘、特殊贡献、卓越品质，以及茅台酒作为国酒的尊贵而崇高的地位。茅台品牌标志和飞天茅台外包装见图8-1、图8-2。

图8-1　茅台品牌标志

图8-2　飞天茅台外包装

（二）五粮液品牌简介

四川省宜宾五粮液集团有限公司是以酒业为核心主业，以大机械、大金融、大物流、大包装、大健康多元发展的特大型国有企业集团，现有职工近5万人。公司拥有窖池3.2万余口，其中最老的明代古窖池群从1368年连续使用至今，具有珍贵的历史价值、文化价值和社会价值。公司有4万吨级的特大型单体酿酒车间，具有年产白酒20万吨的生产能力和60万吨原酒储存能力。五粮液产业园区占地面积18平方千米，既是大型的蒸馏酒生产基地，也是国家AAAA级旅游景区。2018年，五粮液集团公司实现销售收入931亿元，同比增长16%；实现利税323亿元，同比增长45%；资产总额1 213亿元，同比增长18%。

五粮液作为中国白酒的典型代表，从盛唐时期的重碧酒，到宋代的姚子雪曲、明初的杂粮酒，再到1929年正式得名，已传承逾千载。五粮液集团前身是在长发升、利川永、全恒昌、天锡福、张万和、钟三和、听月楼、刘鼎兴等8家古传酿酒作坊组成的宜宾市大曲酒酿造工业联营社的基础上，于1952年联合组建的川南行署区专卖事业公司宜宾专区专卖事业处国营二十四酒厂；1959年，企业更名为四川省地方国营宜宾五粮液酒厂；1964年，正式更名为四川省宜宾五粮液酒厂；1998年，改制为四川省宜宾五粮液集团有限公司。五粮液已先后获得国家名酒、国家质量管理奖、中国最佳诚信企业、百年世博·百年金奖等上百项国内国际荣誉。2008年，五粮液传统酿造技艺被列入国家级非物质文化遗产。2018年，五粮液品牌位居"2018世界最具价值品牌500强"第100位、"亚洲品牌500强"第48名、"2019全球最有价值的50大烈酒品牌"第2位。2019年9月9日，以"抢滩品牌金融新大陆"为主题的第十四届亚洲品牌盛典在深圳举办，五粮液凭借优秀的品牌表现再次入选"亚洲品牌500强"，排名升至第25位，在酒类品牌中处于领先地位，同时获评"亚洲十大影响力品牌"。

宜宾自古以来就是一个多民族杂居的地区。聚居此地的各族人民依托世代承传的习俗和经验，曾经在不同的历史时期酿制出了各具特色的历史美酒。明朝初年，宜宾人陈氏继承了姚氏产业，总结出"陈氏秘方"。五粮液用的就是"陈氏秘方"。此酒两名，文人雅士称之为"姚子雪曲"，普通老百姓都叫"杂粮酒"，这就是而今五粮液的直接前身。1929年，晚清举人杨惠泉将"姚子雪曲"改名为"五粮液"。1932年，"陈氏秘方"最后传人邓子均申请注册了五粮液品牌，并制作了第一代五粮液商标。自此五粮液美名问世，逐渐扬名天下。

图8-3　五粮液品牌标志

在五粮液品牌标志（图8-3）中，红色的基本色象征着红红火火、蒸蒸日上。外部的大圆寓意着地球，代表着五粮液享誉全球的荣誉。内部的小圆与"五粮液"开头大写字母"W"共同组成了"五粮液人心系五粮液，同心同德"的良好风貌，辅以象征五种粮食的五根飞升向上的线条，昭示出一个蓬勃向上、不断进取的现代化企业形象。"内外同心，集杂成醇"，一句话精辟地概括了五粮液品牌标志的含义。

三、茅台与五粮液品牌文化比较

（一）产地及风味差异

白酒的酿造与当地水质、土壤、空气、微生物等生态环境紧密相关。茅台、五粮液的产地同属全球知名的优质白酒产区——"中国白酒金三角"。"中国白酒金三角"位于四川盆地南部和黔北的泸州—宜宾—仁怀三角地带，方圆大约5万平方千米，拥有气候、水源、土壤"三位一体"的天然生态环境，其核心区域位于东经103°36′~105°20′、北纬27°50′~29°16′，是业界公认的最适宜酿造白酒的地带。"中国白酒金三角"不仅具有独特的环境优势，还具有原粮、窖池、技艺、洞藏等优势资源，被联合国教科文组织与世界粮农组织誉为"地球同纬度上最适合酿造优质纯正蒸馏白酒的地区"。

茅台酒品牌的形成，得益于产地得天独厚的地理、气候、环境条件。贵州省仁怀县茅台镇是著名的茅台酒产地，它位于仁怀县城西13千米处的赤水河东岸，地处东经106°22′、北纬27°51′，海拔400米左右，面积8平方千米。茅台镇的地理环境有三大特点。一是它具有特殊的紫色砂页岩的地质结构，十分有利于水源的渗透过滤和溶解红层中的有益成分。二是冬暖夏热雨量少，最适宜酿酒微生物生成与繁殖。特殊的气候，加上特殊的紫色砂页岩的地质结构，使茅台酒酒厂周围的空气中漂游着无数微生物群。这些微生物群十分活跃和独特，茅台酒的主体香气——酱香的形成就与这些微生物群息息相关。三是水资源质量特别好。流经茅台镇的赤水河是一条集灵泉秀水于一体的河流。这些天然资源再经由传统古艺与现代酿制技法，便成就了特殊的茅台酒。

五粮液产地位于"中国白酒金三角"区域的宜宾。宜宾土壤种类丰富，其中，弱酸性黄黏土黏性强，含沙量少，细腻，水分不易流失，非常适合微生物的栖息和生长繁殖，长期以来是五粮液酿酒生产筑窖和喷窖的专用泥土。这种黄黏土富含多种矿物质，尤其是镍、钴这两种矿物质，在宜宾以外的酿酒地区很少见。五粮液的酿酒用水，是采用岷江河道中心垂直深入地下90多米位置，再经过400米隧道抽取的富含矿物质的古河道水。水质优良，甘美可口，杂质少，富含对人体有利的20多种微量元素，是酿酒的上佳水源。

中国白酒历史悠久，风味独特。白酒风味物质中，除了极少量的无机化合物之外，绝大部分是有机化合物，均具有一定的挥发性，并且都具有呈香呈味的特定基团。这些风味物质是构成白酒典型特征的物质基础。中国白酒按照香型划分通常分为酱香型、浓香型、清香型、米香型、兼香型、凤香型和其他型七种。

酱香型亦称茅香型，属大曲酒类。其酱香突出，幽雅细致，酒体醇厚，回味悠长，清澈透明，色泽微黄。典型代表有贵州茅台、四川郎酒等。茅台酒是独特的大曲酱香型白酒，其香味离不开它的风味物质，其中的酸类、醇类、酯类、醛酮类、芳香族类化合物都起着重要的作用。茅台酒香气持久稳定、幽雅宜人，能带给人们多层次的体验。茅台酒香气主要分为水果香、花香、青草香、甜香、焙烤香（坚果香）、酸香、干植物香、空杯香等。

浓香型白酒产量占据中国白酒半壁江山，全国各地都有生产，因为受地理环境、酿酒原料、设备及生产工艺的影响，浓香型白酒可以分为三个派系：川派、江淮派、北方派。其中，川派浓香型白酒以五粮液、泸州老窖、水井坊、剑南春、沱牌曲酒为代表。这个流派的白酒窖香味突出，浓香中带有陈味或酱味，特点是窖香浓郁、绵甜甘洌、丰满醇厚、香味协调、余味悠长。五粮液用小麦、大米、玉米、高粱、糯米5种粮食发酵酿制而成，在中国浓香型酒中独树一帜。酿酒界流行的一句话"高粱香、玉米甜、大米净、小麦燥、糯米绵"描述的就是五粮液的配方。这是五粮液得名之由，也是其好喝之源。

（二）酿造工艺差异

茅台与五粮液最本质的区别是生产工艺不同。茅台比起五粮液，确实有略胜一筹的品牌地位，原因除了茅台的广告宣传之外，还有酿造工艺的差别。茅台作为酱香型白酒的代表，一直在宣传自身酱香型白酒的复杂工艺，也是因为这"复杂的工艺"，让茅台和贵州的其他酱香型白酒，在与同档次浓香型白酒的对比中，价格更昂贵一些。

1. 茅台酒的生产工艺

茅台酒的工艺特点为两次投料、固态发酵、高温制曲、高温堆积、高温摘酒，以此形成茅台酒独特的酿造风格。其生产工艺流程主要分为制曲、制酒、贮存与勾兑、检验与包装等几大环节。

第一步：制曲，又称端午制曲。每年端午的时候，一个新的茅台酒生产周期正式开始。酒曲以小麦为原料，将其破碎后加入水和母曲，经过人工踩曲形成曲块。然后进行装仓高温发酵，过程温度达到60℃以上，其间需要进行两次翻仓。再经过30~40天，曲块即可以出仓。再经过40天以上储存，取出切碎，酒曲制成。生产一块合格的酒曲，需要3~5个月。

第二步：制酒。酿造工艺可以概括为"1，2，9，8，7"。即整个制酒过程一年1个生产周期，经历2次投料，9次蒸馏，8次摊晾、加曲、堆积、入窖，7次取酒。该步完成后形成的酒称为基酒。这一步又分为两个阶段。① 投料与发酵阶段。自重阳开始分2次投料，即下沙和糙沙（沙指高粱），被称为"重阳下沙"。下沙高粱经润粮、蒸煮后，在地面摊晾，同时加入磨碎的曲块，拌好后收堆，先进行1个星期左右的有氧发酵。其后放入窖池进行1个月的无氧发酵，要用麸壳和窖泥封口。发酵后进行下一次的蒸煮。② 馏酒阶段。馏酒阶段共有7个轮次，每个轮次重复摊晾、加曲、堆积、入窖和馏酒操作。

第三步：贮存与勾兑。基酒（轮次酒）分酱香、醇甜香、窖底香3种典型体在陶坛中贮存。经过3年时间的贮存，将不同轮次、不同典型体、不同酒度、不同酒龄的半成品酒加入适当比例的酒龄更长的老酒精心勾兑，使各种香味成分更协调，更为丰满适口。勾兑后的酒贮存于陶坛，贮存一年后方为茅台成品酒。

第四步：检验与包装。成品茅台酒经检验合格后，采用不透明容器包装出厂。

茅台酒的生产工艺流程见图8-4。

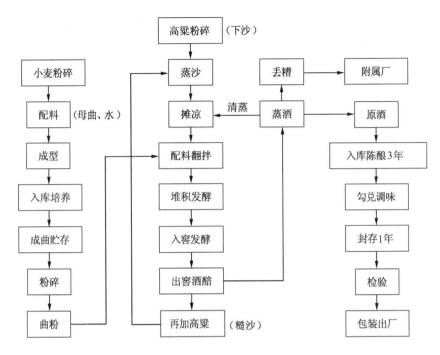

图 8-4　茅台酒的生产工艺流程

2. 五粮液的生产工艺

在酿造工艺方面，五粮液用的是跑窖工艺，即从一个窖池取出母糟，在另一个窖池发酵。五粮液的窖香味偏弱，更突出粮香、曲香等复合香味。中华人民共和国成立后，五粮液改良配方，将荞麦换成了小麦，使得五粮液成品酒基本去除了苦、涩、糙味，芳香更浓烈。五粮液的传统工艺极具特性，并且随着时间推移，越来越精细化，越来越准确化。五粮液的传统酿造技艺是中国传统文化孕育的瑰宝，其技艺特色是：利用五种粮食的物理、化学特性，更好地满足各种微生物的需要，使其代谢更加充分，产生全面的香味物质成分，从而使五粮液产品体现出五谷杂粮的风味。

五粮液的酿造工艺有三大流程：制曲、酿酒、勾兑。主要包括高粱、大米、糯米、小麦、玉米 5 种粮食合理配比的"陈氏秘方"，包包曲制曲工艺，跑窖循环、续糟配料，分层起糟、分层入窖，分甑分级量质摘酒、按质并坛等酿酒工艺，原酒陈酿工艺，勾兑工艺，以及相关的特殊技艺等，整个生产过程有 100 多道工序。

五粮液的酿造工艺有几个方面最为独特和宝贵，这保证了五粮液历经几百年依然能够生产出香醇美酒。

首先是多种粮食的混合酿造方式，同时总酿造师掌握着多处作坊的协调和技术革新。在明朝，五粮液仍是杂粮酒的时代，其酿造师就开始抛弃单一粮食的酿造方式，这一做法被多个作坊接受，并获得了突破性成果，酒的香味、性质、色泽都非常到位，为未来的酒城奠定了基础。一名总酿造师负责全城多家酒坊酿造工艺的制度也在清末开始形成。这使得五粮液形成了自己独到的酿造体系，这种酿造体系不局限于某一家作坊。

其次是著名的包包曲，以及双轮底发酵。这都是五粮液最早的独创技术，现在已经为各家酒企所模仿。只有走进包包曲生产车间，才知道这种核心技术为什么重要。包包曲的生产车间远离厂区，因为发酵包包曲需要更为优良而独立的环境。在经过漫长的发酵后，这些曲药的芳香程度大增，皮薄，心实。曲房不轻易开放，无论是配方、比例关系，还是发酵的程度，都不能外泄，少有人能看到最后的发酵成品。包包曲对五粮液的风格成型起了重要作用。双轮底发酵也是五粮液独特之处。一般曲酒的发酵时间为40～50天，而五粮液酒曲发酵需要70天，使酒曲充分发酵。另外，窖底的原料发酵时间更长。这样长时间的发酵，能够大大提高窖池底部酒的质量。特别是老窖池，本来那里出产的酒就是好酒，经过延长发酵期，出来的酒都是酒中精华。所谓"好酒重精细"，五粮液的成品是优中选优，而工艺则是细中见细：酒窖中的酒糟，从来不同时取出，而是由工人们一层层地取出。取出的酒糟，采取分层入甑，每一层的酒有每一层的特点，这样五粮液就能保证酒的特征分明。分段摘酒，是五粮液的绝活。熟练的师傅们用小杯在出酒口等着，虽然经验老到，但是也不敢轻视品尝的程序，只有认真品尝才不会出错。头酒度数高，得去掉，尾酒度数低，也得去掉，只有出来的中段酒，酒花饱满，酒体芳香，才是能入好酒库的酒。包包曲具有糖化力强、发酵温度高、香味独特等特点，在对原料进行糖化和发酵的同时，还会产生五粮液所特有的曲香味。

最后一道工艺是精心勾调酒。现在酒企常把"勾调"当成不好的词语，事实上，勾调是白酒走向优质酒的必经之路。这种勾调，不是用坏酒勾调好酒，更不是用酒精来勾调，而是用味道、性质、批次不同的好酒相互调和，以酒兑酒，取长补短，使各种味道谐调，成为一味好酒，这是五粮液成名天下的重要原因之一。

五粮液的生产工艺流程见图8-5。

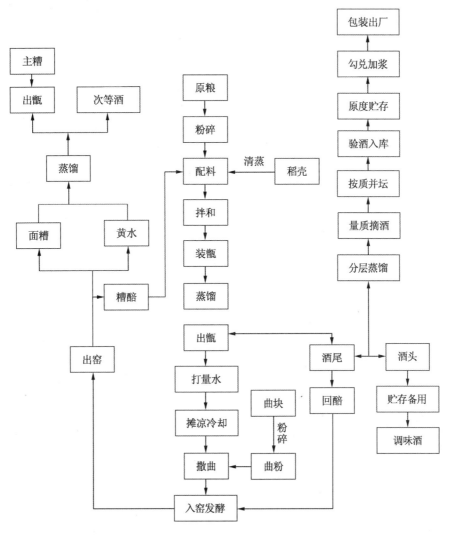

图 8-5　五粮液的生产工艺流程

(三) 品牌战略差异

1. 茅台品牌战略

2014 年茅台经销商大会上，茅台集团的"大茅台"产品战略首次曝光。茅台宣布其品牌建设将实施"133 战略"，即倾力打造 1 个世界级核心品牌茅台，3 个分别以华茅、王茅、赖茅为核心的战略品牌，汉酱、仁酒、王子酒 3 个重点品牌，以及若干个区域品牌，构建茅台品牌集群。

从"133 战略"上看，飞天茅台对应的是"世界级核心品牌"，也就是茅台集团董事长袁仁国在经销商大会中提出的"要巩固和提升茅台酒世界蒸馏酒第一品牌的地位，做到单一品牌销售收入保持世界第一，酒业品牌价值居全球酒行业第一，酒业公司市值居全球酒行业前五"，用于巩固高端市场。

由华茅、王茅、赖茅组成的"贵州大曲"则成为茅台抄底中低端市场的重要品牌阵列。如今高端市场萎缩，次高端市场同样低迷，各品牌开始意识到中低端市场的重要性。随着行业深入调整，保住腰部利润市场、抢占中低端市场、与各地有实力的经销商合作成为抄底和快速实现放量的强力举措。茅台重启"贵州大曲"品牌，拓展品牌产品线，目的就在于形成一支尖刀力量划开市场，并逐步整合其他品牌，形成酱香系列酒的中轴线，将"贵州大曲"作为贵州民生酒的代表逐步强化出主品牌形象。

对于汉酱、仁酒、王子酒等老品牌，茅台集团则更多地将其作为腰部渗透产品。茅台将对现有四酱的优势市场进行重点扶持，通过成本控制，扩大经销商利润空间，加大市场支持力度，逐步注入新品，培养新利润增长点。

多年来，茅台集团着力打造"文化茅台"，在品质和品牌基础之上，全面优化企业人格和气质，让茅台在世界范围内更受认同和喜爱。在相当长的时间内，"文化茅台"的建设都将是一个开放的命题。

2. 五粮液品牌战略

1932年，五粮液正式注册第一代商标，开始在世界行销。1995年，在"第十三届巴拿马国际食品博览会"上，五粮液荣获金奖，并被第五十届世界统计大会评为"中国酒业大王"。2002年6月，在巴拿马"第二十届国际商展"上，五粮液再次荣获白酒类唯一金奖。同时，五粮液还四次蝉联"国家名酒"殊荣，四度荣获国家优质产品金质奖章。1991年，"五粮液"商标被评为首届中国"十大驰名商标"。经过多年的打造"五粮液"，生产规模和市场不断扩大，远销海外100多个国家和地区，成为中国浓香型白酒的典型代表。五粮液品牌连续多年在中国白酒制造业和食品行业"最有价值品牌"榜单上名列前茅。

五粮液系列酒持续聚焦打造大单品。2003年，公司开始了系列酒的聚焦之路，首先提出了"1+9+8"战略，即培育和打造1个世界品牌、9个全国性品牌和8个区域性品牌，对中低档产品线和委托代工生产进行了重点清理。2014年，五粮液进一步聚焦到五粮醇、五粮春、特曲头曲、绵柔尖庄和六和液这5款系列产品，同时强调全价位覆盖。2018年，公司向中高价位产品聚焦，向自营品牌聚焦，向核心品牌聚焦，着力打造全国性的战略大单品和区域性重点产品，坚决清理收入、利润贡献低的品牌。过去，公司系列酒有上百个品牌，2018年精减到40个品牌，重点打造五粮醇、五粮春、特曲、尖庄等，培育出一个20亿级品牌、2~3个10亿级品牌、5~10个过亿级品牌。

（四）文化传承与保护

1. 茅台品牌文化传承与保护

茅台作为中国酱香型白酒的典型代表，在漫长历史进程中形成了"天人合一"的酿制技艺，遗存下一批珍贵的文化遗迹和历史物证，集国家级物质文化遗产和非物质文化遗产于一身，成为璀璨的国家文化遗产代表之一。

1996年，茅台酒工艺被确定为国家机密加以保护。

2001年，茅台酒传统工艺被列入首批国家级物质文化遗产名录。

2006年，国务院批准将"茅台酒传统酿造工艺"列入首批国家级非物质文化遗产名录，并申报世界非物质文化遗产。

2009年，文化部公布的第三批国家级文化遗产项目代表性传承人的名单中，茅台酒榜上有名。

2013年，以"成义烧房"烤酒房旧址为代表的10处酿酒工业遗址的"茅台酒酿酒工业遗产群"获批成为第七批全国重点文物。

2017年，"茅酒之源"景区被确定为国家工业遗产旅游示范基地，"茅台酒酿酒工业遗产群"入选中国文物学会和中国建筑学会"中国20世纪建筑遗产名录"。

这些珍贵的文化遗产，见证了茅台的历史源起、峥嵘岁月和百年传承，它们是茅台厚重历史文化的重要载体，也是守望悠远国酒文化的永恒记忆，它们将继续见证茅台辉煌的未来。

近几年来，茅台以"保护文化遗产，做好文化传承"为使命，认真实施文物和非物质文化遗产等相关保护工作。同时，不断加大文化遗产保护和人才培养力度，探索文物保护和文物利用的有效结合，不断推进茅台酒酿制技艺的传承、保护和宣传工作，努力实现更好更快发展。

近年来，茅台不断加强重点文物基础管理工作，组织实施一批文物建筑的修缮、维保工程；丰富文物区展览陈列，发挥文物宣传效应；积极开展文物考古挖掘工作，组织开展"茅酒之源"酿酒工业遗址的考古发掘工作；丰富茅台酒历史文化和"茅酒之源"景区资源。

在茅台酒酿造技艺的传承方面，茅台持续开展"师带徒"工作，保障茅台酒酿制技艺传承的连续性，以及茅台酒的产量和质量；推动人才建设和茅台酒核心工艺的传承创新，建立完善、灵活、高效的研发机制；坚持内部培养和外部引进相结合，不断发展壮大非物质文化遗产传承队伍；丰富和完善茅台核心工艺谱系，着力推进工艺传承、技术创新和成果转化。

在以文化为基础的企业宣传战略的统筹下，茅台将永远在"保护文化遗产、做好文化传承、弘扬国酒文化"的路上前进，继2015年在俄罗斯莫斯科、意大利米兰举行茅台酒大型推广活动后，2016年又在德国汉堡举行茅台酒"一带一路"专题推广活动。虽然文化传承、文化遗产保护工作任重而道远，但是茅台将不断创新保护方式，合理开发和利用非物质文化遗产资源，努力在历史的长廊中彰显价值。茅台经过几代人的品质坚守，经过上百年的文化酝酿，终于成为中国民族工业符号性的品牌，成为全球飘香的国家名片。

2. 五粮液品牌文化传承与保护

文化传承连接了历史与未来，是企业生生不息的生命力；文化传承守护了技艺与匠心，是品牌文化薪火相传的接力棒。五粮液商标把蒸馏场面抽象化，蒸汽袅袅，汇聚于天穹。五根线条有几种含义：一是五谷丰登、五子登科，表示成功进步；二是五音齐全、五线乐章，表示欢乐喜庆；三是五彩缤纷、五湖四海，表示从中国走向世界；四是逢五进一、九五之尊，表示酒中极品，崇高尊严。五线汇聚于顶端，表示归于道。传承与保护五粮液品牌文化，就是要保护好五粮液文化遗产，传承好优秀传统，构建好价值表达，使"中国的五粮液、世界的五粮液"更加充分地展示"天地精华、民族精神、世界精彩"。

五粮液现存有我国最早并一直使用至今的地穴式曲酒发酵窖池群。五粮液古窖池建成于1368年，至今有600多年的历史。这期间酒窖的使用与发酵从未间断。经过连续600多年不间断的发酵酿酒，五粮液的古酒窖池早已不是简单的泥池酒窖，而是集发酵容器、微生物生命载体于一身，布满了数以万计的有益微生物活体，被考古专家称为"活文物"。五粮液古窖池是用宜宾独特的弱酸性黄泥黏土建造的。在酒的发酵过程中，窖池中会产生种类繁多的微生物和香味物质。这些微生物和香味物质慢慢向泥窖深入渗透，变成了丰富的天然香源。窖龄越长，微生物和香味物质越多，酒香越浓。此外，窖池中含有的铁、磷、镍、钴等多种元素对酒的美质也起着重要的作用。五粮液古酒窖特殊的微生物生命现象在酿酒技术、生命科学以及经济文化方面都有非凡的价值和深远的影响。这类微生物被科技界称为"生物黄金"，其经济价值难以评估。五粮液古酒窖以其独一无二的历史、经济、文化、科学研究价值，于2005年4月被中国国家博物馆收藏，被认定为国宝，被世人瞩目，成为华夏文明的历史见证。2018年，"五粮液窖池群及酿酒作坊"荣获国家工业遗产称号。

五粮液酒文化是历代酿造师在发明和生产五粮液酒的历史发展过程中创造的特有精神财富。赵永桂认为，最能体现五粮液酒文化内涵的一个词是"和谐"。先民们在酿酒的生产实践中，运用和合思想，从发酵到蒸馏，从一物到多物，从对立到统一，从多味混合到各味谐调，从一业发展到多元发展，实现最佳组合。五粮液在其发展过程中，每一次创新，都是克服新的矛盾、从旧的平衡到达新的平衡的飞跃。可以说，五粮液酒文化是对中国和合文化的继承、发展和创新。

近年来，随着"一带一路"倡议的深入实施，中国白酒逐步飘香海外，中国酒文化正在加速走向世界。在此背景下，五粮液追本溯源，以"酒文化"为突破口，以开拓精神、前瞻眼光、国际视野统筹国际国内资源，不仅为中国白酒行业的发展提供助力，也推动了中国文化在更高维度和层面上与世界展开交流，让五粮液成长为"代表中国、享誉世界"的国际品牌。

四、结论和启示

（一）结论

国际上有许多研究品牌价值的第三方评估机构，影响较大的有世界品牌实验室、BrandZ、品牌金融等。它们对品牌价值的评估标准不同，视角不同，估值也有很大差异。品牌价值不仅仅是市场研究机构的评估数据，品牌文化同样是品牌价值的非常重要的部分，是品牌价值的递延，是品牌人文历史的沉淀。茅台和五粮液酒作为中华民族宝贵的非物质文化遗产，都有着悠久的历史和文化遗址以及特殊的酿酒工艺与地理气候环境，这些是茅台和五粮液酒的核心文化，是核心竞争力。

贵州茅台和宜宾五粮液各自的白酒文化蕴含着丰富的人文特征，两者具有独特的气候和自然环境优势，工艺和风味完全不同，这些构成了两种酒文化遗产价值唯一性的基础。这些特征最终都用地理标志法规保护了起来，使得产品质量、品牌文化都得以持续传承和保护。

保护只是一种被动手段，要让品牌文化真正传承下去，应该继承和深挖品牌文化的精髓，宣传和推广品牌文化的内容，加强品牌管理。"文化茅台"战略的重要内容要切合实际，不能脱离茅台文化，要抓住白酒文化的核心内容，不断梳理、强化，将其向纵深推广、传播，让品牌成为民众心中的一种图腾文化和精神产品。

（二）启示

第一，我国的白酒企业应以国际视野建立健全品牌管理手册，以"品牌宪法"的形式确定品牌文化的传承和发展方向。中国白酒位列世界六大蒸馏酒之列，但是中国白酒的国际化程度与其他酒种相比较，还存在一定差距。尽管以茅台、五粮液等为首的中国白酒在国际上享有一定的声誉，但国酒的国际化道路依旧任重道远。茅台、五粮液品牌一定要把所有的品牌价值聚焦到一个点上，并用可视化的载体表现出来，让消费者能够识别，能够记住，能引发所有关于茅台、五粮液品牌价值的美好联想。

第二，近年来茅台和五粮液酒的价格屡创新高，茅台、五粮液事实上已经步入了世界级奢侈品品牌的大门。随着中国经济体量和影响力的提升，在"一带一路"建设和鼓励企业"走出去"的倡议下，白酒行业迎来了新的发展机遇。国酒品牌寄希望于"一带一路"国策加快国际化进程，这是近两年来酒类企业较为普遍的愿望。然而，中国的白酒品牌缺乏世界级奢侈品的品牌文化和营销经验。国酒品牌需要策略聚焦，以及持久的国际化战略。

第三，随着茅台放弃申请注册国酒商标，以及曾经的"国酒茅台"称号淡出人们的记忆，茅台的影响力可能会减弱。后国酒时代的茅台如何继续深耕"文化茅台"，永续辉煌？还是深谙国际市场，早就打出"世界名酒"的五粮液能应时而上，取代茅台成为民众心中的新"国酒"？让我们拭目以待。

参考文献

[1] 沙莲香. 中国民族性（二）[M]. 北京：中国人民大学出版社，1992.

[2] 余明阳，姜炜. 品牌管理学 [M]. 上海：复旦大学出版社，2006.

[3] 胡腾. 茅台为什么这么牛 [M]. 贵阳：贵州人民出版社，2011.

［4］陶用之. 基于文化挖掘和提升五粮液品牌价值的思考［J］. 中华文化论坛，2009（4）：134-137.

［5］赵永桂. 五粮液酒文化的内涵与现实意义［J］. 中华文化论坛，2009（4）：158-160.

［6］高建华. 老字号：传承创新中重塑品牌价值［J］. 中国品牌，2019（2）：62-64.

［7］刘渝蓉. 贵州茅台的品牌现状及发展策略［J］. 管理观察，2019（14）：49-50.

［8］李保芳. 关于"文化茅台"建设的一些思考［J］. 中国企业家，2019（2）：68-69.

［9］洪建. 传承与创新是中华老字号的内在文化诉求［J］. 商业文化，2018（25）：71-79.

［10］魏文斌，洪海. 苏州本土品牌企业发展报告·老字号卷［M］. 苏州：苏州大学出版社，2014.

（王智亮，任孝峰）

第九章　品牌价值与品牌文化
——亚马逊与谷歌品牌文化分析

【摘要】 品牌价值是品牌管理要素中最为核心的部分，也是品牌区别于同类竞争品牌的重要标志。本章在概述品牌价值及其评估的基础上，以亚马逊与谷歌为案例，介绍了两大品牌企业文化与品牌价值管理，比较分析了两大品牌企业文化的异同点。两者品牌企业文化各有其侧重点，但也有许多共同点：宏大的愿景，以用户为中心，企业内部机制简单、透明，强调工作的高标准和重视员工、人尽其才，等等。通过对两大品牌企业文化的研究和对比得出以亚马逊和谷歌为例的优秀互联网企业的品牌文化共通点，为互联网企业品牌文化的建设提出了建议，包括：树立正确的品牌价值观；建立团队共同价值观；将企业文化融入人力资源规划等。

一、品牌价值及其评估概述

（一）品牌价值概述

品牌价值是品牌管理要素中最为核心的部分，也是品牌区别于同类竞争品牌的重要标志。品牌价值一词关键在于"价值"，它源于经济学上的"价值"概念。品牌价值概念表明，品牌具有使用价值和价值。仅从价值来看，品牌价值的核心内涵是，品牌具有用货币金额表示的"财务价值"，以便商品用于市场交换。根据美国公认会计原则的阐述，品牌作为无形资产具有无限的生命力，美国公司必须在资产负债表上将所购并的公司的商誉资本化。品牌价值不需要在损益表上摊销，但要经过年度亏损检验，如果价值下降，则其结存价值必须降低。

品牌作为一种无形资产之所以有价值，不仅在于品牌形成与发展过程中蕴含的沉淀成本，而且在于它能为相关主体带来价值，即能为其创造主体带来更高的溢价以及未来稳定的收益，能满足使用主体一系列情感和功能效用。所以品牌价值是企业和消费者相互联系和作用而形成的一个系统概念。它体现在企业通过对品牌的专有和垄断获得的物质文化等综合价值以及消费者通过对品牌的购买和使用获得的功能性价值、情感性价值和象征性价值。

国内外关于品牌价值内涵的主要观点可以归纳为以下两大类：

一是基于财务管理视角理解的品牌价值。持这类观点的学者认为，品牌是企业的无形资产，与此相对应，品牌价值就是品牌资产的价值。品牌价值通过对比相同产品或服务有无品牌，以及由此产生的未来现金流量的差异来体现，即以企业未来盈利为基础，通过判断品牌的贡献程度，并将品牌产生的收益按照一定的投资回报率进行折现，或者与一定的品牌强度系数相乘，从而得到品牌的价值。根据 GB/T 29187—2012《品牌评价 品牌价值评价要求》，品牌价值也称为品牌货币价值，是指以可转让的货币单位表示的品牌经济价值，所计算的品牌价值可以是单一数值或数值区间。

二是基于市场营销视角理解的品牌价值。持这类观点的学者认为，品牌形象的塑造不是企业单方面的行为造就的，需要通过消费者的体验产生共鸣。品牌价值来源于消费者对品牌的反应，并通过产品或服务的市场占有率得到体现。当品牌具有一定的知名度和美誉度，能够唤起消费者的正面感知时，消费者由此产生购买偏好，形成品牌忠诚度，则企业可以获得更大的销量或价格上的溢价，提升或保持其产品或服务在市场上的占有率，从而彰显品牌价值。

（二）品牌价值评估

自从品牌概念诞生以来，人们对品牌价值、评估模型、评估技术及方法的理解就众说纷纭。品牌价值内涵是决定评估范围、评估方法和评估参数进而影响评估结论的根本因素。

目前，国际上开展品牌价值评估的机构为数不多，但已形成相对权威主导的局面。国际品牌集团（Interbrand）在品牌评价方面创立了品牌评价标准，其主要评选年度"全球最有价值品牌 100 强"，并在我国发布"中国最佳品牌 50 强"。在评选上榜品牌时，Interbrand 有以下标准：品牌价值必须达到 10 亿美元；1/3 的销售收入要在海外市场实现；营销和财务数据必须是公开的。其所使用的评估方法即为 Interbrand 的评价模型，是一种基于"财务+市场"的评估方式，该模型的核心指标是品牌的未来收益。

品牌金融集团是英国知名的资产估值和市场品牌战略咨询公司，主要评价全球最具价值品牌。品牌金融集团主要使用"特许费率法"计算品牌价值，其中品牌强度用营销投入、以消费者意见为重点的利益相关者对品牌的认知和业务表现构建的品牌强度指数（Brand Strength Index，BSI）表示。

BrandZ 是全球知名传播集团 WPP 旗下调研公司凯度华明通略（Kantar Millward Brown）发布的全球最具价值品牌报告。BrandZ 的品牌估值法融合了消费者影响的品牌收益乘数法，主要通过市场调研获得消费者观点，其基础数据来自上市公司的企业报表，在评估品牌贡献时应用凯度消费者指数和凯度零售中的数据，而在后续分析的过程中，则通过消费者问卷调查对企业的品牌作用力进行估计。

上述 3 个评价机构开展品牌评价有如下特点：提供全球品牌评价的排行榜；被评价的公司都有能够公开获得的财务等数据；评价的方法都是运用资产评估的基本方法，以收益法为基础，通过各种因素对超额收益进行测算后进行品牌价值量化；评价的对象主要是企业品牌，同时提供品牌相关的咨询服务；都是作为第三方独立机构进行评价；入选企业有一定标准；除了评价品牌价值，有的还评价品牌的强度；模型或多或少都存在着"黑箱"，同时这也是各评估机构的核心知识产权，如采用问卷法调研中使用的问卷、专家评分所用的评分项目及对应权重、指标体系的更深层次的子指标及其权重、某些指标的具体测算、某些必不可少的经验参数等。

我国也有相应的品牌价值评价国家标准和规定。2012 年 12 月，中国国家标准化管理委员会发布了《品牌评价　品牌价值评价要求》，主要内容包括：将品牌价值定义为以可转让的货币单位表示的品牌经济价值；规范了品牌价值评价的途径，包括收入途径、市场途径和成本途径等；规定了品牌评价收入途径的多种评价方法，包括溢价法、溢量法、收益分成法、多周期超额收益法、增量现金流法、特许使用节约法等。该标准与 2010 年发布的 ISO 10668《品牌评价　品牌货币评价要求》国际标准保持高度一致，两者均以可操作性为目标。

2019 年 3 月 12 日，由中国主导制定的品牌评价国际标准 ISO 20671：2019《品牌评价　基础和原则》正式发布。中国品牌建设促进会作为国际标准化组织品牌评价技术委员会（ISO/TC 289）秘书处承担单位和国内技术对口单位，于 2015 年 3 月提交该国际标准提案，历经 4 年研制成功。该项国际标准作为品牌评价的主标准,规定了品牌评价的基础和原则,明确了品牌评价过程的整体框架,是中国、美国、德国共同创新的品牌价值"五要素"(质量要素、服务要素、创新要素、有形要素、无形要素)发展理论的重大成果。该标准是 ISO/TC 289 成立以来发布的第一项国际标准;是我国认真履行秘书国职责,多方沟通、积极协商取得的重要成果。

(三) 品牌价值链与品牌管理策略

品牌价值链是指企业以提升顾客价值为导向和目标,向用户承诺品牌价值和顾客价值保持一致,并分析企业经营的整个业务环节的活动,改善和优化每一个创造价值的活动环节,使之符合顾客对品牌价值的要求,实现提升顾客感知价值的目标。品牌价值链贯穿企业经营的所有环节,包括企业管理创新、技术创新、技术开发、产品设计、采购、生产、分销、服务、传播等活动环节。以上内容表明,企业品牌价值的活动是在市场营销活动基础上更加广泛地拓展到企业价值链的各个活动环节,因此,提升产品的品牌价值、获取并保持竞争优势需要有效的市场营销活动,需要对企业的价值链系统进行协调、改善、优化,在此基础上提炼优势特色,进行有效的市场营销和品牌传播。

品牌价值绝非可以在品牌价值链的某一环节实现,而是涉及企业价值链、品牌传播、品牌关系管理等各个环节采取的一系列联合活动。只有这些创造价值的活动能充分趋向和收敛于品牌核心价值,才能使该品牌产品获得比未取得品牌时更大的销量和更多的利益,同时使该品牌产品在竞争中获得一个更强劲、更稳定、更特殊的优势。为此,品牌价值链一致性管理需要充分利用各种资源,组织、协调、领导、控制品牌价值链的各个活动环节,有效管理企业价值链,推出优质产品或服务,合理选择媒介策略,科学开展广告、公关等营销推广活动,用品牌驱动创新,使品牌长久不衰。

产品的功能和质量决定了品牌的功能性价值,企业品牌价值实现的基本要素是质量,而要实现产品的高质量就要在企业价值链上实施全面质量管理,企业需要根据消费者的需求优化价值链各个环节的活动,精简非增值活动,强化增值活动,提升企业创造功能价值的能力。在价值链分析过程中,要充分评价企业的资源和能力是否可以支撑满足消费者价值,以及按照消费者的功能价值需求提供所对应的服务或者产品。迈克尔·波特认为,竞争优势归根结底来源于企业为客户创造的超过其成本的价值,价值是客户愿意支付的价格,超额价值产生于以低于竞争对手的价格提供同等的效益,或者所提供的独特的效益补偿高价而有余。因此,功能价值源于两个方面:成本领先和差异化。实践中,可以通过建立低成本价值链和差异化价值链实现相应的功能价值。此外,优化价值链也可以从优化价值链的业务流程、顾客导向的组织再造、制度设计、策略选择等方面选择相应的方法和策略。

在品牌设计过程中,要提炼出符合消费者情感价值的品牌核心、品牌定位和品牌个性等品牌主题,通过这些主题将企业内在的文化要素与消费者的心理需要、情感需要连接起来,并通过进一步设计品牌表现形式、品牌接触点和品牌属性进行品牌传播,将品牌价值信息和企业的竞争优势准确传递给消费者,进而使其转化为消费者的感知价值。因此,品牌定位应充分关注消费者的利益点和价值点,探索品牌价值链和目标消费者群体之间的内在联系。

二、亚马逊与谷歌品牌简介

(一)亚马逊品牌发展历程

亚马逊(Amazon)成立于 1995 年 7 月 16 日,公司创始人是杰夫·贝佐斯(Jeff Bezos),现为美国最大的一家网络电子商务公司,已成为全球商品品种最多的网上零售商和全球第二大互联网企业。2004 年,亚马逊收购卓越网,借此进入中国市场。亚马逊在 1994—1997 年定位于地球上最大的书店,1997—2001 年定位于最大的综合网络零售商,2001 年定位于最以客户为中心的企业。2001 年,亚马逊推出第三方开放平台,由独自网上零售商转变为网络零售平台,继而推出网络服务云计算业务(Amazon Web Service,简称 AWS)、收费会员制业务,并面向第三方卖家提供外包物流服务(Fulfillment by Amazon,简称 FBA),还建立了自助数字出版平台(Digital Text Platform,简称 DTP)。2007 年,亚马逊推出硬件产品电子阅读器 Kindle(中文名"金读"),2014 年推出生鲜电商服务(Amazon Fresh)。2016 年,亚马逊推出了实体便利店以及实体书店。同年,亚马逊推出了家政服务(Amazon Assistants)。2018 年 12 月 18 日,世界品牌实验室编制的 2018 年度《世界品牌 500 强》榜单揭晓,亚马逊排名榜首。

亚马逊的第一个品牌标志是最能直观解释其名称的:蓝色的背景下一个大写字母 A 中融入了亚马孙河,蓝色的文字下面是亚马逊的口号——地球上最大的书店。在后来的版本中,亚马逊将该标志改为深棕色,但其造型没有改变。亚马逊最初的这两个标志中有一条河流,看似是品牌故事的来源,但并没有真正邀请消费者成为这个故事的一部分。

在成立两年后,亚马逊终于放弃了"河流"标志,采用了一个全新的字体。在这个版本中,亚马逊正在试图找到其品牌的立足点。1998年,亚马逊推出了一个采用大写字母的徽标,并在其名称中使用了一个巨大的橙色字母"O"来作为特色识别符号。这一次是亚马逊比较失败的一次尝试,也许"O"代表一种联系,或一个循环,或升起的太阳,但大写的"O"字破坏了公司名称的整体感,同时,每个字母都选择大写可能使公司看起来不那么平易近人。

在短暂使用大写字母标志之后,亚马逊的标志恢复了小写版本,这一改变让亚马逊在品牌形象方面得到了非常好的反馈。在字母下方,亚马逊采用了一条橙色的弧线,这也是目前亚马逊标志中"笑脸"的原始形式。

在千禧年之际,特纳·达克沃思(Turner Duckworth)为亚马逊重新设计了标志,其标志性的橙色"微笑"连接在字母"a"和"z"之间。从a到z,寓意消费者可以在亚马逊的市场中获得想要的所有东西。在该版本的设计中,大家都认为橙色弧线箭头表示微笑,设计师特纳·达克沃思表示,除了微笑,这个箭头也表达了亚马逊的多样性。

2012年,亚马逊在达克沃思设计的基础上,将标志中的".com"部分移除,反映了其在互联网之外的扩张。从标志中去掉".com",也就是去掉了一个限制,可以让亚马逊在多个领域发展壮大。现如今,该标志已经成为亚马逊的代名词,见图9-1。

图9-1 亚马逊品牌标志

如图9-1所示,亚马逊的整个品牌标志用粗体字母组成公司名字,然后在名字下面画了一条带有箭头的橙色弧线。它代表了亚马逊希望客户在体验了一次亚马逊购物之旅后会是微笑的、满意的。橙色弧线从字母a一直跨越到字母z,这意味着亚马逊的产品是多样的,也意指亚马逊公司是多样化的公司。

(二）谷歌品牌发展历程

谷歌（Google）成立于1998年，是一家美国的跨国科技企业，被公认为目前全球最大的搜索引擎公司，致力于互联网搜索、云计算、广告技术等领域，开发并提供大量基于互联网的产品与服务，其主要利润来自关键字广告（AdWords）等广告服务。

谷歌由当时在斯坦福大学攻读理工博士的拉里·佩奇（Larry Page）和谢尔盖·布林（Sergey Brin）共同创建，因此两人也被称为"Google Guys"（谷歌小伙）。1998年9月4日，谷歌以私营公司的形式创立，设计并管理一个互联网搜索引擎"Google搜索"；谷歌网站则于1999年下半年启用。谷歌的使命是整合全球信息，使人人皆可访问并从中受益。谷歌是第一个被公认为全球最大的搜索引擎，在全球范围内拥有无数的用户。

自从2004年4月1日在纳兹达克成功上市之后，谷歌就一直致力于开发各种各样的黑科技产品，以期建立一个特别梦幻和科幻的谷歌。经过多年的努力，谷歌终于在2010年成立了其内部最神秘的部门——Google X实验室。也正是因为Google X实验室的出现，谷歌成了全球科技爱好者眼中最酷的公司。2018年5月29日，BrandZ发布《2018年全球最具价值品牌100强》榜单，谷歌名列第1位。2018年12月18日，世界品牌实验室编制的2018年度《世界品牌500强》榜单揭晓，谷歌排名第2位。在国际品牌咨询机构Interbrand发布的《2019年全球最具价值品牌100强》排行榜中，谷歌名列第2位。

Google来源于"Googol"一词。"Googol"指的是10的100次幂（方），代表互联网上的海量资源。公司创建之初，肖恩·安德森在搜索该名字是否已经被注册时，将"Googol"误打成了"Google"。谷歌品牌标志如图9-2所示。

图9-2 谷歌品牌标志

谷歌的品牌标志看似平淡无奇，只是简单地用不同颜色的字母组成，但是和公司形象紧密联系。谷歌品牌标志的重点放在对色彩的把握上，所要表达的是一种打破常规的精神，表明谷歌并不是一个遵守常规的公司，其具有翻盘精神和创造性。

三、亚马逊与谷歌品牌文化及其比较

（一）亚马逊品牌企业文化

企业品牌是企业文化的载体，体现了企业的文化理念、价值追求、行为规范和团队风格等。亚马逊独特的企业文化同样是其良性发展的重要助力。它或许是行业内屈指可数，从创立伊始便始终坚持着自己的经营哲学，最终将其贯彻成为企业文化的公司之一。

1. 核心理念：努力工作，有乐趣，创造历史

努力工作几乎是所有企业对自己员工的要求与约束。对于员工而言，如果是做自己喜欢的事情，那么努力工作就会变成一种自然而然的状态。一个人想创造历史是难的，而如果是一个团队、一个公司，那么创造历史就会变成一件容易很多的事情。亚马逊的核心理念不仅强调了个人对待工作的态度，更重要的是揭示了团队以及公司对个人成就的作用。

2. 核心思想

在亚马逊，如果一个问题没有解决方案，你可以大胆地设计一个方案；如果已经有了一个解决方案，但你觉得它还不够好，那么你只要说服自己的老板，就可以去设计第二个，然后发布出去跟第一个竞争。只要你的方案足够好，就可以取代原有的解决方案。

3. 14 条准则

（1）顾客至上（Customer Obsession）。顾客至上是亚马逊的第一行为准则。举个例子：每次股东会贝佐斯都会放一张空椅子，代表那是消费者作为参会一员，也在聆听他们的每个决策。贝佐斯曾总结说：在未来 20 年、30 年甚至 50 年，零售行业有三点是不变的，即顾客喜欢更低价、送货速度更快、有更多更便捷的选择。

（2）主人翁精神（Ownership）。主人翁精神意味着两件事：总是优先考虑长期目标而不是短期目标；始终代表团队和整个公司行事。一切都是"你的工作"。

（3）创新与简化（Invent and Simplify）。成功的关键是保持简单。为此，需要不断创新。

（4）决策正确（Are Right，A Lot）。这个原则应该被理解为"领导者要正确决策"。它说的不仅仅是不犯错误，而是要有全局观，在必要时能够并且愿意 180 度转变态度。史蒂夫·乔布斯正是因此而出名：前一天他相信 XYZ，第二天他意识到自己完全错了，突然间就支持 ABC 了。

从这个角度来说，他做出了正确的决策。

（5）好奇求知（Learn and Be Curious）。亚马逊鼓励员工时刻努力吸收更多的知识，进行自我提升。

（6）选贤育能，人尽其才（Hire and Develop the Best）。企业除提高雇佣标准外，更重要的是确定雇佣关系后，要不断地培养员工，使他们发挥出最大潜力。

（7）最高标准（Insist on the Highest Standards）。企业要不断地提高标准，创造最优质的产品和服务。

（8）远见卓识（Think Big）。局限性思考只能带来局限性的结果。

（9）崇尚行动（Bias for Action）。由于多数错误并非不可挽回，所以冒险犯错也无可厚非。因此，要积极行动、快速前进，而非被分析捆住了手脚，裹足不前。

（10）勤俭节约（Frugality）。这条准则普遍适用于所有创业公司的创始人：不能毫无节制地花钱。贝佐斯一直强调"门桌"（Door Desk）文化，这一文化起源于早年贝佐斯在车库内拆下门板当桌子的艰苦创业的优良传统。亚马逊还设立奖项，鼓励那些在工作中不断节省成本、提高效率的优秀员工。

（11）赢得信任（Earn Trust）。亚马逊鼓励员工不仅需要取得他人的信任，也需要使他人感受到被信任的感觉。

（12）深入研究（Dive Deep）。数据才是最重要的。当数据和感觉不一致时，可以质疑，但要相信数据。

（13）敢于谏言，处理好争议与承诺（Have Backbone；Disagree and Commit）。当两方存在争议时，有人最后坚决反对，十分坚定地说"不"，也说清楚了个中缘由，在这样的情况下，对方依然能同意去尝试不同的选择，并且给予全力支持。也就是说，作为亚马逊的员工，即使你不同意对方的意见，你也要给出自己的承诺去尝试。

（14）达成成果（Deliver Results）。永远不要轻易屈从或妥协于任何事情，直到最终获得最好的结果。并且，无论出现什么情况，总要找到方法克服一切困难。

上述准则被称为亚马逊的"十四条军规"。每一个新进入亚马逊的员工都要认真学习公司的"领导力准则"，里面的14条规章会被印在卡片上发给每个员工，并进行考核测试。不论这一过程被称为"洗脑"还是"企业文化教育"，对每个员工来说，这些准则绝非听听而已，而是必须严格遵循的"天条",并且要努力将其贯穿于工作之中。亚马逊的这些冷血文化虽备受争议,但确实颇具力量。

(二) 谷歌品牌企业文化

1. 核心理念:以人为本

谷歌的工程师都是"创意精英"。谷歌的核心价值观是雇佣最厉害的创意精英,为这些创意精英们打造最好的最舒服的工作环境,努力让创意精英们能够摆脱各种杂事的束缚,这样他们才能心无旁骛地发挥出最好的创意。在谷歌,所有的工作都是围绕着如何能让创意精英们更好地发挥创意而展开,并且这种策略也收到了神奇的效果。比如说谷歌的一开动就能"直接从天上掉钱"的独步天下的广告系统,以及其他很多厉害的"疯狂印钞"的项目,就是来自它的"20%时间制"。为什么要设立"20%时间制",因为创意精英们的思想不能只被束缚在单调乏味的工作上,必须给他们20%的工作时间,他们才能更好地天马行空地发挥创意。

2. 谷歌文化的三大基石

(1) 使命:整合全球信息,使人人都能访问并从中收益。没有言及利润或市场,没有言及顾客、股东或用户,没有言及为何选此作为公司使命,也没有言及如何实现这些目标。这样一件不言自明的好事的使命使个人的工作更有意义,因为它不是一种商业目标而是一种道德目标。由于总有更多的信息需要整合,总有更多的方式可以使人们从中受益,这样一个可能永远无法达成的使命,反倒促使谷歌公司不断创新和探索新的领域。2007年推出的谷歌街景就是使命促使探索未知领域的例子。在《给予和索取》一书中,亚当·格兰特(Adam Grant)提到,目标不仅可以提升幸福感,还能提高生产效率。在内心深处,每个人都想要找到工作的意义。有数据表明,每一类职业的人里面都有大约三分之一的人将自己的工作看作一种使命,这样的人不仅更快乐,而且更健康。谷歌公司惠及人人的公司使命与每一位员工联系到一起,激励每位员工创造更大的价值。

(2) 透明:默认开放(Default to open)是在开源社区中时常会听到的一个短语。谷歌是这样定义的:"应该假设所有的信息都可以与团队分享,而不能假设任何信息都不能分享。限制信息传播皆为有意而为,最好有充足的理由再这样做。"在谷歌,新聘用的工程师上班第一天就可以使用几乎所有的代码。在企业内网中有产品路线图、产品上市计划、员工每周工作报告,以及员工、团队的季度目标,每一名员工都可以看到其他同事正在做的事情。谷歌相信每位员工都能保守秘密。

(3) 发声的权利:给员工真正的话语权,决定公司如何运营。关于发声权利的研究显示,员工毫无保留地表达观点对于决策的水平、团队的表现和组织的表现都有积极的影响。谷歌有一个年度项目——"官僚主义克星"(Bureaucracy Busters)活动,每位员工可以说出最令自己沮丧的事情,并协助改变现状,诸如预算批准限额很低,转账很小的金额都需要经理签字。

3. 谷歌的十大理念

(1) 以用户为中心,其他一切水到渠成。创立初期,谷歌就以提供最佳的用户体验为中心任务。不论是设计新的浏览器,还是采用新的首页外观,谷歌都非常谨慎,确保它们最终可以满足用户的需求,而不是达到自己的内部目标或底线。谷歌的首页界面简单明了,网页载入十分迅速。谷歌从不对外出售搜索结果中的展示位置。对于广告,不仅清楚地将它们标记出来,而且广告内容也与搜索结果相关,从而确保不会分散用户的注意力。在构建新的工具和应用程序时,谷歌秉持这样一种理念,设计出来的产品就会非常出色,用户无须再去考虑如果采用其他设计会是怎样。

(2) 专心将一件事做到极致。谷歌要做的就是互联网搜索。谷歌拥有世界领先的研究队伍,可以心无旁骛地攻克搜索问题,并且知道自己擅长什么,也知道如何可以做得更好。谷歌的工程师们会对难题持之以恒地反复研究,因此能够解决复杂的问题。即使谷歌搜索服务已经在为数百万用户提供快捷、流畅的信息搜索体验,他们仍能不断对其进行改进。不断地改善搜索服务,这也有助于他们将掌握到的知识技术应用于Gmail(谷歌的免费网络邮件服务)和Google地图等新产品。他们希望将强大的搜索功能应用于未曾探索过的领域,并帮助用户更多地获取和使用生活中不断增加的信息。

(3) 越快越好。谷歌知道用户的时间非常宝贵,因此,在遇到问题时,用户一定希望能通过网络迅速地找到解决方案,而这正是谷歌的目标。谷歌希望用户在首页上花费的时间越短越好,这样的理念可能在世界上也是独一无二的。在谷歌首页推出之前,全世界的互联网网站的首页几乎都聚集了大量内容。谷歌不断精简网页并提高服务环境的效率,一次次地打破自己创造的速度纪录,现在的平均搜索结果响应时间仅为几分之一秒。谷歌推出的每种新产品都非常注重速度，无论是移动应用程序还是谷歌浏览器都是如此。

（4）网络也讲民主。谷歌搜索之所以成功，是因为它有数百万在网站上发布链接的用户，他们帮助谷歌确定出哪些网站提供了有价值的内容。在评估每个网页的重要性时，谷歌采用了 200 多个指标以及各种技术，其中包含谷歌自己的专利算法 PageRank（网页排名），它可以分析出哪些网站被网络中的其他网页"票选"为最佳信息来源。随着网络规模的扩大，这一评估方法也会越来越完善，因为每个新网站在提供信息的同时，也是另一张待统计的选票。谷歌还用同样的思路，积极地进行开源软件的开发，并在许多编程人员的共同努力下，不断推出各种创新产品。

（5）信息需求无处不在。今天的世界已变得越来越"移动化"，因为人们希望随时随地都能获得所需的信息。谷歌不断开创新的移动服务技术，推出新的移动服务解决方案，帮助全球用户在自己的手机上执行各种各样的任务，比如查看电子邮件和日历活动，观看视频，以及通过多种不同的方式使用谷歌搜索功能。此外，谷歌希望通过 Android 激起全球各地移动用户更强的创新意识。Android 是一个免费的开放源代码移动平台，它将开放性这一塑造互联网不可缺少的因素带入了移动世界。Android 不仅能为客户带来利益，让他们拥有更多选择余地和更富创意的移动体验，也为运营商、制造商和开发人员创造了营收机会。

（6）赚钱不必作恶。作为一家公司，谷歌的收入来源分以下两种：一种是向其他公司提供搜索技术，另一种则是向广告客户提供在 Google 和其他网站上投放广告的服务。在世界各地，成千上万的广告客户使用 Google AdWords 推广他们的产品；无数出版商通过 Google AdSense 投放与自己网站内容相关的广告。为了确保最终能够服务所有用户（无论他们是否属于广告客户），谷歌制定了一系列有关谷歌广告服务和做法的指导原则：除非广告内容与搜索结果页的内容是相关的，否则，谷歌不允许在搜索结果页上显示广告。谷歌坚信，只有广告与用户要查找的内容相关时，它提供的信息才能为用户所用。因此，用户可能会发现，某些搜索结果中不包含任何广告。谷歌相信，无须采用花哨的广告也能取得应有的效果。所以，谷歌拒绝弹出式广告，因为这会妨碍用户阅读所请求的内容。谷歌还发现，如果文字广告表现出极高的受众相关性，那么，点击率会远远高于随机显示的广告。任何广告客户（无论规模大小）都可以从这种针对性极强的广告媒介中受益。在 Google 上刊登的广告总是明确地标记为"赞助商链接",因此,这些广告不会破坏搜索结果的完整性。谷歌绝对不会通过操纵排名将他们的合作伙伴放在搜索结果中排名靠前的位置,也没有任何人可以购买到更高的 PageRank。谷歌的用户信任谷歌的客观公正性,谷歌也不会因为任何短期利益而去破坏这种信任。

(7) 信息无极限。一旦谷歌索引中的互联网 HTML 网页数量超过任何其他搜索服务,他们的工程师就会将精力转到那些以前不太容易获得的信息上。为此,谷歌有时只需将新的数据库集成到搜索中即可(如添加电话号码和地址查询以及企业目录),但有时还需要进行更多富于创造性的努力(如增加更多的搜索功能,包括新闻存档搜索、专利搜索、学术期刊搜索以及对数十亿图片和数百万图书的搜索)。谷歌的研究人员会继续研究如何将世界上所有的信息提供给有需要的人们。

(8) 信息需求无国界。虽然谷歌是在加利福尼亚州创立的,但其宗旨是帮助全世界使用各种语言的用户获得信息。为了实现这一目标,谷歌在几十个国家和地区设立了办事处,维护了 150 多个互联网域,而且在他们所提供的搜索结果中,有一半以上是提供给美国境外用户的。谷歌提供 110 多种语言的 Google 搜索界面,能让用户搜索以他们自己的语言撰写的内容;对于 Google 的其他应用程序和产品,谷歌也计划推出尽可能多的语言版本。有了谷歌的翻译工具,哪怕是在地球的另一端,用户也可以找到用自己完全不懂的语言所撰写的内容。在这些工具和志愿译者的帮助下,谷歌大大增加了向用户提供的服务种类,提高了质量,同时涵盖了世界上最偏远地区的用户。

(9) 认真不在着装。谷歌的创始人秉承着"工作赋予挑战,挑战带来快乐"的理念创建了谷歌。他们相信,随性的企业文化更容易创造出绝妙的、富有创意的产品。谷歌办公室的氛围随性而平等,几乎没有人穿着西装打着领带来上班。谷歌重视团队成绩,并以促成公司全面成功的个人成就为荣。谷歌非常赏识那些精力充沛、充满热情的员工,他们具有不同的背景,用极富创意的方式工作、玩乐和生活。谷歌的工作氛围非常轻松,但正是在排队等咖啡时、小组会议上或健身房中,新的想法不断涌现,并以令人目眩的速度在彼此之间交流、经过测试,然后投入实际应用。这些新想法往往会催生出在全世界得以广泛使用的新项目。

(10) 追求无止境。谷歌始终将自己在某方面的优势视为继续发展的起点,而不是终点。谷歌的工程师们为自己设定目前还不能达到的目标,因为他们知道,通过不断地向这些目标努力,他们可以做得比预期更好。谷歌的目标就是通过创新和反复探索得到合理的结果,再以非比寻常的方式改进这些结果。例如,一位工程师发现,用拼写正确的字词进行搜索时会得到很好的效果,于是他就开始思考应当如何处理错别字。正是这种思考促使他创建了一种直观且更加实用的拼写检查工具。即使用户不太清楚自己要查找的确切内容,在网络上寻找答案也不是用户的问题,而是要由谷歌来解决的问题。谷歌会尽力预测全球用户尚不明确了解的需求,并开发各种可能会成为日后新标准的产品和服务来满足这些需求。以谷歌发布 Gmail 时的情况为例,与当时的其他电子邮件服务相比,Gmail 拥有的容量存储空间最大。但现在看来,提供如此大的存储空间似乎是理所应当的,这是因为谷歌现在对电子邮件的存储有了新的标准。这些都是谷歌所追求的改变,并且谷歌一直在探索能够标新立异的新领域。归根结底,谷歌所做的一切正是来源于永不满足于现状的态度。

(三) 亚马逊与谷歌品牌企业文化比较

亚马逊品牌企业文化的核心理念不仅强调了个人对待工作的态度,更揭示了团队以及公司对个人成就的作用;谷歌则是以人为本,积极为个人提供条件,激发其创造性。亚马逊注重自身的多样化,例如产品和解决方案的多样化;谷歌则强调专心将一件事做到极致。亚马逊将勤俭节约和主人翁精神作为自身文化的基本理念;谷歌提出赚钱不必作恶、认真不在着装的理念。除了差异,两者的品牌企业文化也有很多共同点。两者在企业文化中均提到了一个宏大的愿景,且都以用户为中心,企业内部机制简单、透明,强调工作的高标准和重视员工、人尽其才等。

亚马逊于 2019 年年初宣布退出中国市场,不再运营中国市场业务并停止向商户提供服务,海外购、亚马逊全球开店、Kindle 和亚马逊云计算将继续在华运营。

谷歌依靠它的文化三大基石——使命、透明、发声的权利,在与市场发生碰撞时,其领导者围绕着三大基石进行争论,并逐步得出结论:文化塑造了战略,而不是战略塑造了文化。谷歌于 2006 年推出谷歌中文网站,历经短暂 4 年,于 2010 年停止了"谷歌中国"的搜索功能。

虽然两家公司都停止或关闭了中国区的主要业务,但是两家公司退出的原因并不相同,亚马逊的退出有融入中国文化慢、缺乏中国基因的原因,也有中国区决策与建议不能被亚马逊总部采纳的原因。另外,不论是注重平台搭建与物品丰富的电子商务平台淘宝与天猫的发展,还是注重提升消费者体验的物流配送环节的电子商务平台京东的发展，都让亚马逊在中国的业务显得无足轻重，其在中国的市场份额减小到不足1%即是市场的反馈。

四、结论和启示

（一）结论

本章从品牌文化评估和价值管理的视角对优秀互联网企业的代表亚马逊和谷歌两家公司的品牌企业文化进行了具体的介绍和对比，得出其差异和共同点。差异是亚马逊文化的核心理念不仅强调了个人对待工作的态度，更重要的是揭示了团队以及公司对个人成就的作用；谷歌则是以人为本，积极为个人提供条件，激发其创造性。亚马逊注重自身的多样化，例如产品和解决方案的多样化；谷歌则强调专心将一件事做到极致。亚马逊将勤俭节约和主人翁精神作为自身文化的基本理念；谷歌则提出赚钱不必作恶、认真不在着装的理念。共同点是二者在品牌企业文化中均提到了一个宏大的愿景，且都以用户为中心，企业内部机制简单、透明，强调工作的高标准和重视员工、人尽其才等。

无论是亚马逊还是谷歌，都极度认同自己的品牌文化并以此为导向贯彻执行，通过不断创新，将公司使命与每一位员工联系到一起，激励每位员工创造更大的价值，不满足于现状，不断追求卓越，最终实现企业的使命。

（二）启示

通过以上分析可知，互联网企业文化的共同点主要在于企业与个人价值观的契合、重视员工的价值、将公司使命与每一位员工联系到一起，个人为实现团队以及公司目标做出贡献，团队以及公司也为个人成就的实现提供帮助。

（1）树立正确的品牌价值观。品牌管理需要在企业价值链的每一环节做出正确的决策和行动。企业文化的核心就是企业价值观。企业价值观与商业模式是企业得以存在的基础，二者不可偏废。没有良好的商业模式，企业无法盈利；仅有商业模式而没有良好的企业价值观，企业难以壮大，品牌也无法长久。这一点对互联网企业也不例外。企业价值观必须是明确的、可执行的。例如很多企业的价值观中都有"尊重"，而怎样才能算是"尊重"，让人捉摸不定、无所适从。因此，企业在树立价值观时一定要用明确的规则使得"尊重"这类虚泛的词易操作、执行，同时明确是"被尊重"还是"互相尊重"。

（2）建立团队共同价值观。一个人只能被自己的价值观所推动，当一个人的价值观被满足时，他就会有开心、成就、幸福等正面的情感，对工作产生更大的推动力。企业文化如果仅是维护了企业家的利益，却不符合员工的价值观，就对员工没有推动力，这就是大多数企业文化流于形式的主要原因。一个全体员工都认同的价值观才真正有利于企业目标达成。企业共同价值观是企业推崇的并为全体员工所认同的价值观，由此形成一种共同的境界和愿景，使企业不断地为实现自己的追求和愿景而努力。

（3）将企业文化融入公司人力资源规划。在进行招募和甄选、训练与发展、薪资和福利设置、绩效管理、员工关系管理等人力资源工作时，应注意公司品牌与企业文化相互搭配，才能使得企业文化在推动上事半功倍。招聘时从应征者中选择符合企业文化特质的员工。将企业文化导入培训中，以潜移默化的方式使员工接受它。以企业文化作为员工日常工作绩效考核标准，同时把员工做出的杰出贡献作为其晋升条件之一。举办福利活动的时候，以企业文化为活动主题可以提升企业成员对企业文化的认知。

本章主要对亚马逊和谷歌品牌企业文化进行分析，即注重品牌文化中的企业文化评估和企业文化管理，并未对两大品牌的产品和服务等进行品牌价值评估。

参考文献

[1] 谢加封，沈文星. 价值链管理与品牌竞争力：一个分析框架 [J]. 商业研究，2011（8）：51-55.

[2] 郭力. 谷歌公司的创新文化 [J]. 企业改革与管理，2013（5）：52-53.

[3] 李穆南. 亚马逊的品牌建设之道 [J]. 中国市场，2011（39）：40，49.

[4] 时德生. 跨国商务中的文化维度理论：以微软和亚马逊为例 [J]. 中国商论，2019（13）：101-102.

[5] 张钰琳. 互联网+环境下的网络企业品牌管理：以亚马逊为例 [J]. 商场现代化，2018（5）：15-16.

[6] 贾平，樊传果. 品牌价值链活动与品牌管理策略研究 [J]. 商

业经济研究，2016（18）：60-62．

［7］赵哲．亚马逊公司的商务模式研究［D］．长春：吉林大学硕士学位论文，2017．

［8］李桂华．品牌价值管理［M］．2版．北京：经济管理出版社，2017．

［9］南开大学课题组．品牌价值评价体系研究：理论视角［M］．北京：中国经济出版社，2019．

［10］斯科特·加洛伟．互联网四大［M］．郝美丽，译．长沙：湖南文艺出版社，2019．

（李珂，祝雷）

第十章　品牌资产与品牌文化
——奔驰与宝马品牌文化分析

【摘要】 品牌资产是赋予产品或服务的附加价值，它反映在消费者关于品牌的想法、感受以及行动的方式上，同样它也反映品牌所带来的价格、市场份额以及盈利能力。提升品牌价值可以促进品牌声誉的价值溢出，促进品牌资产的扩张，建立有效的壁垒以防止竞争对手的进入。本章以品牌资产和品牌文化理论为指导，在相关文献综述的基础上，以奔驰和宝马两大汽车品牌的品牌资产和品牌文化管理模式作为案例进行比较分析，为我国自主汽车品牌的品牌资产和品牌文化管理提供参考。

一、品牌资产与品牌文化概述

（一）品牌资产

品牌资产（Brand Equity）是 20 世纪 80 年代在营销研究和实践领域新出现的重要概念。品牌资产既反映在消费者关于品牌的想法、感受以及行动的方式上，也反映品牌所带来的价格、市场份额以及盈利能力，是赋予产品或服务的附加价值。

自从戴维·阿克在其著作《管理品牌资产》中提出"品牌资产"概念之后，它就成为研究的热点问题。凯文·凯勒（Kevin Keller）和唐纳德·莱曼（Donald Lehmann）在总结以往学者的研究成果后，将品牌资产的测量模型分为基于金融概念的模型、基于消费者的概念模型和基于产品市场的概念模型三类，这也是目前被学术界普遍接受的品牌资产测量模型。

1. 基于金融概念的模型

品牌资产研究最初目的就是评价品牌的价值，作为并购、募资或上市的依据，所以品牌资产研究最初也是从财务角度出发的。比如由美国芝加哥大学西蒙（C. J. Simon）、苏里旺（M. W. Sullivan）提出的股票市值法，国际品牌（Interbrand）集团运用的由彭罗斯（Penrose）提出的Interbrand集团七要素法，金融世界（Financial World）基于Interbrand评估法修改而成的Financial World评估法。国内比较知名的是北京名牌资产评估有限公司采用的评估方法，它是在Interbrand评估法基础上，结合中国实际社会经济和文化而形成的具有中国特色的品牌资产评估方法。

2018年10月4日，英国著名品牌研究机构国际品牌集团（Interbrand）发布的《2018年全球最有价值品牌榜》中，奔驰位居第8位，品牌价值486亿美元，同比增长2%；宝马位列第13位，品牌价值410亿美元，同比下降1%。从国际品牌集团的排行榜中可以看出，奔驰、宝马两者的品牌价值相差约76亿美元，这就是基于金融角度的品牌资产评估，可以从数值上清楚地看到奔驰和宝马之间的差距。

由世界品牌实验室编制的2018年度《世界品牌500强》排行榜上，梅赛德斯—奔驰排名第1位，宝马排名第3位。值得一提的是，迷你和劳斯莱斯同属于宝马集团。2018世界品牌实验室排行榜中的部分汽车品牌排名情况见表10-1。

表10-1 2018世界品牌实验室排行榜中的部分汽车品牌排名情况

排名	品牌英文	品牌中文	品牌年龄	国家	行业
6	Mercedes-Benz	梅赛德斯—奔驰	118	德国	汽车与零件
9	Toyota	丰田	85	日本	汽车与零件
16	BMW	宝马	102	德国	汽车与零件
37	Volkswagen Group	大众	81	德国	汽车与零件
45	Ford	福特	115	美国	汽车与零件
51	Audi	奥迪	109	德国	汽车与零件
59	General Motors	通用汽车	110	美国	汽车与零件
60	Porsche	保时捷	87	德国	汽车与零件
67	Honda	本田	70	日本	汽车与零件
79	Renault	雷诺	120	法国	汽车与零件
432	MINI	迷你	59	英国	汽车与零件
488	Rolls-Royce	劳斯莱斯	112	英国	汽车与零件

2. 基于消费者的概念模型

迄今为止，大部分学者都是从消费者的角度来定义品牌资产的。20

世纪90年代以后，阿克、让·诺艾·卡普费雷（Jean-Noel Kapferer）、凯勒等人逐步提出并完善了基于消费者的品牌资产概念。基于消费者的品牌资产（Customer-Based Brand Equity，简称CBBE）是差异化的品牌认知造成的消费者对品牌营销的不同反映。如果与不能被识别相比，当品牌能够被识别时，消费者对产品及其营销方式表现出更多的好感，则品牌具有正面的基于顾客的品牌资产；反之，在同样的环境下，消费者对品牌的营销活动表现出更少的好感，则品牌具有负面的基于顾客的品牌资产。

基于消费者的品牌资产有三个关键的构成要素：第一，品牌资产来源于消费者反应的差异。如果没有任何差异的话，那么该品牌从本质上来说只是一种大众化产品，此时的竞争主要围绕价格展开。第二，反应的差异源自消费者所拥有的品牌认知，即与该品牌有关的所有想法、感受、印象、体验和信念。品牌必须努力让顾客建立强大、正面以及独特的品牌联想，如奔驰的乘坐品质、宝马的运动性能和操控性能。在汽车行业，同样是高端品牌的奔驰和宝马就给人以不同的情感体验，奔驰体现的是"身份和地位"，宝马一直坚持"驾驭的乐趣"。宝马和奔驰在产品、性能、安全这些方面都相差无几，品牌认知就是其品牌的最大差异。第三，品牌资产体现在消费者感知、偏好和行为等所有与品牌营销相关的方面。品牌越强大，带来的收益越多。

3. 基于产品市场的概念模型

品牌的最终价值表现在市场销售状况上，即消费者愿意为该品牌的产品支付多少溢价，也就是说与无品牌的同类产品相比，该品牌的产品能定出多高的价格。这就是基于产品的市场产出角度来研究品牌资产。库苏姆·埃拉瓦蒂（Kusum Ailawadi）、莱曼和斯科特·尼斯林（Scott Neslin）通过研究产品市场产出提出产品品牌资产的测量方法。基于产品市场角度的品牌资产研究主要从产品品牌在市场上的表现和地位出发，考察相对于竞争对手，品牌在市场中具有的成长优势及扩张能力等方面，所以品牌资产与品牌成长联系起来，侧重于品牌的长期成长。该模型与基于金融概念的模型的最大不同在于，基于金融概念的模型主要看到的是品牌的短期利益，而基于市场的概念模型则主要关注品牌的长期发展。该模型第一次把品牌资产与消费者态度、品牌忠诚度、消费者行为等联系起来。

(二) 品牌资产与品牌文化

品牌文化通过赋予品牌深刻而丰富的文化内涵，建立鲜明的品牌定位，并充分利用各种强有效的内外部传播途径形成消费者对品牌在精神上的高度认同，创造品牌信仰，最终形成强烈的品牌忠诚。品牌文化包括两类要素，一类是表层的，展现于消费者面前，看得见、摸得着的一些要素，如品牌名称、品牌标志等；另一类是内层的，即在品牌表层要素中蕴含的该品牌独特的要素，如品牌的利益认知、情感属性、文化传统和个性形象等。

品牌文化是一个累积品牌资产的有力工具。无论品牌的忠诚度，还是品牌联想、品质形象、品牌的知名度，都和品牌文化有很密切的关系。品牌文化作为一个品牌的灵魂，应该贯穿于品牌经营的各个方面，比如产品开发、营销渠道、广告宣传、店铺零售等，而每一个环节都要体现品牌文化的内涵。

品牌资产受很多因素的影响，而主流模型的研究视角有金融角度、消费者角度，以及试图把财务和消费者连接起来的市场角度，其立场和角度的不同导致了品牌资产概念的多样化。学者们主要从消费者角度来分析品牌资产，还有部分学者从品牌形象、品牌价值、品牌战略、品牌定位、品牌联想、品牌延伸等各种不同的角度探讨和研究品牌资产的影响因素。

对于品牌文化的研究，学者们主要是从消费者的角度出发来进行的。还有部分学者是从企业文化、品牌形象、品牌战略和品牌价值角度来开展研究的。除财务经济指标以外，品牌文化与品牌资产的研究角度非常类似。因此，品牌文化在很大程度上决定了品牌资产，品牌文化是品牌资产的核心关键因素。而消费者又是品牌资产和品牌文化的重要影响因素。

企业可通过针对合适的消费者创建正确的品牌认知结构来建立品牌资产，这个过程依赖于所有与品牌相关的接触点。

首先，品牌资产建立品牌知名度。这一阶段与品牌相关的接触点有三个。第一，构成品牌元素或品牌身份的初始选择（品牌名称、网址、商标、象征、形象人物、代言人、口号、歌曲、包装以及标记系统）。譬如，梅赛德斯—奔驰中的"梅赛德斯"是幸福的意思，奔驰是创始人的名字。第二，产品或服务以及相应的营销活动和营销支持方案。宝马在亚洲地区指定了一套广告计划，保证在亚洲各国通过广告宣传的宝马品牌形象是统一的；同时这套广告计划要通过集团总部的审核以确保其与公司在欧美地区的广告宣传没有冲突。宝马的直销促销方式在第一阶段主要是告知消费者宝马是最高级别的豪华车品牌，同时介绍宝马公司的成就和成功经验；第二阶段宝马用第七系列作为主要的宣传产品，强调宝马的设计、安全、舒适和全方位的售后服务。第三，其他与一些实体联系起来的可以间接转移给品牌的联想（人、地方或事件）。譬如宝马公司在亚洲主要举办了宝马国际高尔夫金杯赛和宝马汽车鉴赏巡礼两个公关活动。

其次，品牌资产维持品牌忠诚度。品牌忠诚度是指消费者对品牌偏爱的心理反应，反映了对该品牌的信任和依赖程度。对于一个企业来讲，开发新市场、发掘新的顾客群体固然重要，但维持现有顾客品牌忠诚度的意义同样重大。维持品牌忠诚度的通常做法有：① 给顾客一个不转换品牌的理由。比如推出新产品、适时更新广告来强化偏好度、举办促销等都是创造理由，让消费者不产生品牌转换的想法。② 努力接近消费者，了解市场需求。不断深入地了解目标对象的需求是非常重要的，通过定期的调查与分析，去了解消费者的需求动向。③ 提高消费者的转移成本。一种产品拥有差异性的附加价值越多，消费者的转移成本就越高。因此，应该有意识地制造一些转移成本，以此提高消费者的忠诚度。

再次，品牌资产建立品质认知度。品质认知度是消费者对某一品牌在品质上的整体印象。消费者对品质的认知度产生于使用产品或享受服务之后。产品的品质并不完全是指产品或服务本身，它同时包含了生产品质和营销品质。建立品质认知度可从以下方面着手：① 注重对品质的承诺。企业对品质的追求应该是长期的、细致的和无所不在的，决策层必须认清其必要性并动员全体员工参与其中。② 创造一种对品质追求的文化。因为品质的要求不是单纯的，每个环节都很重要，所以最好的办法是创造出一种对品质追求的文化，让文化渗透到每一个环节中去。③ 增加培育消费者信心的投入。经常关注、观察、收集消费者对不同品牌的反应是不可或缺的做法，这些做法可以强化对消费者需求变化的敏感性。④ 注重创新。创新是唯一能够变被动为主动进而去引导、教育消费者进行消费的做法。

最后，品牌资产建立品牌联想。建立品牌联想对于品牌资产管理非常重要。品牌联想是指消费者想到某一个品牌的时候所能联想到的内容，消费者会根据这些内容分析出买或不买的理由。这些联想大致可以分为几类：产品特性，消费者利益，相对价格，使用方式，使用对象，生活方式与个性，产品类别，比较性差异，等等。对企业而言，应通过品牌资产引导消费者建立品牌联想，进而能有一个具体而有说服力的购买理由，这个理由是任何一个品牌得以存活和延续所必须具备的。

（三）汽车品牌的相关研究

结合汽车产品的特点，其品牌资产包含以下方面内容：

第一，名称决策。一个好的产品名称能充分地体现企业与产品的特点，准确地表达企业理念，还能最大限度地容纳文化内容，强烈地吸引、感染和冲击广大消费者的认知，从而提升企业与产品的文化竞争力。成功的汽车品牌，它们的名称都有其独特的含义。宝马是一个充分张扬个性的品牌名称，代表了"尊贵""年轻""活力"，主要吸引新一代寻求经济和社会地位、追求极致的成功商人；而奔驰的品牌气质则是"豪华""尊贵""时尚""运动"。

第二，标志设计。品牌标志随着品牌文化的不同而有差异，具有意义的图形有利于消费者认知的加深和品牌联想。从内涵方面看，标志不仅仅是产品的形态，还包含了丰富的文化。例如：宝马品牌标志中间的蓝白相间图案代表蓝天白云和旋转不停的螺旋桨，喻示该公司过去在航空发动机技术方面的领先地位（宝马公司的前身是巴伐尼亚飞机制造厂，该公司的创始人吉斯坦·奥托是四冲程内燃机的发明家），又象征宝马公司一贯的宗旨和目标：在广阔的时空中，以先进的精湛技术、最新的观念，满足顾客的最大愿望，反映了宝马蓬勃向上的气势和日新月异的面貌。在宝马工作，公司的所有材料无论是纸质的还是电子文本的，无论是上报的还是下达的，都必须印有宝马的品牌标志，否则上报的材料将不会得到任何批复。看似一个如此简单的细节，却有着深刻的内涵。只要在宝马工作，宝马的品牌标志无时无刻不在提醒着你：你是一个宝马人，你的一举一动代表着宝马形象，宝马是优秀的，是行业的标杆，所以你也应该是。"今天你以宝马为荣，明天宝马将会以你的优异工作为耀。"宝马品牌标志如图 10-1 所示。

图 10-1　宝马品牌标志

戈特利布·戴姆勒（Gottlieb Daimler）于 1909 年为三叉星标志申请专利权。三叉星标志来源于戴姆勒写给他妻子的信，他认为他画在家里房子上的这颗星会为他带来好运。这颗三叉星还象征着奔驰汽车公司向海、陆、空三个方向发展。1909 年，戈特利布·戴姆勒先生为了纪念他的车大批量生产，将品牌标志中的齿轮图案改为月桂枝，以示胜利。1909 年 6 月，戴姆勒汽车公司申请登记了"三叉星"作为轿车的标志，象征着陆上、水上和空中的机械化。1916 年戴姆勒在三叉星的四周加上了一个圆，圆的上方镶嵌了 4 颗小星，下面的"MERCEDES"（梅赛德斯）则取自其在奥地利的汽车经销商埃米尔·耶利内克美丽女儿的名字。1909 年，奔驰的标志是"BENZ"外加月桂枝环绕。1926 年，戴姆勒与奔驰合并，三叉星标志与奔驰的月桂枝终于合二为一，并嵌入"MERCE-DES"和"BENZ"字样。后将月桂枝和"MERCEDES""BENZ"字样去掉，形成了今天的品牌标志。这个商标已经成为汽车品质和安全性的象征。奔驰品牌标志如图 10-2 所示。"梅赛德斯"在西班牙语中有幸福的含义，意为戴姆勒生产的汽车将为车主们带来幸福。

图 10-2　奔驰品牌标志

标志的设计对品牌的发育、生长、繁衍有着重要的影响。心理学家的分析结果表明，人们凭感觉接收到的外界信息中，83%的印象来自眼睛，而标志能使人获得视觉上的满足。所以在设计品牌标志时，赋予图形一定的特殊含义可以深化品牌的内涵。

第三，品牌文化广告。广告以其特有的方式、强大的力量影响社会生活和文化精神的各个方面。广告不仅可以传递某一产品、企业或组织的相关信息，也是文化传播的一种有效途径。通过汽车广告将广告文化传递给受众，已成为汽车厂家品牌文化营销的重要传媒手段，这些广告以立体的、平面的形式展现着品牌的形象。

第四，品牌延伸。品牌延伸是指将某一著名品牌或具有影响力的成功品牌用于推出新产品的过程。品牌延伸具有许多优势，经营者可以使用某一强劲品牌使新产品很快被消费者认知，从而节省大量的推广费用，同时还能有效消除消费者对新产品的抵御心理，缩短新产品与消费者的心理距离，使新产品更容易被消费者所认同和接纳。

第五，全方位品牌管理。品牌管理涉及整个业务流程，从原材料的选择到最终的顾客服务；而顾客购买的也正是这整个流程而不是单项产品。由此可见，品牌管理需要在整个业务流程的每个环节做出决策和行动，这是一个企业整体商业战略的核心，是全方位的管理。为了建立、维护和传播品牌，以及加强与客户的关系，企业需要对品牌进行计划、实施和监督等一系列营销工作，并把各项独立的营销工作综合成一个整体，以产生协同效应。宝马通过自己的立体营销进行全方位品牌管理，采取广告、直销、活动策划、公关等把这一战略变成现实。

二、奔驰与宝马品牌简介

（一）奔驰品牌演变

梅赛德斯—奔驰（Mercedes-Benz）是一家德国汽车公司，也是世界十大汽车公司之一，以生产高质量、高性能的豪华汽车闻名于世。梅赛德斯—奔驰的核心价值观是"The best or nothing"（只做最好）。该企业致力于提供同级别车中最高端的服务和车型。

奔驰的品牌名称来自汽车公司的创始人之一卡尔·本茨（Carl Benz, 1844—1929）。卡尔·本茨发明了世界上第一辆三轮汽车，是现代汽车工业的先驱者之一，人称"汽车之父"。1886年1月29日，卡尔·本茨为其三轮"安装有汽油发动机的交通工具"申请了专利，世界上第一辆汽车正式诞生。经过若干年的进一步研究和开发，1894 年奔驰公司（Benz & Cie）推出了世界上第一款批量生产的汽车"Velo"。1900 年，Benz & Cie 已经成为世界上最大的汽车制造商，公司总部设在德国斯图加特，创始人就是卡尔·本茨（Karl Benz）。1909 年，奔驰公司制造了当时世界上最快的赛车。

1884 年，戈特利布·戴姆勒着手对四冲程发动机进行研究，不久发明了一种能安装在车辆上的更轻更小的发动机，该发动机安装于自行车上，便成了最早的摩托车。1886 年，戴姆勒和首席工程师迈巴赫在世界上最早的四轮汽车上安装了改进后的发动机。

1890 年，戴姆勒创办了自己的汽车公司 DMG（Daimler Motoren Gesellschaft）。他与迈巴赫共同开发了第一辆戴姆勒汽车，他们生产的汽车开始吸引人们的目光。第一次世界大战之后通货膨胀，汽车销售陷入了困境，只有财力雄厚并具有卓越产品的公司才能够生存下来。在这样的背景下，DMG 和 Benz & Cie 由激烈竞争转为强强联合，从而实现设计、生产、采购和销售的合并。

1924—1926 年，DMG 和 Benz & Cie 仍然采用各自的商标，但共同营销其产品。1926 年 6 月 29 日，这两家历史悠久的汽车制造商终于合并为戴姆勒—奔驰公司（Daimler-Benz AG），开始生产梅赛德斯—奔驰品牌的汽车。人们对梅赛德斯—奔驰的钟爱，不仅仅是因为其外形设计代表了不同时代的潮流，更重要的是因为其近百年来对汽车技术和汽车安全的贡献。

1900 年至今，梅赛德斯—奔驰创造了无数的世界第一。这些世界第一的名单包括：第一款增压汽车、第一款量产柴油轿车、第一款量产配备四冲程燃油喷射发动机的汽车、第一台 5 缸发动机、第一辆涡轮增压式柴油轿车等。在梅赛德斯—奔驰系列车型中，有一款最为耀眼的车型，奔驰的首创技术都在它身上完美应用，这就是梅赛德斯—奔驰的旗舰轿车——S 级。它出众的豪华舒适性，卓越的安全特性，开创性的高新技术，无一不让人们眼前一亮。

1972—1980 年，底盘编号为 W116 的梅赛德斯—奔驰轿车被正式冠以 S 级的名号，这不仅正式开启了 S 级轿车的传奇历史，更标志着一个不朽经典象征的诞生。从那一刻起，梅赛德斯—奔驰 S 级轿车即被视为世界上豪华、精湛轿车的典范，然而传奇的开始则更加久远。

1951 年，戴姆勒—奔驰（梅赛德斯—奔驰公司的前身）在第一届法兰克福车展上隆重推出了型号为 220 和 300 的两款产品，这代表着 S 级辉煌时代的开始。当时的 220 车型是在 170S 车型的基础上研发的，搭载了排量 2.2L 的全新 6 缸发动机，最大输出功率达到 59kW。1954 年 3 月，梅赛德斯—奔驰推出了全新 220 系列车型，其中装配 6 缸发动机的 220a 出自 W187 底盘系列。

1956 年 3 月，在 220a 上市 2 年后，第一次采用"浮筒式"车身设计的 219 和 220S 问世。

1959 年 8 月，梅赛德斯—奔驰又对其原有的 6 缸发动机进行了 3 项非常彻底的改进，并应用于新的产品上，220b、220Sb、220SEb 及 300SE 也随之相继问世。

1965 年 8 月，梅赛德斯—奔驰推出了由保罗·布拉克（Paul Bracq）设计的车型系列，包括 250S、250SE 和 300SE 车型。1966 年 3 月，300SEL 成为该车型系列的新成员。250SE 和 300SE 于 1968 年年初停产。

1968 年 1 月，后继车型 280S 和 280SE 开始上市。280S 和 280SE 与其前身的区别仅在于发动机和装备细节方面。1968 年 3 月，顶级车型 300SEL 6.3 开始上市。300SEL 6.3 装配了 600 车型的 V8 发动机和自动变速器，从而达到了最优秀的跑车所应具备的强劲动力。

1975 年 5 月，新款顶级车型 450SEL 6.9 面市。从 1978 年秋季起，S 级轿车在世界上率先装配了具有突破性意义的创新技术——ABS（防抱死制动系统），它可以确保车辆即使在紧急制动时也能够拥有良好的转向响应。

1991 年 3 月日内瓦车展，梅赛德斯—奔驰推出了底盘编号为 W140 的 S 级轿车，进一步提高了乘坐舒适性。新开发的双横臂式前桥安装在副车架上，为前悬架提供了隔绝车身明显振动的系统。此外，首次应用于轿车系列的车窗隔音特性也显著提高了乘坐舒适性。6.0L V12 发动机采用了全新的设计，它不仅是梅赛德斯—奔驰为轿车批量生产的第一款 12 缸发动机，而且是最强劲的梅赛德斯—奔驰轿车发动机，额定功率为 300kW。

1994 年 3 月的日内瓦车展上，S 级的外观造型得到了进一步改进。从 1996 年 12 月起，S280 和 S320 车型（采用自动变速器）开始应用 ESP（电子稳定系统）。同时，首创的 BAS（制动辅助系统）技术也开始投入应用。

梅赛德斯—奔驰汽车公司经营风格始终如一，不追求汽车产量的扩大，只追求生产出高质量、高性能和高级别的汽车产品。除了高档豪华轿车外，奔驰公司还是世界上最著名的大客车和重型载重汽车的生产厂家。其完美的技术水平、过硬的质量标准、推陈出新的创新能力以及一系列经典轿跑车款式令人称道。100多年来，奔驰品牌一直是汽车技术创新的先驱者。1986年年初，梅赛德斯—奔驰中国有限公司率先在中国香港成立。2001年2月1日，戴姆勒—克莱斯勒中国投资有限公司正式成立，奔驰开始扩大其在中国的业务。2005年8月8日，由北京汽车工业控股有限公司与戴姆勒股份公司、戴姆勒东北亚投资有限公司组建的合资企业北京奔驰—戴姆勒·克莱斯勒有限公司成立，标志着梅赛德斯—奔驰在中国加大发展进入了一个新的阶段。该公司主要生产C级和E级两个系列车型。2006年年底，梅赛德斯—奔驰的中国总部由香港移至首都北京，更名为梅赛德斯—奔驰（中国）汽车销售有限公司，即"奔驰中国"。梅赛德斯—奔驰一直秉承做到最好的宗旨，保留着永不放弃的追求和冥想，让三叉星徽永放光芒。

奔驰一直秉承三项承诺：超群的发动机技术、乘坐的舒适性和与众不同的风格。它的NVH（Noise、Vibration和Harshness的缩写，即噪声、振动和声振粗糙度）技术是全球领先的，体现在各个细节之处。奔驰公司一向将高品质看成是取得客户信任和提升企业核心竞争力最重要的一环，讲究精工细作，强调"质量先于数量"，要"为做得更好、最好而斗争"。奔驰公司的年产量一直控制在70万辆左右，最多不超过100万辆，产量仅为美国通用公司的1/9。如果以销售数量论，奔驰汽车在世界范围内可能不能同日本的丰田、法国的标致等相匹敌。奔驰并没有采取完全与传统对抗的创新方式，而是结合当时的社会背景，让设计师在对奔驰设计理念充分理解的基础上，通过与技术发展水平和时代审美趋势相适应的变化，实现最终的设计目标。

奔驰设计哲学的主导思想，可明确归结为：① 奔驰汽车必须始终看上去像奔驰汽车；② 奔驰汽车必须体现奔驰汽车具有的、同时也是用户所期待的所有价值；③ 在尊重品牌传统的同时，设计必须最大限度地融合创新成果。奔驰公司所制造的汽车只要有一项不满足"设计理念"标准就不被准许上市。正是由于奔驰品牌的精工细作，奔驰汽车才获得了良好的声誉和品牌价值。奔驰公司生产的汽车，以质得名，它的质量看得见、摸得着。一辆中档奔驰车价格较贵，但至少可以开20万千米，换一个发动机后可以再开20万千米，这样年均下来并不贵。而奔驰车的安全性设计更是它享有盛誉的原因之一。此外，良好的服务、科研先导、认真制造，就更加稳固了奔驰车在同行业中的领先地位。1986年，梅赛德斯—奔驰（中国）有限公司在香港成立。伴随业务的蒸蒸日上，梅赛德斯—奔驰（中国）的总部于2006年迁至北京，同时公司也更名为梅赛德斯—奔驰（中国）汽车销售有限公司（以下简称奔驰中国），拥有在中国大陆销售梅赛德斯汽车集团旗下所有进口产品的经销权。梅赛德斯—奔驰目前在中国销售的产品包括：轿车类——S级、E级、C级；跑车类——SLK双门跑车、CLK跑车、CLS轿跑车、CL大型豪华轿跑车、SL豪华跑车；SUV系列——R级大型豪华运动旅行车、ML多功能越野车、GLK中型豪华越野车、GL豪华越野车、G级越野车；B级豪华运动旅行车；Mercedes-AMG、Smart和迈巴赫品牌等近40款车型，在中国市场构筑了极为丰富的产品线，为消费者提供了更多个性化选择。

（二）宝马品牌演变

宝马公司创建于1916年，总部设在德国巴伐利亚州慕尼黑市，其全称为巴伐利亚发动机制造厂股份公司（Bayerische Flugzeug Werke AG，缩写为BFW）。宝马的品牌核心价值是"Sheer Driving Pleasure"，即纯粹的驾驶乐趣。

宝马的品牌名字"BMW"源自其公司名称"Bayerische Motoren Werke AG"，这是德语，意思就是"巴伐利亚发动机制造厂"，BMW正是全称的缩写。在1992年以前，BMW汽车在中国并不叫宝马，而是根据其公司全称被译为"巴依尔"。1992年，瑞士一家设在香港的公司开始在中国代理销售BMW轿车，成为BMW在中国的第一家代理公司，在香港注册时根据"巴伐利亚"的发音特点，给公司取名为"宝马利亚汽车有限公司"，并决定在中国推广BMW时用"宝马"这个名称。从此"宝马"这个传神的名字开始在中国大地上日益响亮。BMW的蓝白标志采用的是宝马总部所在地巴伐利亚州州旗的颜色。百余年来，宝马汽车由最初的一家飞机引擎生产厂发展成为以高级轿车为主导，并生产享誉全球的飞机引擎、越野车和摩托车的企业集团，名列世界汽车公司前列。

宝马集团是全世界成功的汽车和摩托车制造商之一，旗下拥有BMW、MINI和Rolls-Royce三大品牌，同时提供汽车金融和高档出行服务。

宝马的品牌定位在于：① 聚焦于高档细分市场。BMW、MINI及Rolls-Royce三个品牌全部聚焦于汽车市场中的最高档细分市场。宝马集团拥广泛的产品系列,涉及国际汽车市场中所有高档细分市场领域。在摩托车业务方面,宝马集团也采取了同样的策略,并且在全球获得了巨大的成功。② 扩展汽车增值服务。品种丰富的金融服务选项令宝马集团产品与服务的整个范围达到完善。在此领域,公司的稳健发展势头已经持续数年,这使公司在汽车增值链中获得了更多的收益。品牌战略要求企业的所有营销传播活动都要围绕以核心价值为中心的品牌识别而展开,企业的任何营销策划、营销活动、公关活动、促销活动、产品设计、产品定价等都要能演绎出品牌识别。宝马是用品牌核心价值全面统领一切营销传播活动的成功典范。宝马的品牌核心价值是"纯粹的驾驶乐趣"。因此,宝马总是不遗余力地提升汽车的操控性能,使驾驶汽车成为一种乐趣和一种享受。

宝马品牌的品牌价值分为三个部分。一是动感:运动,开放,年轻;二是文化:独特,审美,值得依赖;三是挑战:创新,创造,追求。宝马汽车造型具有鲜明的特色,圆形灯具配以双肾形散热器面罩,形成与众不同的风格。同是生产高级轿车的公司,和奔驰相比,宝马的产品以其更小巧、动力性更好、具有跑车特色以及更具驾驶乐趣,受到有购买力的人群青睐,主要吸引中年和青年买家。从 20 世纪 70 年代开始,宝马汽车从线条硬朗的造型风格朝人性化、激情化的方向发展,如宝马 Z9、X Coupe 两款概念车,浑身充满激情与活力,这体现了宝马的愿景:成为以工程为本,同时在设计上富有激情的轿车和摩托车制造商。宝马生产的不是"自动移动物"(automobiles)——那种把人从 A 地送到 B 地的实用性机器,宝马制造的是"轿车"(cars)——那种能激发驾驶员对品质的热爱的移动艺术品。

宝马集团在整个价值链中贯彻生态和社会的可持续性发展策略,全面的产品责任以及明确的节能承诺已成为宝马集团长期战略的重要内容。目前,宝马的车系有 1、2、3、4、5、6、7、8、i、X、Z 等几个系列,还有在各系基础上进行改进的 M 系。2018 年 7 月 10 日,长城公司与宝马公司签署合资协议,合资成立光束汽车有限公司。2018 年 10 月 11 日,宝马集团举行了中国战略协议签字仪式和华晨宝马铁西新工厂开工仪式。宝马对华晨宝马投资新增 30 亿欧元,合资协议延至 2040 年。

三、奔驰与宝马品牌文化比较

奔驰和宝马都是汽车行业的高端品牌,互为多年的竞争对手。宝马庆祝 100 周年时，奔驰向其致敬，感谢其 100 年的竞争。正是多年的竞争使宝马和奔驰成就了彼此。在宝马每个系列的车型中，奔驰都有基本相对应的车型，见表 10-1。

表 10-1　宝马与奔驰的车型对应

BMW 主要车系	定位	竞争车型	车型
宝马 3 系	年轻、运动	奔驰 C 级	中型车
宝马 5 系	商务、运动	奔驰 E 级	商务车
宝马 7 系	豪华、商务	奔驰 S 级	豪华车
宝马 X 系	超级豪华、高性能	奔驰 ML 级	中大型 SUV

虽然两个品牌有着类似的产品，但是品牌内涵、品牌传递的文化和价值是有所不同的。

第一，品牌认知不同。奔驰和宝马都属于高档轿车，但奔驰的购买者主要是年龄偏大、收入丰厚的成功人士，奔驰的 S 级定义的目标客户是精英人群；宝马的目标客户则是年轻有为的新一代人士。但是，从 2007 年开始，奔驰开始进入年轻人市场，在中国大量采用年轻的新生代明星代言，抢占年轻市场，实施"年轻奔驰"战略。近年来，奔驰公司向中国引进了旗下众多的品牌轿车，比如 ALK、B 级车，由此发现了中国年轻市场对于小型车的期待。目前，年轻化的奔驰产品已经占到奔驰销售总量的 40%，高档车也成为更多年轻客户的追求目标。中国消费者的需求品位和生活方式在现今奔驰市场发展策略和产品开发中占据了日益显著的地位。当前中国汽车市场的繁荣和经济的增长使奔驰客户越来越趋向年轻化，这也使得奔驰调整自己的战略，坚定地走年轻化道路，为年轻客户提供更多的选择。在中国，奔驰给人的感觉是豪华车中最"老"的，开宝马、奥迪的年轻人明显比开奔驰的年轻人多。我们都知道，"坐奔驰，开宝马"是公众对奔驰、宝马的认同。2007 年麦尔斯（Klaus Maier）履新后开始着力改变奔驰在中国的品牌形象，使之更加年轻、时尚。在营销宣传中，这种变化让人印象深刻。在奔驰中国销售有限公司市场营销策划下，奔驰一改往日沉稳经典的黑白色广告，注入中国红、橘黄等明亮色彩元素，开始邀请章子怡、李冰冰、黄晓明等年轻时尚明星担当广告主角。从邀请李云迪等代言人可以看出，奔驰以往"领袖座驾"的定位已经悄然变为"年轻领袖的座驾"。

第二，品牌技术差异。透过奔驰的汽车制造史可知，汽车的发展和进步就是奔驰的进化史。1878年2月，卡尔·本茨在他34岁时首次研制成功了一台二冲程煤气发动机。1883年3月，卡尔·本茨开始创建奔驰公司和莱茵煤气发动机厂。与此同时，戴姆勒成功地发明了世界上第一台高压缩比的内燃发动机，这是现代汽车发动机的鼻祖。1885年9月，戴姆勒把它的单缸发动机装到自行车上，制成了世界上第一辆摩托车。同年10月，卡尔·本茨设计制造了一辆装汽油机的三轮汽车。1886年3月，以卡尔·本茨发明的汽油发动机为动力的三轮车被授予专利，与此同时，戴姆勒也发明出了他的第一辆四轮汽车，同年他还取得了船用发动机专利。1889年7月，戴姆勒首先为它的汽车安装上了四挡变速器。1890年6月，戴姆勒汽车公司成立，迈巴赫设计了第一台直列4缸四冲程发动机。1894年7月，世界首次从巴黎到鲁昂的汽车赛上，装有戴姆勒发动机的汽车取得了胜利。1895年5月，世界第一条公共汽车线路开始运营，该线路上的公共汽车采用奔驰的发动机。1896年5月，戴姆勒汽车公司制造成功世界上第一辆货车。同年，戴姆勒制造了世界首台汽车用4缸发动机。1897年8月，世界首家出租车服务公司在斯图加特将戴姆勒制造的汽车作为出租车，并投入运营。

1901年4月，戴姆勒汽车公司制造的第一台35马力的梅赛德斯跑车赢得尼斯—拉图尔比（Nice-La Turbie）爬山赛冠军。1902年10月，戴姆勒获得了"梅赛德斯"的法定使用权，并将"梅赛德斯"作为其新的商标。1903年12月，奔驰汽车公司的第一种装有对置式水冷发动机和传动轴的汽车——帕西法尔型汽车制造成功。1910年11月，奔驰汽车公司开发了第一台4气门发动机。1914年3月，奔驰制造了第一台12气缸250马力的航空发动机。1926年6月29日，戴姆勒公司和奔驰公司合并，成立了在汽车史上举足轻重的戴姆勒—奔驰公司（Daimler-Benz），从此他们生产的所有汽车都命名为"梅赛德斯—奔驰"（Mercedes-Benz）。在这之后，公司坚持以生产军用产品为方针，决心依靠德意志银行建立全德统一的汽车工业康采恩。1934年8月，梅赛德斯—奔驰汽车公司制造了世界上第一辆防弹汽车770K。该车是为希特勒特制的高级轿车，车身用4mm厚的钢板制成，挡风玻璃有50mm厚，轮胎是钢丝网状防弹车胎，后排座椅靠背装有防弹钢板，地板也被加厚到4.5mm，整车质量超过5吨。它配有一台排量为7 655mL的V8发动机，可产生100kW的功率。此车共生产了17辆，大部分都毁于第二次世界大战，现在仅存

3 辆，成为稀世珍品。1936 年 4 月，梅赛德斯—奔驰汽车公司首次将柴油发动机成功地安装在了轿车上，从而使轿车的使用费用大大降低。1954 年，公司在 300SL 型汽车上率先使用了汽油喷射装置，成功开发了淘汰传统化油器的新科技。1961 年，公司推出了第一款带有空气悬架的汽车 300SE。1974 年，推出了世界上第一款搭载 5 缸柴油发动机的汽车 240D3.0。

国外知名汽车品牌在汽车赛事上投入了大量的人力财力，因为汽车赛事是让客户更好地认知和认可自身品牌的重要途径之一。而客户认可度是一种无形资产，包含于品牌价值评估中的全球影响力指标内。很多汽车品牌都建立了专门的赛车研制组织，加快汽车新技术的开发与应用，提高客户对品牌的认可度，比如奔驰的 AMG 公司，宝马的 M-Power 部门。2014—2016 年，奔驰 3 次夺得 F1（世界一级方程式锦标赛）年度冠军，其领先技术是高热效率发动机；2012—2015 年，宝马 3 次夺得 DTM（德国房车大师赛）年度冠军，其领先技术是车身空气动力设计、底盘技术。但是从 2016 年开始，多个汽车品牌相继宣布退出世界级重大汽车赛事，投入更多的人力物力在电动方程式（Formula E，简称 FE）赛事上。FE 是目前世界上新能源汽车运动中级别最高的赛事，不同于过往以燃油发动机为主要动力单元的赛事。随着汽车的发展，新能源汽车将逐渐取代过去的传统烟油汽车，各品牌也希望通过 FE 赛事向客户证明其技术的优越性，提高品牌价值，为后续产品抢占市场。例如，奔驰在 2018 年赛季结束后退出了 DTM，从 2019—2020 年赛季开始投入 FE 电动方程式的比赛中。

为梅赛德斯—奔驰赢得无数荣誉的 S 级轿车一直是各种创新汽车科技的开拓先锋，自 1951 年问世以来经过了 9 次脱胎换骨的进化，在全球范围累计销售了超过 330 万部。随着新 S 级的到来，S 级在中国市场上推出的车型已经达到了 7 款之众，从入门的 S300 到顶级的 S600，丰富的产品线足以满足各类精英人士的不同需求。

第三，品牌竞争优势。梅赛德斯—奔驰以其完美的技术水平、过硬的质量标准、推陈出新的创新能力以及一系列经典轿跑车款式令人称道。2010 年 9 月 1 日，戴姆勒公司推出全新 3D 品牌标识，把三叉星放在品牌名之前，并定义三个角的意义为：魅力（Fascination）、责任（Responsibility）与完美（Perfection）。新的品牌口号为"The best or nothing"（意为"只做最好"）。除了在汽车科技领域里不断创新外，近几年梅赛德斯—奔驰着手借由汽车与时尚或文艺、体育活动的结合,提供更高层次的生活方式。2003年,梅赛德斯—奔驰与意大利著名服装品牌设计大师乔治·阿玛尼合作,利用"色彩"和"金属"这两个时尚界不可或缺的元素,重新演绎CLK敞篷车的迷人风采,并以"让设计与风格充满激情（Passion for Design & Style）"为设计主轴,与阿玛尼携手从事梅赛德斯—奔驰特殊订制车型的内饰设计,替车主量身定制精品的私人座舱氛围。这款车型在当年的米兰时装周现身便一鸣惊人。

梅赛德斯—奔驰在其120多年的发展史中不遗余力地支持全球各地文化艺术事业的发展,2010年在中国为音乐爱好者带来了世界顶级的艺术活动——梅赛德斯—奔驰国际音乐节。该音乐节一跃成为中国最为瞩目的古典音乐节之一,并以其高超的艺术水准赢得了广泛赞誉。

品牌感知价格指的是顾客为获得品牌所提供的产品或服务所支付的价格与其心中感知合理价格的接近程度,而客户心中品牌感知价格与竞争品牌的价格策略及其产品或服务的相对质量直接相关,因此某品牌感知价格高低会同时受到品牌本身以及竞争品牌产品和服务质量及其价格策略的直接影响。在汽车品牌的第一阵营中,奔驰拥有较高的品牌资产,而宝马具有较低的品牌感知价格。顾客心中的感知定位基本和企业所实施的战略品牌定位是一致的,即更强调品牌的高附加价值。奔驰属于明显的明星品牌,它在实现了品牌高端定位的同时还实现了同类品牌中相对较低的顾客感知价格,因此奔驰具有显著的竞争优势。

就汽车品牌而言,在基于顾客感知的品牌资产的构成维度中,品牌认可、功能绩效和品牌权威是相对重要的品牌资产驱动因素,而社会认可和相对费用优势二者的权重相对于前面三个维度显得不太重要。中国消费者在品牌评价和选择的过程中更加注重从自身的需求出发,包括自身形象和个性需求及产品功能需求,而不是社会及其他人的认可,说明在中国轿车市场品牌的竞争已处在相对较高的层次。奔驰的风格相对商务化,宝马的运动感、休闲感更多。从其市场分布来看,奔驰的主要销售对象为商务人士和企事业单位,宝马则更为年轻人所喜爱。从汽车形态特征来看,如今的奔驰与宝马都有了更多的现代感和运动感,奔驰车看上去也不再那么传统和保守。

四、结论和启示

在汽车文化营销中,汽车品牌是最重要、也最为稳定的文化符号。

对于一个汽车品牌、一个文化符号而言，最重要的特点应当是稳定，特别是文化定位方面应当明确而清晰，这样做的好处是能够与目标客户建立起稳定的长期关系。对于一些已经在世界上享誉盛名的汽车品牌来说，如奔驰、宝马，其品牌本身就是一种文化符号，代表着汽车产品与服务所特有的气质。对于这些品牌来说，输出汽车文化与理念是品牌营销的最佳途径。例如德国奔驰轿车的品牌定位是高品质、可信赖、安全性，以其先进的技术和超强的环境适应性作为汽车文化的基础定位。与此同时，先进技术保障下的安全感与华美大气的设计成为奔驰品牌给全世界消费者带来的文化感受。奔驰重视其本身的品牌文化，并不断加强这一文化理念，在安全与环保方面制定了一套比美国标准还要严格的品质规定，将奔驰原有的品牌文化输出到消费市场。

我国自主汽车品牌的发展已有数十年的时间，但与发达国家成熟的品牌文化营销战略相比，我国尚处于较低的水平。一方面，由于国外品牌的强势竞争，我国的自主汽车品牌的市场占有结构单一，集中在中低档轿车和一些特殊车型，市场的局限性导致了品牌定位的局限性；另一方面，自主品牌的文化空间受到侵占，一些本来具有一定影响力的企业更倾向于与国外成熟品牌合作，自主品牌的生存与发展步履维艰。在一些特定的领域，一些自主品牌已经开始迈起了品牌文化营销的步伐。在国际方面，吉利汽车参加法兰克福车展，将中国元素龙、牡丹等进行文化传播，强化品牌的文化效应；奇瑞QQ准确定位产品与品牌战略，将"QQ"这个代表网络与时尚、自由新生活的名词融入汽车本身的品牌文化中，目标定位明确，获得了较好的效果。国产汽车长城哈弗官网公布，截止到2019年7月，哈弗H6累计74个月蝉联中国SUV市场销量第一。在电动汽车领域，蔚来也在逐渐成长中。吉尼斯官网公布，2018年9月24日，北纬33°50′37″，东经89°06′00″，北京时间15时40分，气温零下5摄氏度，由蔚来电动汽车0312号车主Lance驾驶的ES8攀上了位于西藏羌塘无人核心区的普若岗日冰川，在吉尼斯世界纪录认证官的见证下，实测现场海拔达5 715.28米，成功创造吉尼斯世界纪录——"电动汽车行驶的最高海拔"。

2019年3月，西安一消费者花费66万元人民币购买进口梅赛德斯—奔驰CLS300作为自己的生日礼物，结果车还没有开出4S店就发生漏油。车主多次与4S店商洽无果，此事后来成为网络公共关注热点，最终由奔驰中国和当事人进行协商解决了新购车辆无偿更换等损失赔偿。此事件对戴姆勒集团的影响非常巨大。根据2019年第一季度财报显示，集团整体营业收入为397亿欧元（约合2 978亿元人民币），与上年同期基本持平，但息税前利润降至28亿欧元（约合210亿元人民币），同比下滑16%，奔驰汽车在全球最大的单一市场——中国市场的总销量下滑明显，高达3%。当今时代网络信息传播速度快、范围广，如果企业不能及时有效地处理好公众事件，很容易对自身品牌造成负面影响，进而减少收入和品牌资产。在集团战略方面，宝马致力于在新能源领域的扩张，并提供更多的生产灵活性。宝马首席执行官齐普策（Oliver Zipse）一直倡导一种制造体系——允许电动、混合动力和传统汽车在同一条生产线上生产，以在需求不确定的情况下提高灵活性。汽车行业竞争中，企业要获得行业平均以上的竞争优势，必须提供"高品牌资产，低感知价格"的产品。为此，我国自主品牌的汽车企业要根据不同的竞争阶段和细分市场灵活调整品牌竞争战略。

综上所述，我国自主品牌的汽车在扩大生产规模、扩张市场范围的同时，应借鉴国际著名品牌的品牌资产和品牌文化管理经验，利用我国的文化优势，积极开展品牌营销，根据实际情况实现文化与品牌的融合，同时促进品牌与市场定位的明晰，进一步加强我国自主汽车品牌的竞争能力。

参考文献

[1] 菲利普·科特勒，凯文·莱恩·凯勒. 营销管理 [M]. 14版. 王永贵，于洪彦，陈荣，等，译. 北京：中国人民大学出版社，2012.

[2] 卢泰宏，黄胜兵，罗纪宁. 论品牌资产的定义 [J]. 中山大学学报（社会科学版），2000（4）：17-22.

[3] 李良臣. 品牌资产文献综述 [J]. 市场周刊，2013（4）：44-46.

[4] Kevin L. Keller, Donald R. Lehmann. How Do Brands Create Value? [J]. Marketing Management, 2003, 12 (3): 26-31.

[5] Ailawadi K L, Lehmann D R, Neslin S A. A Product-Market-Based Measure of Brand Equity [R]. Marketing Science Institute Working Paper, 2002 (2): 102.

[6] 卢苇江. 从宝马文化到信合精神 [J]. 中国农村金融，2012（14）：77-78.

[7] 维军. 宝马的品牌管理 [J]. 中国质量技术监督, 2009 (11): 76-77.

[8] 刘远. 梅赛德斯—奔驰品牌故事 [J]. 轿车情报, 2012 (6): 110-113.

[9] 马宝龙, 邹振兴, 王高, 等. 基于顾客感知的品牌资产指数构建与行业分析 [J]. 管理科学学报, 2015 (2): 36-49.

[10] 张翼飞. 浅析中国汽车品牌营销效应: 以奔驰汽车品牌营销案例为例 [J]. 中国集体经济, 2018 (4): 62-63.

(王海, 金冠群)

第十一章 品牌技术与品牌文化
——微软与甲骨文品牌文化分析

【摘要】 品牌文化引领品牌技术的发展,品牌技术是品牌文化的基础,品牌技术创新和品牌管理技术能够提升品牌价值。本章通过对品牌技术与品牌文化的关系研究,对微软公司和甲骨文公司这两个世界级纯软件技术型公司的品牌文化进行案例比较分析,探索品牌技术与品牌文化的内在联系。通过分析发现:技术是品牌文化的支撑,技术创新能够促进品牌价值的提升;品牌文化是一个多元素综合体,创立品牌文化的最终目的是提升品牌价值;品牌文化是品牌理念、品牌行为和品牌物质的有机融合。

一、品牌技术与品牌文化概述

技术和品牌是企业知识系统重要的外在表现形式,技术演变、品牌发展使企业在市场环境的演进中不断得到创新和改变。在知识进化的作用下,企业内外部知识的流动促使企业技术研发系统和营销系统的技术知识与企业品牌知识相互影响、相互作用,共同推动品牌进化和技术创新。

(一)品牌技术系统和品牌管理技术

品牌技术系统是一套完整、系统的管理技术,其理论部分是指导品牌再造的实践依据,从学术和技术层面为品牌技术系统提供科学、客观、可实践的具有指导意义的管理思想。品牌技术系统具体可分为品牌科学原理、品牌学科、品牌实用技术和品牌文化四个方面。

品牌实用技术由品牌性能技术、品牌建设技术、品牌管理技术、品牌识别技术、品牌营销技术、品牌传播技术、品牌协同技术组成。其中,品牌管理技术是一个文件系统。品牌管理系统由制定管理规则、开展管理实验、编制管理手册和作业指导书、整理品牌管理记录文件、完成品牌报告五个环节组成。

(二) 品牌技术与品牌文化的关系

品牌技术是品牌文化的基础,品牌技术创新能够提升品牌价值。技术创新为形成品牌价值提供了技术支撑,品牌价值的提升是技术创新的最终目标。不管是实力强大的先驱品牌,还是后起品牌,技术创新和品牌的成长都有着很大的关联。技术创新在品牌成长的过程中有着不可或缺的作用,尤其是高新技术企业,走的都是自主创新、发展自主品牌的道路。

学者们探讨了品牌技术与品牌文化的关系。贝尤斯(Bayus)、埃里克森(Erickson)和雅各布森(Jacobson)认为,技术创新能延伸企业的品牌竞争力。赵爱英认为,企业的技术创新和品牌创建紧密相关、相辅相成,一个优秀的品牌必须要有先进技术的支撑、优良品质的保障、诚信经营的依托、先进文化的铺垫。王俊峰和程天云从实证的角度分析了技术创新对品牌价值的影响,发现技术创新对品牌价值有显著的正效应,企业技术创新能力越强,品牌价值越大。胡晓明和秦轶的实证研究表明,企业技术创新能够正向促进企业品牌价值的提升,同时,技术创新能够提升价格优势和忠诚度,但对品牌扩张力没有显著影响,高新技术企业技术创新对品牌价值的影响具有滞后效应。

杨保军和黄志斌认为,技术创新能够推动品牌创新,对品牌管理系统内部诸要素进行优化调整可以促进企业品牌进化。品牌进化则影响技术创新,通过适宜的知识供给,进行品牌营销推广,在各种不同的主体之间传递或者进行知识整合,从而形成差异化的品牌形象和品牌传播。

总体而言,顾客与品牌之间的沟通是借助产品来实现的,只有生产出满足顾客需求的产品,才能使品牌在消费者心中保有地位。然而,消费者的需求是不断变化的,只有依靠技术进步,不断开发出各种新产品,以满足顾客的新需要,才能使品牌在与竞争对手的竞争中获得成长。技术创新是品牌成长的基础,品牌价值源于技术创新所带来的卓越品质和全新性能,也正是持续的技术创新才使品牌价值得以持续并不断提高。

二、微软与甲骨文品牌简介

(一) 微软品牌简介

微软(Microsoft)始建于1975年4月4日,是一家美国跨国科技公司,也是世界PC(Personal Computer,个人计算机)软件开发的先导,由比尔·盖茨（Bill Gates）和保罗·艾伦（Paul Allen）创办，公司总部设立在华盛顿州的雷德蒙德（Redmond，邻近西雅图）。

微软公司是一家基于美国的跨国电脑科技公司，致力于通过技术改变人们的工作和娱乐还有传达的方式。公司的业务遍布全球的190多个国家和地区。公司的产品包括：计算设备、服务器、手机和其他智能设备的操作系统；用于分布式计算环境的服务器应用程序；生产力应用；业务解决方案应用；桌面和服务器管理工具；软件开发工具；视频游戏和在线广告。公司还设计和销售个人电脑、平板电脑、游戏及娱乐游戏机、手机、其他智能设备以及相关配件的硬件。公司提供了基于互联网的解决方案，在互联网上通过数据中心为客户提供计算机资源共享的软件和服务。

截至2018年6月30日，微软的全职员工约为13.1万人。其中美国员工为7.8万人，国际员工为5.3万人。在就业总人数中，约42 000人从事业务，包括制造、分销、产品支助和咨询服务；约42 000人从事产品研究和开发；约36 000人从事销售和营销；约11 000人从事一般事务和行政事务。

微软非常重视技术研发，2018、2017和2016财政年度，研发费用分别为147亿美元、130亿美元和120亿美元。这些数额占2018年、2017年和2016年财政年度收入的13%。微软持续对广泛的研究和发展做出重大投资，目前拥有超过5.3万项美国和国际专利，还有超过2.9万项正在申请中。

1992年，微软在中国设立分公司，即微软中国，自设立北京代表处以来，目前已形成以北京为总部，在上海、广州、武汉、深圳设有分公司的架构。微软在中国已经跨越了三大发展阶段。1992—1995年是微软在中国发展的第一阶段。在这一阶段，微软主要是发展了自己的市场和销售渠道。1995—1999年是微软在中国发展的第二阶段。微软在中国相继成立了微软中国研究开发中心、微软全球技术支持中心和微软亚洲研究院这三大世界级的科研、产品开发与技术支持服务机构。微软中国成为微软在美国总部以外功能最为完备的子公司。从2000年开始，微软进入了在中国发展的第三阶段。微软中国加大对中国软件产业的投资与合作，在自身发展的同时，促进中国IT产业发展自有知识产权。

2018年10月4日，国际广告巨头宏盟集团（Omnicom）旗下的品牌咨询机构Interbrand发布了《2018年全球最有价值品牌榜》，微软从上年的第 3 位下滑至第 4 位，品牌价值同比增长 16%，至 927 亿美元。2018 年 12 月 18 日，世界品牌实验室编制的 2018 年度《世界品牌 500 强》榜单揭晓，微软排名第 4 位。2019 年 5 月《福布斯》发布的《2019 年全球最具价值品牌 100 强》榜单中，微软排名第 3 位。2019 年 6 月 11 日，WPP 集团旗下的凯度华通明略在美国纽约发布了《2019 年 BrandZ 全球最具价值品牌 100 强》榜单，微软品牌价值同比增长 25%，达 2 512 亿美元，微软品牌排名第 4 位。

微软从创立之初到现在，其品牌标志经历了 5 次调整。1975 年使用的第一版品牌标志如图 11-1 所示。

图 11-1　微软第一版品牌标志

微软第一版品牌标志由 7 根不同粗细的线条构成，整体像是迷宫一样。1980 年，微软推出第二版品牌标志，见图 11-2。

图 11-2　微软第二版品牌标志

微软第二版品牌标志相对来讲非常激进，诸多线条都是向外扩张的。这段时间也是微软快速发展的时期。当然，微软这一个品牌标志只用了不到两年时间就被换掉了。1982 年，微软使用了第三版品牌标志，见图 11-3。

图 11-3　微软第三版品牌标志

微软第三版品牌标志引起了不少争议。其中，微软品牌标志中间的那个"O"的改变，无疑让很多人记住了微软。这个品牌标志由斯科特·贝克设计，那个特别的"O"被称为"Pacman 标志"。5 年之后，微软推出了第四版品牌标志，见图 11-4。

![Microsoft 第四版标志]

图 11-4　微软第四版品牌标志

微软第四版品牌标志无疑是很多人最为熟悉的一个，因为这个品牌标志微软一用就是 25 年，它见证了微软 Windows 系统的崛起，从 1985 年的 Windows 1.0 到 Windows 95、Windows 98，再到 Windows 2000、Windows XP、Windows 7。2012 年，微软推出第五版品牌标志。此时的微软已经非常强大，这是微软时隔 25 年做出的一次新改变，标志性的"田"字牌品牌标志见图 11-5。

图 11-5　微软第五版品牌标志

微软第五版品牌标志由两部分组成：图标和字体。新的品牌标志使用了 Segoe 字体，这是微软拥有的一种字体，最近几年被广泛用于微软的产品和营销活动中。标志中新增了 4 个不同颜色的小方块，不同颜色的色块代表公司多元化的产品组合，蓝色、橙色、绿色色块分别代表的是微软的 Windows、Office 和 Xbox 三大产品，而黄色色块所代表的产品至今尚未有人解答，但很有可能就是微软旗下的搜索引擎 Bing。新的品牌标志在继承的基础上又预示着未来：新奇和清新。目前，这一品牌标志仍在使用。

（二）甲骨文品牌简介

甲骨文公司（Oracle），全称甲骨文股份有限公司（甲骨文软件系统有限公司），是目前全球最大的企业级软件公司，前身是"软件开发实验室"（Software Development Labs），由拉里·埃里森（Larry Ellison）和同事罗伯特·米纳（Robert Miner）创立于 1977 年，目前总部位于美国加利福尼亚州的红木滩。1989 年，甲骨文公司正式进入中国市场。2013 年，甲骨文公司已超越 IBM（International Business Machines Corporation，国际商业机器公司），成为继微软之后全球第二大软件公司。甲骨文公司向遍及 140 多个国家的用户提供数据库、工具和应用软件以及相关的咨询、培训与支持服务。甲骨文公司目前全球员工超过 40 000 名，2018 财年收入达到398.31亿美元，在2019年度《财富》世界500强中排名第307位。自1977年在全球率先推出关系型数据库以来，甲骨文公司已经在利用技术革命来改变现代商业模式中发挥关键作用。甲骨文公司同时还是世界上唯一能够对客户关系管理—操作应用—平台设施进行全球电子商务解决方案实施的公司。

截至2019年5月31日，甲骨文公司雇用了约136 000名全职员工，其中，销售和营销部门约39 000人，云服务和许可证支持业务部门约18 000人，硬件方面约4 000人，服务部门约24 000人，研发部门约38 000人，一般和行政职位约13 000人。在这些雇员中，大约有48 000人在美国就业，约88 000人在国际上就业。

在2019、2018和2017财政年度，甲骨文公司分别在研发方面投资了60亿美元、61亿美元和62亿美元，以优化公司现有的产品和产品组合，并开发新的技术和服务。甲骨文公司对应用程序和基础设施技术如何交互和工作有着深刻的理解，开发工作集中在改进产品技术性能、安全性、操作和集成上，以提高产品和服务相对于竞争对手的产品和服务的计算性能，提高效益，并使客户更容易部署、管理和维护其产品。例如，甲骨文公司应用程序和平台技术，如甲骨文数据库，以更低的成本提供更高的性能，并通过选择基于云和数据库部署模型为客户提供灵活性。在最初购买甲骨文公司的产品和服务之后，客户可以继续受益于公司研发工作和深厚的IT专业知识，方法是选择购买和更新甲骨文公司的许可证和硬件部署支持产品。

甲骨文公司1989年正式进入中国市场，成为第一家进入中国的世界软件巨头，标志着刚刚起飞的中国国民经济信息化建设得到了甲骨文公司的积极响应，甲骨文首创的关系型数据库技术也从此开始服务于中国用户。1991年7月，经过了近两年时间的努力开拓，为了更好地与迅速发展的业务相适应，甲骨文公司在北京建立独资公司——北京甲骨文软件系统有限公司。2000年8月8日，甲骨文公司正式启用位于北京国贸大厦的办公新址，这成为公司立足于长期服务中国市场的又一里程碑，也是长期扎根中国市场的新起点。目前，甲骨文公司在北京、上海、广州和成都均设立了分支机构，向中国市场全面提供Oracle9i电子商务平台、Oracle电子商务应用软件，以及相关的顾问咨询服务、教育培训服务和技术支持服务。2002年10月，甲骨文公司在深圳成立甲骨文中国研发中心，服务于技术开发、产品认证和本地化、技术支持等关键领域。

第二个研发中心于2003年10月在北京揭幕。甲骨文公司在中国的目标是：通过提供并传授领先技术，帮助中国软件企业在快速增长的经济大潮中取得成功，促进中国软件业的发展，同时也为中国的广大用户提供性价比高、可靠、安全的企业软件，为他们的业务增长做出贡献。其策略是：推进本地化建设，建立牢固的合作伙伴关系，对中国市场实现承诺。目前，甲骨文公司在中国91%的业务都是通过本地合作伙伴进行的。甲骨文公司还与中国人才交流基金会合作，每年为4 000名中国软件工程师提供培训服务，以满足市场对软件专业人员的需求。

1977年，埃里森与同事米纳共同创立"软件开发实验室"（Software Development Labs）时，IBM发表"关系数据库"的论文，埃里森以此造出新数据库，名为Oracle，中文名叫"甲骨文"。1978年公司迁往硅谷，更名为"关系软件公司"（Relational Software Inc，简称RSI）。RSI在1979年的夏季发布了可用于数据设备公司（Digital Equipment Corporation，简称DEC）的PDP-11计算机上的商用甲骨文产品，这个数据库产品中包括子查询、连接及其他特性。

1982年，RSI更名为甲骨文（Oracle），至此甲骨文品牌创立。甲骨文品牌标志（图11-6）采用公司名称，颜色为红色。标志简单易记，同时直观反映公司数据库产品名称。

ORACLE®

图11-6　甲骨文品牌标志

甲骨文在中国的公司品牌标志（图11-7）则采用的是上下两行的形式，上面是公司的英文名称"Oracle"，下面是中文名称"甲骨文"，整个品牌标志采用红色艺术字体，看上去简单大方。甲骨文（中国）软件系统有限公司品牌标志功能性比较突出，

图11-7　甲骨文（中国）软件系统有限公司品牌标志

"Oracle"是公司的主要产品，标志和产品名称融为一体，相得益彰。甲骨文是中国最早的文字，以此作为中文名称，设计到品牌标志中，也体现了甲骨文公司开创时代，创建信息储存、记录和存取解决方案的自信。

2013年7月15日，甲骨文公司正式由纳斯达克转板至纽约证券交易所挂牌上市。转板至纽交所后，甲骨文公司沿用"ORCL"这一交易代

码。2018年12月,在世界品牌实验室编制的2018年度《世界品牌500强》中,甲骨文公司排名第31位,比2017年上升2位。

三、微软与甲骨文品牌文化比较

(一)品牌技术比较

微软和甲骨文公司无疑是两家软件技术型公司,以技术创立品牌,并通过不断的技术创新支持品牌的不断发展。

微软成立至今,每时每刻都面临着激烈的竞争,品牌发展经历了几次较大的转折,但依靠品牌技术创新和转型,公司仍然生机勃勃。从2006年开始,微软就开始受到一系列备受关注的失败产品发布的困扰,这对微软的声誉造成了严重损害。首先是非常不受用户待见的Zune MP3播放器的发布。紧随其后的是Windows Vista的发布,它的图形用户界面非常复杂,连微软最忠实的用户都不喜欢。在21世纪头10年,微软的表现一直很糟糕,而一系列备受瞩目的产品失败更是让微软雪上加霜。2015年,对于微软来说似乎是一个尴尬的节点,在智能手机业务市场被谷歌和苹果取代,收购诺基亚业务以失败告终,Windows新系统市场不及预期,作为微软现金牛业务的Office收入创新低,无数坏消息使微软股价急速下跌,这时外界似乎都不中意这个已在硅谷立足多年的老大哥。在经历艰难探索后,微软终于找到了正确的道路,大力发展云计算以及人工智能服务。微软相继推出了基于云计算的Office 365服务。Office 365将Office桌面端应用与企业级邮件处理、文件分享、即时消息和可视网络会议融为一体,满足不同类型企业的办公需求。微软通过Office 365正式打破了移动端和设备端的界限,强调云计算、云储存,大力向高校和企业推销定制版本,使其不断为微软创收,使Office重回现金牛业务巅峰。而Office等核心产品与功能全面向iOS和安卓两大操作系统开放,给微软带来了更多的移动端用户群。尤其是企业用户普遍使用的iOS平台,完美诠释了此时微软的定位:无处不在的云与生产力服务提供商。微软这一次踏准了云和人工智能时代的节奏。

甲骨文公司成立至今的40多年,是不断技术创新的40多年。作为一家纯软件技术型公司,甲骨文公司的发展离不开不断的技术创新。1977年,当时还是层次模型和网状模型的数据库产品占据主要市场,埃里森和他的共同创始人认识到关系型数据库存在极大的商业潜力,因此成立公司专门开发可商用的关系型数据库管理系统。他们接手的第一个项目是为美国政府做的，命名为"Oracle"，意为"神谕"。Oracle 数据库就此诞生，此后成为甲骨文公司的核心产品技术。1979 年，当时的 RSI 公司开发出了第一款商用结构化查询语言（Structured Query Language，简称 SQL）数据库——V2（V1 实际根本未推出过）。1983 年，甲骨文公司开发出 V3，这是一款可以在 PC 机、小型机和大型机上运行的便携式数据库。1986 年，SQL 成为正式工业标准。2000 年之后，随着互联网的发展，数据库技术一直充满活力和不断创新。2008 年 10 月，甲骨文公司推出数据库一体机，并引领数据库一体化产品。2013 年 7 月，甲骨文公司推出面向数据库云服务的数据库管理软件 Oracle12c。当前，甲骨文的数据库技术还在不断发展和创新。

（二）品牌文化比较

1. 品牌理念文化

正如企业文化是建立在其自身经营理念的基础之上一样，品牌文化也是建立在该品牌的哲学——品牌理念的基础之上的。企业的经营理念当然也反映在企业的品牌上，但作为品牌也应该有品牌自身的哲学或理念。从管理文化的角度看，品牌理念就是企业的经营理念或思想，是指企业生产经营的指导思想和方法论。由于企业与品牌之间存在固有的差别，为了不混淆于企业文化理念，因此有必要界定品牌理念是以品牌为主体的，是品牌运作的所有行为的信念和准则，它存在于建立品牌、培育品牌和消费品牌的人们的内心深处，是品牌差异化的源泉。理念不解答具体的、局部的问题，但是诸如品牌目标、行为等细节都要围绕它而展开。一个既定的品牌理念可向企业间接"提供""暗示"所有关于如何达到目的的路线、方法、内容等。无论是企业品牌，还是一般品牌，最终都要靠品牌理念的性质来决定其品牌的强弱。品牌理念主要包含品牌使命、品牌愿景和品牌价值观三个基本内容。

微软为自己设定的使命是赋予地球上每一个人和每一个组织更多的权力。微软致力于为世界各国人民创造机会，提升微小企业的生产力、大型企业的竞争力和公共部门的效率。它还支持新的创业公司，改善教育和健康成果，并增强人类的创造力。微软把技术和产品结合在一起，为客户创造有价值的经验和解决方案。

微软的品牌理念有如下特征：第一，强调企业的社会责任：只有为社会创造价值的企业，才能最终得到社会的认可，从而得到持久和长远的发展。第二，突出"人"的重要性，始终围绕着"人"设计企业文化和战略理念。无论是企业的愿景、客户至上的理念，还是企业构建的授权、团队、能力发展和学习型组织，都着眼于"人性化"。公司的愿景是要为人类创造方便和价值，客户至上是指围绕客户价值实现而进行设计，而内部文化建设是要给成员创造提升自我和实现自我价值的机会。微软的品牌理念围绕着人类、客户、员工，从宏观到微观，充分体现着对人的尊重和满足。第三，着眼未来，强调发展和创新，敢于天下先，争做第一，永远处在变革和创新之中，不断地自我批判和否定，不断地创造，实现产品和技术的进步、员工的发展，最终实现企业的长足发展。第四，构建企业文化多维度和多层次平衡发展的系统：企业战略及目标与之对愿景的支撑之间的平衡；创新与失败之间的平衡；尊重个性自由发展与团队协调发展之间的平衡；团队协调发展与企业整体发展之间的平衡；等等。第五，其核心价值体系中非常强调激情、创新、技术和学习。IT企业向来以技术立业和发展，只有不断地在学习中进行创造，才能不断地进行技术升级和换代。第六，在整个企业文化的构建中，注重文化的传播和传承。微软企业文化有着深深的比尔·盖茨的烙印，在此基础上不断地修正和完善，通过讲故事、讨论、培训、学习及建立激励机制等措施不断地向员工传播企业文化，使得整个企业文化的价值体系深入人心。

作为国际化大公司，甲骨文公司有着独特的企业文化和精神。它倡导公司内部有效地分享信息，但也注意保护信息的机密性。它注重员工驱动，认为公司的成功是员工驱动的，公司的每一个好主意都来自员工。它认为通过建立多元化和包容性的团队，可以从彼此的观点和优势中受益，并将好的想法变成伟大的想法。甲骨文公司的每个员工都认同其企业文化，并且在推动创新方面有发言权。在甲骨文，员工通过设计、开发、交付正在改变世界使用和管理信息方式的解决方案来创造未来。正因为如此，甲骨文致力于创造一个支持多样性和包容性，团队紧密合作，持续学习和创造的环境。甲骨文公司积极支持女性的领导力发展。公司在女性领导力方面的使命是培养、吸引和授权当代与未来的甲骨文女性领导者，以培养具有包容性和创新性的员工队伍。甲骨文公司提倡包容性文化，致力于使残疾员工能够在工作场所发展自己的技能，激励员工通过各种举措相互支持，包括残障人士亲密团体的建立、残疾人包容性网络传播等。甲骨文公司还通过各种举措维护员工的健康，包括制订员工援助计划，举办健康博览会，以及提供生物识别筛查、流感疫苗注射、健康教育和预防性护理福利。

根据公司官网资料,笔者整理了微软和甲骨文公司使命、愿景和价值观,如表 11-1 所示。

表 11-1　微软和甲骨文品牌理念文化构成

品牌理念文化	微软	甲骨文
使命	以赋能为使命,予力全球每一人、每一组织,成就不凡	帮助人们以新的方法认识数据,挖掘洞察力并创造无限可能
愿景	通过优秀的软件赋予人们力量——在任何时间、任何地点通过任何设备可以进行沟通和创造	联结人员、创意、系统和决策,致力于成为集成的云应用和平台服务的企业
价值观	激情,创新,技术至上,社会责任	分享、守法、消费者满意、公平、创新、廉政、相互尊重、团队合作

2. 品牌行为文化

行为是一切文化成败的关键。每一个价值观都会产生一套明确的行为含义。品牌行为文化是品牌营销活动中的文化表现,是品牌价值观、企业理念的动态体现。品牌的价值在于品牌的市场营销,在于品牌与消费者之间的互动。品牌行为是构建品牌价值体系、塑造品牌形象的关键。好的品牌行为文化要通过有效的执行去贯彻实施,从而发挥文化的效力。

品牌价值是在品牌营销中实现和建立的,离开市场营销活动,品牌就失去了生命。品牌文化在品牌营销中建立,品牌价值在品牌营销中体现。品牌行为是品牌精神的贯彻和体现,是品牌与顾客关系建立的核心过程,关乎品牌的个性彰显和形象塑造,关乎企业营销的成败,关乎企业的生命。一切在行动中产生,一切也在行动中消亡,品牌行为决定了品牌的命运。品牌行为必须与品牌精神相一致,真正做到将品牌精神全面贯彻实施。品牌行为文化主要包括品牌营销行为、品牌领导者行为、企业社会责任。

(1) 品牌营销行为。微软一直以来以其独有的优势采取捆绑营销策略。Office 软件是微软财务收入的重要来源,也拥有较高的市场占有率,但正版率偏低一直让微软未得到完全的回报。随着 2010 版的正式发布,微软将采取预装的方式进行 Office 产品营销,未来,计算机厂商或许会像预装 Windows 操作系统一样预装 Office 个人版软件。但是预装并非免费,实际上,消费者在购买新计算机以后不用再付费即可使用简化版 Office 软件,但这笔费用实际上已经包含在计算机的购买价格中。不过简化版的 Office 软件除了 Word 和 Excel 这两个基本软件外,其功能还有一定的简化,此外使用者会在简化版软件中看到一个广告板块,这个板块无法删除。微软针对此问题推出了专用的升级密钥包,用户购买密钥包以后即可将简化版升级为各个版本。此外,微软还在 Office 2010 营销中继续降低个人用户购买的价格,而在专业版套装中继续以往的高价策略,以区分市场。同时,微软针对 Office 2010 的营销价格在中国的定价低于美国市场。

按照 4P 营销理论,在产品方面,甲骨文公司根据市场细分的原则确定各行业消费者的需求,有针对性地研制开发了多品种、多规格的软硬件产品,以满足不同层次消费者的需要。其中,甲骨文人才资本管理软件和甲骨文客户管理软件广受好评。此外,甲骨文公司还为这些产品配备了成熟的整套支持服务,包括软件的升级以及硬件售后服务。在价格方面,甲骨文公司的产品一直以树立品牌形象为定价原则。公司依靠品牌的支持在激烈的竞争中生存并保持市场领导地位,不断致力于提升客户满意度和美誉度。所有产品的核心问题都是能否被市场承认和接受,而价格和性能又是接受的条件。甲骨文公司致力于为客户带来更高的价值,每年都投入大量人力和物力进行研发与收购,以确保客户有全方位的选择,以比同类产品低的价格,为客户带来更高的性价比。在渠道方面,甲骨文中国的渠道战略成功主要归功于合理的价值链地理布局和完备的渠道业务部门设置。针对中国市场,甲骨文公司将产品研发和产品市场销售两大环节均设置在中国本土,公司技术人员和市场人员能及时有效地获得第一手的技术和市场信息,全面把握最新消费动态。在全中国区范围内,甲骨文公司推行合作伙伴专项计划,增强合作伙伴能力,提升合作伙伴收益,将其合作伙伴归入了大渠道体系中。目前为此开展的工作包括面向合作伙伴的产品征集与项目合作,以此提升整体竞争力和凝聚力,创造更大的生产力。在促销方面,甲骨文公司通过将促销定价分配给经销商,针对不同的客户进行不同的促销,保持良好企业形象的同时也获得了较高的市场占有率。

(2)品牌领导者行为。微软历经两任领导。第一任领导人比尔·盖茨是微软联合创始人,他 13 岁开始计算机编程设计,18 岁考入哈佛大学,一年后从哈佛退学,1975 年与好友保罗·艾伦一起创办了微软公司,比尔·盖茨担任微软公司董事长、首席执行官和首席软件设计师。32年中，盖茨凭借敏锐的洞察力和非凡的商业头脑，将微软打造成在电脑软件、服务和互联网技术方面的全球领导者。微软的"视窗"（Windows）操作系统是20世纪世界最伟大的发明之一。这个无形的神奇玩意儿一夜之间揭开了计算机在普通人眼中的神秘面纱，填平了计算机与普通人之间的鸿沟，使计算机的学习甚至能够"从娃娃抓起"。它极大地改变了每一个现代人的工作、生活乃至交往的方式，也推动了科学技术事业的巨大进步与发展。因此有人说，盖茨对软件的贡献，就像爱因斯坦之于相对论，爱迪生之于灯泡。盖茨富有远见，善于决断，敢于冒险，坚定执着，在他身上淋漓尽致地体现了个人完全可以给全人类生活带来巨大影响的可能。正是由于盖茨对技术革命的创新和远见，才使得人与人之间的交流变得极为通畅和及时，地球变得越来越扁平，人类也才有了更多创造财富和幸福的机会。微软第二任领导人史蒂夫·鲍尔默（Steve Ballmer）来自底特律，是一个瑞士移民的后裔，是盖茨在哈佛大学时期的同窗好友。鲍尔默在微软成立第五年时加入，由于才华出众、性格直率，颇受盖茨及董事会的赏识。鲍尔默与盖茨不同。盖茨把握机遇开创了自己的事业，却不能用自己的激进、不可一世、玩世不恭以及绝顶的聪明来引领一个企业走向百年。鲍尔默深刻领会盖茨对软件行业的远见，更加深刻体会一个公司——世界500强公司，创造了1万多千万富翁的公司，都是绝顶聪明的人组成的公司，到处是对手以及咬牙切齿的敌人的公司——在走向中年期时最需要的灵魂：公司的核心文化。

甲骨文创始人拉里·埃里森是一个传奇人物，32岁之前还一事无成，读了三个大学，没获得一个学位文凭，换了十几家公司，老婆也离他而去。开始创业时他只有1 200美元，却使得甲骨文公司连续12年销售额每年翻一番，成为世界上第二大软件公司，也被媒体称为最佳和利润最高的公司之一，他自己也成为硅谷首富。而他的狂妄自大、生活奢靡也让外界对他毁誉参半。不可否认的是，他具有极其敏锐的商业嗅觉和经商能力。1976年，埃里森仔细地阅读了IBM研究人员发表的一篇里程碑的论文——《R系统：数据库关系理论》，看完后他敏锐地意识到在这个研究基础上可以开发商用软件系统。此后他凭借超强的商务交际能力获得了美国中央情报局的项目，这就是甲骨文公司的前身。埃里森波澜万丈的创业经历已成为硅谷最惊心动魄的传奇，其营销策略是"冲，冲，冲"，雇用员工的策略是"聪明有个性"。埃里森的知人善任及破格提拔也让技术人员无不视甲骨文公司为梦想之地。

（3）企业社会责任。微软公司网站上的企业文化价值观赫然在目：创新、多元化和包容性、社会责任感、慈善人道、环境友好、计算可靠。其文化价值观要素中除了"创新"和"计算可靠"属于职业能力层面之外，其余四项都在诠释一种人类社会文化生态价值观。其中，"多元化和包容性"的核心要义在于微软公司力求为任何人或组织提供发展平台，使其能充分发挥优势、经验和潜质，从而能在微软公司挑战自我，做最好的自己。微软既重视技术型人才也重视非技术性服务管理人才或组织，只要能以创新的体验促进多元化和包容性，都是微软矢志不渝的追求。

微软公司每年从软件服务收入中拿出14亿美元捐助全球的非营利组织。公司从2018年营业收入中拿出30亿美元资助少数民族事业以及残疾人、退伍军人和女性经商。微软公司自2012年以来每年的企业运作都坚持100%做到碳中和。这种持之以恒的社会责任感体现了"慈善人道"和"环境友好"两大新时代亮点。而微软创始人比尔·盖茨创立的比尔和梅琳达·盖茨基金会（Bill & Melinda Gates Foundation）更是全球人类慈善事业的典范。该基金会属非营利性质，旨在促进全球卫生和教育领域的平等。

甲骨文公司履行社会责任的理念是以身作则。这是推动甲骨文员工努力的理念，这些努力正在逐年取得显著成果。从扩大慈善足迹到世界各地的新社区，到成为有史以来第一个在校园内建立公立高中的公司，慈善事业方面，甲骨文公司继续在全球社区实现积极变革，同时赋予员工同样的权利。每年，甲骨文向致力于推进教育、保护环境和加强社区发展的非营利组织捐赠数百万美元现金，并在2018财年通过全球甲骨文志愿者计划捐赠了近10万小时的志愿服务。与此同时，甲骨文公司的教育计划——甲骨文学院和甲骨文教育基金会——帮助学生培养对技术的敏感性和创造的信心，使其成为未来的创新者。在环境方面，随着甲骨文公司持续的云转型，考虑到技术对环境的影响比以往任何时候都更加重要，甲骨文公司正在努力确保其云服务背后的基础架构清洁、可持续且高效。为了表彰甲骨文公司的努力，全球环境信息研究中心（CDP）从2016年起连续3年将其列入"应对气候变化A名单"。在文化方面，甲骨文公司通过持续的职业发展、持续学习、多元化和包容性计划以及健康和保健计划来投资于员工。甲骨文公司因为这些努力赢得了卓越职场研究所（Great Place to Work Institute）的奖项，并连续第11年获得人权运动基金会企业平等指数100%的评级。

3. 品牌物质文化

品牌文化的外层要素——品牌物质文化，是包括品牌产品在内的物质文化要素，它包括品牌产品、设计、包装、色彩、品牌名称、吉祥物、商标、品牌宣传标语等内容。这些是品牌赖以生存的基本条件，没有物质的存在，其他一切都无从谈起。品牌产品的设计、颜色的选择以及包装等工作最终将体现出品牌外在形象的吸引力。尤其重要的是，品牌物质文化将影响到目标消费者对品牌的第一印象。然而，不管是设计，还是颜色的选择，都必须围绕阐释品牌理念这一主题展开。品牌颜色的选择对品牌理念有重要的作用，比如，可口可乐的红色就很好地阐释了该品牌"激情"的理念主张。

（1）品牌名称。微软的名字是由比尔命名的。"Microsoft"一词源自"microcomputer"（微型计算机）和"software"（软件）两个词。"微软"一词很容易使人联想到"适用于微型计算机的软件"，这一联想正是其主营业务；并且不管是"微软"，还是"Microsoft"，都一样的简洁明了，易于被人记忆。这样的品牌命名对开拓全球市场可谓已占天时，从这里——品牌初创与成长期，就已经体现了其品牌管理的思路，不可不谓其品牌运营的成熟与老道。品牌命名只是品牌发展道路上的第一步，其后的品牌形象定位、品牌层级划分等做法加速了其品牌发展壮大的步伐。

甲骨文公司的名字是"Oracle"，意思是"神谕"。而公司中文名取为"甲骨文"，是因为我们中国人古代就是用甲骨来记录占卜结果的，所以写在甲骨上的文字（甲骨文）自然就代表着"神谕"了。甲骨文公司的创始人拉里·埃里森在创立公司前，曾经为美国中央情报局开发了一套用来管理大量情报信息的软件，这个软件系统的代号就叫"Oracle"。之所以起这个名字，是因为美国中央情报局希望这个软件系统能够像"神谕"一样为他们指点迷津，快速找到所需要的信息。

（2）品牌产品。微软是一家以软件为主要产品的公司，最让人称道的两个产品是Windows操作系统和Office办公软件。Windows操作系统从1985年诞生到现在，经历Windows 98、Windows 2000、Windows XP、Windows Vista、Windows 7、Windows 8等多种版本，目前推出的Windows 10系统相当成熟，是当前个人计算机的主流操作系统。Office办公软件包括多个子品牌，如Word、Excel、Powerpoint、Publisher、Access、

Explorer、Outlook 等。这一个个优质的产品已成为大多数家庭办公场所不可缺少的一部分，一个个耳熟能详的名称早已深入人心。多个子品牌的成功让微软的品牌之路走得更好，也暗含了其品牌管理上的独特之处，如电子表格处理工具 Excel，代表的中文含义有"擅长""善于""突出""胜过（他人）"等，又如文字处理工具 Word 有"单词""谈话""传说""保证""命令"等含义。其产品名字形象生动、款款大方，不愧品牌价值全球第二的大家风范。

Internet Explorer（简称 IE）是微软公司推出的一款网页浏览器，它集成了很多个性化、智能化、隐私保护的功能，为网络生活注入新体验，让用户每一天的网上冲浪更快捷、更简单、更安全，并且充满乐趣。除此之外，微软还推出了用于播放音频和视频的程序 Windows Media Player、网络搜索引擎必应（Bing）以及 Xbox 系列硬件产品。

甲骨文公司的产品遍及软件的各个领域以及部分硬件范围，包括服务器及工具、应用软件、顾问咨询、教育培训、技术支持等。其产品主要可以分为三大类：软件产品、服务产品和硬件产品。软件产品包括 Oracle 数据库、Oracle 融合中间件和 Oracle 管理软件。服务产品包括 Oracle 企业管理器、面向中型企业的产品、Oracle 技术支持、Oracle 外包服务、Oracle 大学、Oracle 顾问咨询、Oracle 分期付款服务等。硬件产品主要是收购的太阳微系统公司（Sun Microsystems）的硬件产品。

甲骨文公司的应用产品功能涵盖了企业经营管理过程中的方方面面，有全面的核心业务和行业管理软件组合、开放的管理软件产品和架构、集成度较高的管理软件、商务智能和基础架构解决方案，提供全面、开放和集成的管理软件战略，帮助客户变革其业务，创造价值并降低成本和风险。从业务领域上看，包含了财务、供应链、制造、项目管理、人力资源和市场与销售等领域，在客户关系管理、供应链管理、人力资本管理等领域都处于领先地位，并提供全面的垂直行业管理软件和行业领先的技术支持。从行业来看，涵盖了制造、零售、银行、通信、公共事业、保险等行业。从产品上看，包括了电子商务套件等业界领先的管理系统，集成的流程、商务智能、安全性和基础架构可加速使用，提高了生产力并降低了成本。

四、结论和启示

（一）技术是品牌文化的支撑，技术创新促进品牌价值提升

技术创新是高科技企业发展的源泉，是提升品牌价值的动力，在企业的品牌竞争中发挥着关键作用。企业加大技术创新的投入，提升技术创新水平，可以使企业在市场经济中更具有竞争优势，市场占有率不断扩大，提升品牌价值和品牌竞争力。技术创新在改善企业的经营效率的同时，还能为企业树立良好的形象，赢得消费者的口碑，为获取消费者的信任发出积极的信号。因此，技术创新对品牌价值的促进作用是不可否认的。甲骨文公司的成功取决于不断开发新产品和服务、整合所获得的产品和服务以及优化现有产品和服务的能力。快速的技术进步、激烈的竞争、不断变化的交付模式、计算机硬件和软件开发及通信基础设施方面不断变化的标准、不断变化和日益复杂的客户需求以及频繁的新产品引进和增强是甲骨文公司所处行业的特点。如果甲骨文公司不能开发新的或足够差异化的产品和服务，不能及时地加强与改进产品和支持服务，并为产品和服务定价以满足需求，客户就不能购买或订阅甲骨文公司的许可证、硬件或云产品，也不能续签许可证支持合同、硬件支持合同或云订阅合同。甲骨文持续更新和发布云产品及相关服务，包括 Oracle 自主数据仓库云服务。Oracle 自主数据仓库云服务提供基于机器学习的自动化，它将客户的停机时间减少到每年不到 30 分钟。机器学习和人工智能正在越来越多地推动技术创新，这些技术为甲骨文公司的产品和服务提供了保障，也促进了甲骨文品牌价值的提升。

（二）品牌文化是一个多元素综合体，品牌文化的最终目的是提升品牌价值

品牌文化并非完全独立的体系，它与企业文化、企业战略、营销等有密切联系。品牌文化与企业文化的联系尤其关键，甚至有些品牌文化的理念直接来源于企业文化的表述，只是具体解释和强调的重点不尽相同。另外，作为一个具有特定国籍属性的企业品牌，无论是站在本国的角度，还是站在世界的大视野上，其文化价值主张都将与其国籍属性密切关联。品牌文化的功能之一是提升品牌价值。品牌文化不仅仅是符号或它们的集合体，而且是企业营销活动思想和行为的复合体。因而，品牌文化的构建不仅是品牌符号化、品牌知名度提升的过程，而且要从品牌的价值发现入手，在品牌要素的各个方面体现品牌的价值观，用品牌文化提升品牌价值。品牌文化应是联系企业和消费者的桥梁，是企业营销产品的有力手段，是企业竞争取胜的关键。

（三）品牌文化是品牌理念、品牌行为和品牌物质的有机融合

品牌行为必须很好地与品牌所倡导的理念相吻合，不能出现违背理念的现象。品牌期望塑造的形象有赖于品牌理念和品牌行为的支撑，只有做到表里一致、言行一致，才有利于持久保持良好的品牌形象。品牌理念是一个企业的发展愿景、使命和价值观，它起到统领全局的作用。品牌行为则是品牌理念驱动的表现，代表了说和做，即表达和行动。一个品牌有了思想主张，必须将之付诸言说和指导行动，传达给目标消费者，这样才能取得效益。品牌物质是品牌赖以生存的基础，品牌产品的设计、颜色的选择以及包装等工作最终将体现出品牌外在形象的吸引力。尤其重要的是，品牌物质将影响目标消费者对品牌的第一印象。然而，不管是设计，还是颜色的选择，都必须围绕阐释品牌理念这一主题展开。

参考文献

［1］杰斯帕·昆得. 公司精神［M］. 王珏, 译. 昆明: 云南大学出版社, 2002.

［2］谭新政, 朱则荣, 杨谨蕈. 品牌总论［M］. 北京: 知识产权出版社, 2017.

［3］Bayus B L, Erickson G J, Jacobson R. The financial rewards of new product introductions in the personal computer industry［J］. Management Science, 2003 (2): 197-210.

［4］王俊峰, 程天云. 技术创新对品牌价值影响的实证研究［J］. 软科学, 2012 (9): 10-14.

［5］赵爱英. 企业技术创新与品牌创建: 内在联系与对策［J］. 商业研究, 2008 (2): 77-81.

［6］胡晓明, 秦轶. 技术创新与品牌价值的实证分析［J］. 广西财政学院学报, 2017 (6): 54-62.

［7］杨保军, 黄志斌. 基于知识进化视角的技术创新与品牌进化耦合机制研究［J］. 自然辩证法研究, 2014 (12): 30-35.

［8］周焯华, 秦佳良, 刘程军. 区域技术创新对品牌价值的影响: 基于省级面板数据的实证研究［J］. 科技管理研究, 2014 (22): 10-13.

［9］王志荣, 段建萍. 试论技术创新与品牌管理的关系［J］. 科技

创新导报，2009（28）：198-199.

[10] 杨敏，郭天琦，嵇舒昕. 关于微软、苹果、惠普公司的组织文化差异比较及启示 [J]. 现代物业（现代经济），2014（6）：56-57.

[11] 程江豪，王秋红. 管理者能力、企业技术创新与品牌价值 [J]. 会计之友，2019（4）：79-84.

[12] 史雨嘉. 联想集团与微软公司企业文化对比研究：以企业社会责任报告为例 [J]. 肇庆学院学报，2016（1）：29-33.

[13] 王丽霞，周阳. 用丹尼森组织文化模型的维度解析中美 IT 企业文化异同及启示：以微软与联想的企业文化为例 [J]. 人力资源管理，2011（3）：166-168.

（何文兵，沈正）

第十二章　品牌艺术与品牌文化
——路易威登与爱马仕品牌文化分析

【摘要】 本章在概述品牌艺术与品牌文化理论及文献的基础上，以路易威登、爱马仕两大顶级奢侈品牌为例，介绍其品牌发展历程，概括其品牌发展特点。深入分析了路易威登和爱马仕品牌存在极佳的品质、昂贵的价格、稀缺性、美学价值、传承历史等共性特征，同时存在定价定位、价值创新、营销推广等个性特征。探讨了品牌艺术与品牌文化之间的联系：品牌艺术是品牌的外在表现，品牌文化是品牌的内涵，两者相互作用和影响。品牌艺术作为品牌和消费者的一种品味的沟通，已经逐渐演变成了可以被购买和被消费的物质形态。日益丰富的消费文化需求将品牌艺术与品牌文化的结合推向了极致，这也是品牌未来发展的一个新的方向。

一、品牌艺术与奢侈品牌概述

（一）品牌艺术概述

品牌是综合信息的直观表达。从经济学角度讲，品牌属于信息符号。消费者关注的不仅是品牌所代表的产品品质、性能和效用等实用价值，还有品牌所代表的文化内涵、市场定位、消费者认知等。从消费者角度讲，品牌艺术就如同品牌和消费者之间的沟通代码，代表着品位和格调。从文化、精神或地理的角度讲，品牌艺术强调品牌的名声、顾客好感等，是消费者与产品有关的全部体验。

品牌文化的核心是文化内涵，是品牌所蕴含的深刻的价值内涵和情感内涵，也就是品牌所凝炼的价值观念、生活态度、审美情趣、个性修养、时尚品位、情感诉求等精神象征。品牌文化代表着一种价值观、一种品位、一种格调、一种时尚、一种生活方式，它的独特魅力就在于它不仅仅提供给顾客某种效用，而且帮助顾客去寻找心灵的归属，放飞人生的梦想，实现他们的追求。品牌文化的塑造通过创造产品的物质效用与品牌精神的高度统一，能超越时空的限制，带给消费者更多的心灵慰藉和精神寄托，在消费者心灵深处形成潜在的文化认同和情感依赖。在消费者心目中，他们所钟情的品牌作为一种商品的标志，除了代表商品的质量、性能及独特的市场定位以外，更代表他们自己的价值观、个性、品位、格调、生活方式和消费模式；他们所购买的产品也不只是一个简单的物品，而是一种与众不同的体验和特定的表现自我、实现自我价值的道具；他们认牌购买某种商品也不是单纯的购买行为，而是对品牌所能够带来的文化价值的心理利益的追逐和个人情感的释放。因此，他们对自己喜爱的品牌形成强烈的信赖感和依赖感，融合许多美好联想和隽永记忆。他们对品牌的选择和忠诚不是建立在直接的产品利益上，而是建立在品牌深刻的文化内涵和精神内涵上，维系他们与品牌长期联系的是独特的品牌形象和情感因素。

在现代商品同质化严重的市场中，品牌的销售特别是顶级奢侈品的销售，在某种程度上，不仅仅是销售产品，还要传递产品背后的传奇故事，以精致的工艺和历史文化激发消费渴望。因此，培养消费者与品牌的长期联系、建立消费者对品牌的忠诚度，更多的是依靠品牌深刻的文化与精神内涵，而不是直接的产品利益。品牌与艺术的合作使原本单一的物质消费转化为精神消费、文化消费、体验化的消费。奢侈品品牌就像是一座艺术与生活之间的桥梁，使我们的生活艺术化的同时，也使艺术更加生活化。

品牌在进入新消费市场的时候，往往不遗余力地通过各种方法进行推广。这不仅仅是为了追求单纯的利益，更是为了塑造牢固而稳定的品牌形象。从市场策略的角度分析，这种充满文化意味的活动比单纯的商业推广和宣传更有助提升品牌形象，还代表了一种生活理念、价值观和审美观。市场与消费者更多地沟通和交流，才能使设计制造者艺术创作的灵感迸发，才能使艺术更好地融入市场之中。艺术内容是奢侈品拥有的首要特点，其与奢侈品之间有着非同一般的关系。不同于消费品，艺术品是永恒的。借助艺术的光芒，奢侈品品牌渴望获得长久的生命周期，像艺术品一样得到永生。而艺术本身来说概念过于宽泛，它包含艺术活动与艺术作品。艺术首先作为一种文化现象而存在，是日常生活进行娱乐的特殊方式，更重要的是能够满足主观与情感的需求。能够传达出美的事物，都属于艺术。人们为更好地满足自己对主观缺憾的慰藉需求和情感器官的行为需求，创造出艺术这种文化现象。艺术，起初是人们在日常生活中进行娱乐游戏的一种特殊方式，并且又是人们进行情感交流的一种重要手段。

品牌艺术是运用概念分析和体验方式来探索品牌感性沟通的应用哲学，是品牌与受众通过品牌符号和品牌感知体验的审美互动而实现品牌溢价价值的品牌建构理论。简言之，品牌艺术显现了品牌与消费者品位的沟通。

（二）奢侈品牌概述

奢侈品牌是指服务于奢侈品的品牌。它是品牌等级分类中的最高等级品牌。在生活当中，奢侈品牌享有很特殊的市场和很高的社会地位。在商品分类里，与奢侈品相对应的是大众商品。奢侈品不仅是提供使用价值的商品，更是提供高附加值的商品；奢侈品也不仅是提供有形价值的商品，更是提供无形价值的商品。对奢侈品而言，它的无形价值往往远高于有形价值。

奢侈，从汉字的构成来看，"奢"由"大"和"者"构成，"侈"字由"人"和"多"构成，其引申的意思是"挥霍浪费财物，过分追求享受"。从语源学来讲，奢侈品一词的英语"luxury"是从拉丁语"lux"和"luxus"所转变而来的，而"lux"的意思是闪亮的、有亮度的。这个词不仅仅传达了在奢侈品里常用到的珍贵材料，同时也代表了奢侈品给人们所带来的显著的特征和外界的知名度。虽然在当今西方社会理念里"奢侈品"已经与"奢侈"这一概念相分离，但"奢侈品"仍然被定义为"非生活必需品"，其虽并非人类生活所必需品，但当个人拥有时可享受极大的喜悦。另外，奢侈品的定义会因个人的价值观和生活习惯而有所差别，有些人认为奢侈品是过度的和铺张浪费的产品，而对另一些人而言奢侈品则是美好的、优越的和可欣赏的艺术品。由于一个人对奢侈品的观念会受个人态度、周围情况、政治经济因素、社会变动、文化特点及产品种类等因素影响，因此很难准确地为奢侈品冠上一个能被大众共同认可的定义。从古希腊直到 19 世纪，人们对于奢侈品的消费品位高于它的存活价值究竟是给社会带来好处还是带来伤害这个问题一直存在激烈的争论。支持者认为奢侈品代表着一种革命，是人类文明发展的力量，相信奢侈品会成为社会经济发展的推动力；而反对者则将奢侈品视为所有道德意义中的敌人，认为它将给光明的社会带来黑暗。

奢侈品必须是奢华的商品。不管人们有多少种审美意识，但对奢侈品只有一种，那就是"看见就赞美"。奢侈品牌所服务的产品必须是"最高级别"，这种"最高级别"必须从外观到品质都能逐一体现。正因为人们对其美丽和奢华赞叹不已，它才能为主人带来荣耀。因此，奢侈品理当提供更多的"可见价值"——让人看上去就说好。那些购买奢侈品的人往往不是在追求实用价值，而是在追求全人类"最好"的感觉。

毫无疑问，历史声誉是奢侈品牌的重要内涵。奢侈品牌具有极高的文化价值，品牌的这种文化价值主要来自它的历史声誉。一个品牌的历史越长，它的文化内涵就会越丰富。

二、路易威登与爱马仕的品牌发展历程

强势的国际奢侈品牌的管理形态可以归为两大类，一类是多品牌管理集团，例如路威酩轩（LVMH）集团、古驰集团；另一类是独立的品牌公司，例如香奈尔、爱马仕。这两种类型的公司都可以管理和运作非常成功的品牌。品牌并非因归属于多品牌集团就会比独立品牌获得更高的成功概率，反之亦然。能够代表两类管理形态的成功品牌有很多，其中路易威登、爱马仕是两个类别中当之无愧的代表。

（一）路易威登品牌发展历程

路易威登（Louis Vuitton）创立于1854年，隶属于法国专产高级奢华用品的LVMH集团。路易威登是Louis Vuitton的中文音译，但更为人们所熟知的是Louis Vuitton不断出现的大写字母组合LV。路易威登品牌标志见图12-1。

图12-1　路易威登品牌标志

路易威登的品牌传奇在于革命性地创制了平顶皮衣箱，并在1854年于巴黎开了第一间店铺。LV图案是路易威登皮件的象征符号，至今经久不衰。但就像现在一样，一开始它的设计就很快被抄袭，平顶方形衣箱随之成为潮流。而路易威登能够拥有国际奢侈品的翘楚地位，原因在于它有着自己特殊的"基因"，也就是专属的品牌艺术。路易威登品牌高度尊重和珍视自己的历史。品牌不仅以其创始人Louis Vuitton（路易·威登）的名字命名，还一直继承了他追求品质、精益求精的态度。路易威登的第二代传人乔治·威登则开始为品牌添加国际视野和触觉。第三代传人卡斯顿·威登又为品牌带来了热爱艺术、注重创意和创

新的特色。至今，已有六代路易威登家族的后人为该品牌工作。同时，不仅是家族的后人，每一位为路易威登工作的设计师和其他工作人员都必须了解路易威登的历史，并且从中领悟到它特有的这些"基因"。

品牌创始人路易·威登出身于法国乡村的一个木匠家庭，自小就跟随父亲学习木匠手艺。1835年，一对年轻、衣着华丽、举止高贵的摩登男女来到路易·威登家。他们的到来吸引了众多村民的围观，然而摩登女郎对乡村的一切都很鄙夷，认为乡村的月亮都与巴黎大相径庭。受到摩登女郎话语的刺激，不服气的路易·威登决定前往巴黎一睹究竟。于是，年仅14岁的路易·威登只身前往巴黎。在两个月徒步旅行后，路易·威登最终抵达，开启了人生中至关重要的一段旅程。来到巴黎，路易·威登先是在一家专门从事行李捆绑工作的公司当学徒，凭借精巧的手艺和勤奋的工作，他受到了王公贵族的青睐，一时声名鹊起。为此，他得以进入宫廷，专为乌捷妮皇后整理行装。精巧、专业的捆绑技术为路易·威登赢得了乌捷妮皇后的信任，使得其成为皇后的专任捆工和御用皮革师。为乌捷妮皇后服务的经历，使得路易·威登目睹了蒸汽火车、汽船运输的发展，认识到圆顶皮箱存在的问题。于是，路易·威登采用轻便且防水的软质帆布，大胆设计出平顶皮衣箱。平顶皮衣箱的出现，为热爱旅行的皇室们所惊叹。至此，路易威登品牌成为旅行者的伴侣，品牌的旅行文化也由此开始传播。

一百多年持有一个品牌，路易威登的每一步发展都无疑是质量和管理效率的积累，从路易威登产品在实验室里的检测过程就可见一斑。路易威登公司总部位于富丽堂皇的巴黎。在一间房门紧锁的地下室里，一台机械手臂把一个棕褐色的手包举到离地面半米高的空中，然后将之抛落。这个手包内装有3.5千克的重物，它要在4天之内反复经受上述高空抛掷实验。这间地下室是路易威登的产品检测实验室。实验室里还有一台仪器专门用紫外线对手包进行曝晒，以检测其外表的褪色情况。还有一项实验就是检测手包拉链的耐用程度，测试过程中手包的拉链要被反复开合5 000次。由此看来，路易威登的成就并不是花架子，是其对产品技术的绝对控制，保证了其产品的考究和质量。

19世纪末20世纪初，伴随着工业革命的兴起，各种交通工具层出不穷，拥有一百多年悠久历史的路易威登品牌敏锐地抓住时代发展的契机，不断推出与各种交通工具相匹配的旅行箱包，为品牌旅行文化源源不断地注入新的活力。1875年是跨洋轮船发展的黄金年代，路易威登品牌推出衣柜式行李箱。行李箱内分格十分精细，设有挂衣架和抽屉，使得箱子的利用更为合理化和个性化，免去了反复拆包和打包的烦恼，为旅行中的人们提供了愉悦的享受。1901年，路易威登设计出品牌史上的第一个手袋"蒸汽包"（Steamer Bag）。这款手袋是世界上第一个软质旅行袋，可以折叠放在箱子里，用于放置脏衣服，为长途旅行提供了巨大的便利，成为蒸汽邮轮盛行时代贵族旅行方式的见证。与轮船差不多时间出现的旅行工具是火车。为了满足火车旅行者的需求，路易威登马上设计出相匹配的新箱子。

19世纪80年代末，伴随着汽车的出现和普及盛行，短途行李成为旅行者的又一选择。路易威登品牌推出了精心设计的车载旅行箱。车载旅行箱外形的设计参照了车辆本身及车身后部吊架的空间，使得行李箱能既牢固又有效利用空间地放在汽车行李架上。车载旅行箱的出现为开车旅行的贵族们带来了愉悦的享受，也彰显了路易威登品牌对旅行精神的执着追求。1921年，路易威登推出"Show me your luggage and I will tell you who you are"（让我看看你的旅行箱，我会知道你是谁）的广告语，阐述了品牌为本、蕴含奢华和梦想的旅行起源精神。自此，旅行箱突破单纯的放置物品的使用价值，成为人们享受生活的态度和追逐自由的情怀的标志，路易威登品牌也成为最精致的旅行用品象征。旅行箱的不断更新与创造，缔造了路易威登品牌故事的核心基因——"旅行"。

在品牌发展的历程中，路易威登不断为品牌文化注入新的内涵。进入21世纪，随着社会不断进步，科技日新月异，生活节奏日益加快，拥有奢华物质生活的人们却成为"精神上的贫民"。如何提高精神世界水平，实现生命的意义，成为新时代路易威登思考的一大问题。于是，2008年路易威登投放了一支电视广告——"旅行的意义"。广告传达的核心理念即"The journey is life itself"（生命本身就是一场旅行），将旅行视为生命中的一个过程，鼓励人们在旅行中找寻自己，实现生命的价值。而在这探寻生命价值的过程中，路易威登旅行箱包一直相伴在旁，围绕生命主题讲述品牌文化。在一百多年发展历程中，路易威登对品牌核心基因——"旅行"文化的坚守与传承，是对品牌文化的一次完美的追寻与延续，日渐形成了路易威登品牌崇尚精致、品质、舒适的旅行品牌文化。而"LV"的重叠字母艺术化符号，不仅是普通的字母"L"与"V"的简单重叠，其显示的是一个奢侈品品牌的百年历史与文化。品牌标志不仅能够彰显消费者的独特品位与高贵身份，更是在无形中对品牌产品质量与服务的一种承诺。

（二）爱马仕品牌发展历程

爱马仕（Hermès）是世界著名时装及奢侈品品牌之一，也是世界上最优秀的纺织品印染品牌之一。爱马仕的品牌标志（图12-2）是一辆双人座的四轮马车，由主人亲自驾驭，马童随侍在侧，而主人座却虚位待驾。爱马仕品牌标志设计的灵感源自爱马仕第三代传人埃米尔·爱马仕收藏的一幅由阿尔弗雷得·多尔所画的作品"四轮马车与马童"。该标志代表了爱马仕提供的虽然是一流的商品，但是如何显现出商品的特色，需要消费者自己的理解和驾驭。

图12-2　爱马仕品牌标志

爱马仕品牌于1837年由提埃里·爱马仕（Thierry Hermès）创立，早年以制作马具起家。作为当今世界上最著名的品牌之一，爱马仕精致的产品和完美的质量以及无可挑剔的服务和深厚的品牌文化底蕴赢得了无数人的爱慕，成就了爱马仕一百多年的成功。最开始，爱马仕仅仅是一个鞍具商，生产骑士专用的马鞍。17世纪，欧洲的骑士道逐渐开始消退，爱马仕的马鞍销售也一度受到严重影响。然而爱马仕独具慧眼，发现贵族妇女开始拎着花哨的手提包出入于各个场合，手提包款式各异，成了当时最时髦的玩意儿。1892年，爱马仕不再生产马鞍，转而开始生产女性手袋，变成了皮具商。爱马仕所有的产品都至精至美、无可挑剔。时至今日，爱马仕已将品牌延伸至各个领域，包括皮具、丝巾、领带、箱包、男女时装、香水、腕表、鞋类、配饰、马具用品、餐具及珠宝首饰等。大多数产品都是手工精心制作的，因此，爱马仕的产品被奉为有思想、高品位、内涵丰富的艺术奢侈品。

作为代表法国文化的世界顶级品牌，爱马仕在经历了近两个世纪的风雨洗礼后，如今屹立在世界奢侈手工艺品牌金字塔的塔尖。爱马仕一直秉承着超凡卓越、极致绚烂的设计理念，尤以色彩绚丽、工艺精湛、设计独特、优雅之极的丝巾为传统典范，成为国际丝巾的明星品牌。爱马仕一直崇尚一种理念，即其产品不仅仅是生活用品，更是一种生活态度和生活艺术。爱马仕通过多年的创意图案设计形成了独特的品牌艺术，因而也在世界众多奢侈品品牌中鹤立鸡群，其图案让人一眼便分辨出与市场上其他品牌的图案有所不同。爱马仕的图案是以各种文化元素为原始素材，经过创意的组合和设计而得到的以叙述故事为主的图案。

文化元素指的是与人类文化相关的一切元素，包含全时空范围内的素材。从空间范围来看，可以是各个地域的特色文化，各个民族的传统文化；从时间范围来看，可以是远古人类的原始文化，也可以是古典文化，可以是现代文化，还可以是想象中的未来人类文化。创意是爱马仕品牌艺术的核心要素，如果没有经过创意方法的塑造，只是将素材简单地堆砌，就不能称其为爱马仕品牌艺术。创意依附于品牌文化，没有文化的创意就没有灵魂。文化是一个很宽泛的概念，许多哲学家、思想家、社会学家、语言学家、人类学家都在为其下一个精准的定义而努力。对于图案设计，笔者认为，一切与人类发展相关的历史、地理、风俗、生活方式、文学、艺术、发明创造、科技技术等现象，都可被纳入文化的概念范围之内。

爱马仕创意图案是一件艺术品，对于培养消费者的审美能力有很好的作用。爱马仕创意图案符合形式美的法则，具有多彩的内容、严谨的结构、丰富的色彩、独到的技法等。消费者只有不断培养自己的审美能力，才能更完整地欣赏这样一幅作品。而随着审美能力的不断提高，消费者会对商品的文化创意提出更高的要求，同时要求企业不断提高自身的文化素养。

爱马仕创意图案从形成品牌艺术到融入品牌文化，对于寓教于乐、传播各式文化无疑有很好的推动作用。爱马仕创意素材通常是与人类文明相关的历史、地理、风土人情、名人传记、科技进步等文化信息，这些文化信息通过服饰图案能快速传播给消费者们，对文化的传播起到推动作用。同时，爱马仕品牌艺术和品牌文化不拘泥于本国文化，而是推崇文化全球化。

三、路易威登与爱马仕品牌文化比较

文化既有共性也有个性。同为奢侈品的路易威登与爱马仕两大品牌在产品品质和营销定位等方面有其共同的特征，即共性；同时，虽然两者同样是奢侈品牌，但它们在不同时期的品类创新上也具有不同的个性化因素。这些共性和个性因素成为两大品牌长盛不衰的基础。两大奢侈品牌都已经经历了160年以上的发展历史，均源自法国。路易威登始入行业为旅行箱，在BrandZ发布的《2019全球最有价值奢侈品牌》榜单中排名第 1 位，达 472 亿美元。爱马仕始入行业为马具，在 BrandZ 发布的《2019 全球最有价值奢侈品牌》榜单中排名第 3 位，品牌价值达 310 亿美元。路易威登与爱马仕品牌概况见表 12-1。

表 12-1　路易威登与爱马仕品牌概况

品牌名称	2019 年品牌价值（亿美元）	奢侈品类排名	归属国	创立年份	始入行业	创始人
路易威登	472	1	法国	1854 年	旅行箱	Louis Vuitton
爱马仕	310	3	法国	1837 年	马具	Thierry Hermes

（资料来源：2019 年 6 月 BrandZ 发布的《2019 年全球最有价值奢侈品牌》榜单）

（一）品牌创始人特征

路易威登与爱马仕均为传承多年的家族企业创立的品牌，创始人是重要的企业内部资源。在历史背景作用下，创始人的特征对品牌的出现产生了重要影响。两个品牌的创始人均来自社会底层，他们吃苦耐劳的拼搏精神、改变命运的不懈追求以及不断学习的良好习惯为品牌的出现创造了可能。他们的特征是：由学徒成为优秀的匠人，创造了稀缺的优质产品，积累了上流社会人脉并赢得了其尊敬，服务于上流社会，进而搭建了走向上流社会的阶梯。

路易威登创始人路易·威登的父亲是磨坊主。1837 年，路易·威登 14 岁时只身来到巴黎，在马雷夏尔商行当学徒，学习行李打理和箱包制作。由于学过木工又刻苦努力，路易·威登很快成为商行的优秀箱包制作师，多次提供令皇室满意的服务。

爱马仕创始人提埃里·爱马仕的父亲在德国经营一家小旅店，提埃里从小在旅店负责看管旅客的马车和马具。1823 年，提埃里跟随家人逃难到法国，从事了一些与马有关的学徒工作。他当过车夫、饲养员、马具工等，1837 年开设了自己的马具作坊，精致的产品逐渐得到上层社会的青睐。1854 年，他自己开设店铺，自然也有了延续的高端客户群。

（二）品牌继承人特征

两大品牌的继承人均延续了父辈的成长轨迹，先在家族店铺和工坊做学徒，了解品牌传统，同时结合新的社会环境进行创新。凭借父辈积累的声誉，两大品牌的继承人在掌管这些品牌时，已经属于上流社会的成员，其倡导的生活方式足以引领潮流。

路易·威登的儿子乔治·费雷奥尔儿时就在父亲的店铺和作坊当学徒工。乔治23岁时，60岁的路易·威登把一家店铺交给他单独管理。乔治在继承传统的同时，对品牌产品进行了一系列创新：1896年他用父亲姓名的第一个字母组成了"LV"花朵图案；1912年在香榭丽舍大街70号建造了路易威登大厦。

提埃里·爱马仕的儿子夏尔·埃米尔跟父亲一起打理作坊的生意，他接受过系统教育，新的创意频繁涌现，马具作坊的生意越来越红火。后来他们将总店搬到毗邻贵族居住区的福宝大道24号，使爱马仕成为巴黎最著名的马具品牌。爱马仕第三代掌门人埃米尔·爱马仕酷爱艺术，带领爱马仕走进了欧洲各国的皇宫。

（三）两大奢侈品牌的品牌文化共性

路易威登和爱马仕两大奢侈品牌均将消费者划为了不同社群和层级，具有受众范围小、溢价能力强、艺术附加值高、极具时尚引领性、具有工匠精神和高品质等共同点。

1. 受众范围小

这两个顶级奢侈品牌将客户群划分了不同的社会层次，品牌的目标消费群体主要是成功人士与社会精英。一方面，这类消费群体的经济实力强；另一方面，他们都存在高端的消费需求。

2. 溢价能力强

在大众消费市场，品牌不一定意味着价格溢价。一件品质过关的衬衫也许只要200元，但在衬衫的领口绣上LV品牌的标签，这件衬衫可以售价4 000元或者更高；一个普通包400元，但印上爱马仕品牌标志，可以售价数万元甚至10万元以上。这些体现了这两大奢侈品牌的溢价能力，而价格溢价直接证明了品牌的价值。

3. 艺术附加值高

国际奢侈品营销管理大师文森特·巴斯蒂安（Vincent Bastien）曾说"艺术是奢侈品的审美担保人"，尤其是当代艺术，毫无疑问成为这两个顶级奢侈品牌设计师重要的灵感源泉。艺术附加值是奢侈品牌存在的不可或缺的条件。对于艺术与奢侈品牌来说，两者的实用价值都是次要的，象征价值才是其精髓所在。这两大奢侈品牌的产品完全可以与名贵的艺术品相提并论，不管是价格上还是体验上。两者都崇尚美感，都对细微之处要求极致，都追求独特的感官体验。长期而深厚的艺术底蕴，使顾客对这两个品牌青睐有加。"不艺术就不是上等人"，这正是奢侈品向人们传递的信息。两大奢侈品牌的推广方式有广告、旗舰店、走秀、展览等，它们共同的特点是强调艺术、情调、感性。

将艺术性、文化性引入产品的设计，可以体现奢侈品不同的风格。以路易威登为例，用艺术体现品牌文化是该品牌的一大核心。路易威登一直在品牌文化中不遗余力地强化艺术分量，每一个门店的橱窗陈列投入可以说是行业之最。路易威登注重艺术的创造，并努力在店内营造艺术氛围：创意橱窗设计，独特店铺外形设计，在多个旗舰店设置艺术廊，都使路易威登展现出了独特的品牌风格。在品牌文化方面，作为旅行用品的品牌，旅行、探险文化也是路易威登一张重要的品牌文化牌。这种将产品与艺术相结合的方式，有效地将本品牌与其他产品区分开来，也增添了品牌的艺术附加值。

4. 极具时尚引领性

毋庸置疑，奢侈品牌对于时尚行业的发展起着引领作用，品牌设计师们可以依照自己的设计理念天马行空地进行创作。因此，路易威登和爱马仕两大品牌每逢新款发布都备受瞩目，相关媒体通过报道新闻向大众传递时尚信息，并预测未来一年的时尚流行趋势。"时尚易逝、风格永存"常用来形容奢侈品牌，这是源于奢侈品牌强烈的设计风格与经典印象。路易威登的帆布、爱马仕的凯莉包和铂金包等，这些奢侈品牌的经典烙印不仅没有随着年代的变迁而过时，而是成为普通品牌一直争相模仿的款式。

5. 具有工匠精神和高品质

以爱马仕为例，其凯莉包（Hermes Kelly）的制作工艺堪称精湛。选料严苛，只选用无任何疤痕的小牛皮的脊背部分。手工缝制一个凯莉包至少需要17个手工工时，手缝工艺乃出自巴黎庞丹市有悠久传承历史的手工作坊的工匠之手。爱马仕工匠在抛光鳄鱼皮时必须用玛瑙打磨，直到呈现鳄鱼皮的厚重质感与华丽光泽。普通品牌则不会动用这么耗费人力财力的工序，而是直接在皮革上涂一层亮光漆。路易威登的箱包最后的制作工序也是手工完成的，它们都作为特殊订单，由巴黎阿尼耶市手工作坊的工匠来完成。两大奢侈品牌这种对完美品质的追求因其极致的过程而显得尤为珍贵。

路易威登和爱马仕两大品牌是文化与美学的结合，两者均提供给消费者一个感性的世界，总是一致与不间断地传达给消费者一种梦想与情感，使得消费者忘却经济上的实际考量。极佳的高品质、昂贵的价格、稀缺性、美学价值、时尚引领性等，这些共同特点成为两大奢侈品牌的品牌文化核心元素。

（四）两大奢侈品牌的品牌文化个性

路易威登和爱马仕两大奢侈品牌在品牌定位、营销策略、生产方式、价格定位、鉴定方法等方面有着各自的个性化元素。

1. 品牌定位不同

爱马仕品牌一直以精美的手工和贵族式的设计风格立足于经典服饰品牌的巅峰。它奢侈、保守、尊贵，整个品牌由整体到细节，再到它的专卖店，都弥漫着浓郁的以马文化为中心的深厚底蕴，属于顶级小众定位；而路易威登品牌以卓越的品质、杰出的创意和精湛的工艺成为时尚旅行艺术的象征，因此品牌定位相对大众化。

2. 营销策略不同

路易威登品牌一直将崇尚精致、品质、舒适的"旅行哲学"作为设计基础，坚持做不一样的东西，找名人代言，不断给消费者带来惊喜。路易威登每个季度推出限量高价品，买不到限量品的消费者只能买普通价的产品，因此路易威登的营销策略涉及各个层次的客户群。而爱马仕给人的印象是神秘、顶级，营销策略目标只集中于顶层客户群，因此爱马仕不找名人代言，仅把钱花在服务顶尖客户身上。

3. 生产方式不同

爱马仕坚持纯手工生产工艺，确保独特性。爱马仕的皮包、丝巾、瓷器等，都不发代工，完全以手工进行小量生产，且自营工厂全在法国。例如，爱马仕丝巾以手工绢版套色，最多套42色，且丝巾车边均以手工卷边缝制，工序繁复。而路易威登品牌相对大众化，需求产量更高，目前通过手工和机械混合加工生产包具。

4. 价格定位不同

价格是产品价值的体现，而奢侈品的价值更多在于它的象征价值。一个品牌的象征价值越大，它的价格就越高，价格溢价能力也越强。路易威登品牌根据其产品等级会有一个阶梯式的价格划分。品牌的入门款式，如小件皮具等定价在 4 000～5 000 元人民币，让消费者能够轻易地接触到。品牌的当季款式，即时下最流行的成衣、鞋履、箱包等是每一个季度的主打产品，销售预期较高，价格在 5 000～30 000 元人民币。品牌的经典款式是最知名且最畅销的产品，价格偏高，在 20 000～50 000 元人民币。品牌的稀有款式分为两种：一种是产品的材质稀有，一种是产品的数量限量，其价格位于阶梯式价格等级的顶端，售价基本 50 000 元人民币以上，不设上限。

爱马仕的定价比较特殊，它不公布价格，但所有人都知道爱马仕的产品很贵。一是因为爱马仕从一开始就设立了很高的价格门槛，定位顶级客户；二是因为只有真正购买产品的顾客才知道价格。爱马仕产品的价格像一个谜，没有规律可言。以爱马仕同一个款式的手袋为例，不同地区、不同皮质、不同尺寸、不同颜色的产品均有不同的价格。而且随着时间的推移，爱马仕会不断上调价格，其目的是刺激消费者需求，保持品牌与产品的尊贵感。

5. 鉴定方法不同

在正品鉴定方面，路易威登对每一条缝线都很讲究，它的色号、粗细、柔韧度、针脚的数量都有严格的规定。正品的路易威登缝线采用上蜡的棉麻线，而仿品为了节省成本只会使用普通的棉线。仿品采用的缝线颜色刺眼，一般为很怯的鹅黄色或很艳的正黄，而且看不到纹路。爱马仕的鉴定也可以看走线。爱马仕走线的特征是斜纹线，如果用的是直线，就很明显是假货。辨别真假爱马仕最关键的一环是鉴定其五金和烫金配件，因为好的金属配件从开模到铸造都需要采用精密工艺，而花钱做精做细又会提高成本，这不是仿制者所擅长的。看金属件的重点是看光滑度（尤其是所有凹槽内是否光滑），看是否有接头（尤其是表面上看不见的地方）。

和传统的、固执的、不愿做出改变的奢侈品牌相比，路易威登和爱马仕两大品牌更能够接受科技、接受新的观念甚至接受竞争者的个性，不断更新变化就是它们不变的法则。所以，这两大奢侈品牌既能遵从于自己的根基和价值观，又能够赋予品牌文化个性和创新意识，从而在跨越不同时代时不断获取新的能量。

四、结论和启示

本章分析的路易威登与爱马仕两大奢侈品牌都有着无比高贵的出身和悠久的历史，也都被赋予了很多传奇的故事。拥有这样高贵地位的品牌同样拥有独一无二的设计理念。两大品牌都在其自身所拥有的文化和设计风格的基础上，带着全新的视野，根据市场现状将品牌文化与品牌艺术结合在一起，推陈出新，创造不一样的品牌价值。

1. 奢侈品牌发展趋势

人们常说，时尚是转瞬即逝的，艺术却是永恒的。这句话对于身处时尚金字塔顶尖的奢侈品牌而言同样奏效。借助艺术的光芒，奢侈品牌也期望超越短暂的生命周期，像艺术品一样得到永生。品牌要想坐稳江山，需要有时尚的外表，然而光有时尚的外表而缺乏艺术内涵难免肤浅乏味而使人审美疲劳。艺术具有令单调时尚化腐朽为神奇的功效。艺术是最奢侈的时尚，玩时尚的奢侈品牌也正变得越来越艺术。奢侈品与艺术联手将会让品牌更具有生命力，同时，以奢侈品为载体的艺术会更贴近人们的生活，使更多人感受到艺术的魅力。没有艺术内涵和文化理念的品牌只会步向死亡。所以路易威登、爱马仕两大奢侈品牌均开启了它们的品牌艺术化进程，即借助某种途径与艺术领域进行融合，将非艺术品转换成艺术类似品，公开将艺术纳入其商业核心部分，通过构建品牌艺术身份来重塑品牌形象。越来越多的人开始意识到，艺术已经远不再是品牌用来吸引眼球的花边元素，而是成为品牌策略中的重要因素。

奢侈品牌都具有明确的品牌基因，并且大多出自欧洲国家。这些品牌不论是在发达国家或者发展中国家，甚至是在世界的每一个主要城市里都建立了自己的旗舰店。品牌店铺都设立于城市中最繁荣的地段。奢侈品牌所代表的是一种视觉形象，其品牌文化的价值大大超越了商品本身的价值，品牌消费者的心理满足远远大于商品可带来的物质享受。奢侈品消费者最注重的永远不是商品的功能性，而是品牌背后的历史、文化、审美、享乐、梦想等因素所呈现的自我价值。

直到20世纪80年代，奢侈品牌与艺术家跨界合作出现了新的转折点——艺术基金会的诞生。卡地亚集团的原总裁阿兰·多米尼克·佩林（Alain Dominique Perrin）在1984年创立了"卡地亚当代艺术基金会"，以企业的力量资助那些需要帮助的艺术家，从此开拓了奢侈品牌与艺术家各式各样的跨界合作形式。1983年法国国际当代艺术展览会的时装秀开幕式曾邀请18位服装设计师与18位艺术家携手进行服装设计。而纽约、伦敦、巴黎等地方每年的时装周上，各大艺术画廊都会出租自己的场地以表支持。1998年，法国巴黎春天百货董事长及PPR集团（Pinault-Printemps-Redoute，碧诺—春天—雷都，简称PPR）总裁费朗克斯·皮诺特（Francois Pinault）将佳士得拍卖行收购。紧接着第二年，路易威登集团总裁伯纳德·阿诺特（Bernard Arnault）将菲利普斯拍卖行及塔桑拍卖行收购。艺术博览馆及美术馆也都纷纷成为奢侈品的展示厅，奢侈品旗舰店也纷纷设立了"美术馆"，甚至连品牌的橱窗也都成为"迷你美术馆"，这说明奢侈品牌与艺术的边界已经逐渐地消除。

奢侈品牌与艺术的跨界形式可分为 6 种，分别为：赞助艺术活动、设立艺术奖项、企业收藏、艺术展览馆、艺术基金会、商品设计。其中，赞助艺术活动是最为广泛的形式，几乎过半的奢侈品企业都选择通过赞助大型艺术展或艺术家个人展的方式来向艺术世界靠拢。如今，奢侈品牌屡屡发布与艺术家的合作案例，同时也出现越来越多与中国的艺术机构或艺术家相关联的跨界合作，这或许是奢侈品牌持续拓展中国市场以及接触更多当地消费者最快速有效的方式。

2. 品牌与艺术都有着共同的文化属性

品牌艺术与品牌文化的交流、碰撞是一种社会现象和趋势，也是一种社会实践，二者之间的共融是根据消费者和社会的发展、变化而不断地融合与发展的。奢侈品牌与艺术的合作激活了市场，激活了人们对品牌的进一步认可、对艺术的了解与喜好，既满足了消费者多元化的需求，又使艺术更好地适应市场与市场经济，大大推动了文化产业的发展，也繁荣了市场。伴随着奢侈品牌与艺术的交流和碰撞，品牌与艺术在传承各自文化的同时也被注入了新活力，而顶级奢侈品与艺术联手会让品牌更具有生命力，同时，以品牌为载体的艺术会更贴近人们的生活，使更多人感受到艺术的魅力。

纵观品牌的发展过程，其自身的传播影响力不可忽视，而品牌与艺术的合作将品牌的理念进一步宣传和表达，在商业价值之外展示出了更好的品牌艺术、品牌文化。同时，品牌艺术作为品牌文化的一种载体和表现形式，不断促进自身的创新发展，在理论和实践层次都得到很大程度的发展。由此可见，品牌艺术和品牌文化结合并相互推进具有深刻的意义，品牌商和品牌研究者应该进一步探索其相互作用。

3. 对中国品牌建设的启示

中国作为"生产大国"而不是"设计强国"，以低廉的劳动力成本为优势，形成的低端制造、低成本竞价、低附加值出口的资源消耗型经济模式经过 30 年的发展虽有量的激增，但仍未有质的改观。我们的企业付出了大量的劳动和成本，却没有得到应有的回报。世界奢侈品消费第一大国至今却没有真正意义上的奢侈品牌，只能眼睁睁地看着大量的资金外流。除了技术的问题，艺术的缺席与失语是重要原因。艺术的缺席和艺术品位的缺失,也使我国奢侈品消费者花了大把的银子却难以摆脱"富而不贵"的尴尬形象。因此,我国必须加强自有品牌高质量建设,提升自有品牌的精品意识和艺术品位,将原先奢侈品的"炫耀性消费"转变为"精神性消费",引导顾客消费观念走向一个全新的阶段,即由单纯的品牌崇尚迈向艺术消费。

参考文献

[1] 凯文·莱恩·凯勒. 战略品牌管理 [M]. 李乃和,李凌,沈维,等,译. 北京:中国人民大学出版社,2003.

[2] 菲利普·科特勒,凯文·莱恩·凯勒. 营销管理 [M]. 12版. 梅清豪,译. 上海:上海人民出版社,2006.

[3] 林升梁. 整合品牌传播学 [M]. 厦门:厦门大学出版社,2008.

[4] 戴维·阿克. 管理品牌资产 [M]. 吴进操,常小虹,译. 北京:机械工业出版社,2012.

[5] 米歇尔·舍瓦利耶,热拉尔德·马扎罗夫. 奢侈品品牌管理 [M]. 卢晓,编译. 上海:上海人民出版社,2015.

[6] 张家平. 奢侈孕育品牌 [M]. 上海:学林出版社,2007.

[7] 孔淑红. 奢侈品品牌历史 [M]. 2版. 北京:对外经济贸易大学出版社,2014.

[9] Kapferer J N,Bastien V. 奢侈品战略:揭秘世界顶级奢侈品的品牌战略 [M]. 谢绮红,译. 北京:机械工业出版社,2019.

[10] 阿肖克·颂,克里斯蒂安·布朗卡特. 奢侈品之路:顶级奢侈品品牌战略与管理 [M]. 谢绮红,译. 北京:机械工业出版社,2016.

(朱君,刘泓)

第十三章　品牌文化创新
——雀巢与星巴克品牌文化分析

【摘要】 文化是品牌的灵魂，品牌文化创新是品牌价值的深化。文化创新理论认为，品牌设计出的具有品牌特色的文化表述形成了品牌文化创新，其创新通过该品牌与消费者的接触而传递。本章介绍了星巴克与雀巢品牌的形成和发展，概述了星巴克与雀巢的品牌文化，比较分析了星巴克与雀巢的品牌文化创新策略，并得出了品牌文化创新的启示。

一、品牌文化创新概述

自约瑟夫·熊彼特（Joseph Alois Schumpeter）在1912年所著的《经济发展理论》中提出创新理论以来，创新就成为一个格外引人关注的话题，特别是在以创新为核心的新经济带动下，创新成为企业获得成功的首要因素。熊彼特认为，创新就是建立一种新的生产函数，也就是说，把一种从来没有过的关于生产要素和生产条件的新组合引入生产体系。创新包括以下五种情况：引进新产品；引用新技术，即新的生产方法；开辟新市场；控制原材料的新供应来源；实现企业的新组织。

创新是时代的主题，也是时代的精神。品牌创新是指随着企业经营环境的变化和消费者需求的变化，品牌的内涵和表现形式也要不断变化发展，品牌本身应该根据环境和需求的变化不断完善和调整，以更好地适应变化、应对变化。纵观世界知名品牌，特别是一些百年品牌，如可口可乐、雀巢等，其品牌之所以能长盛不衰，主要就是因为不断地进行品牌创新和产品创新。

文化是品牌的灵魂，品牌文化创新是品牌价值的深化。文化是开放和包容的，它的形成和发展是吐故纳新、包容与超越的过程，任何一种文化都会受到内部和外部等多方因素的影响，品牌文化也不例外。市场是动态的，社会文化环境在改变，消费者心理特征在改变，竞争对手也在改变，这些变化使得品牌文化不得不及时地进行创新和发展，以更好地满足市场和消费者的需求。品牌文化创新就是品牌通过核心价值的创新，不断打破既有品牌障碍，适应市场需要的过程，这也是企业修正旧的品牌模式、保持品牌活力和生命力的源泉所在，是品牌竞争能力的重要内容。

根据道格拉斯·霍尔特（Douglas Holt）和道格拉斯·卡梅隆（Douglas Cameron）的文化创新理论，品牌设计出的具有品牌特色的文化表述形成了品牌文化创新，其创新通过该品牌与消费者的接触传递出去，例如通过服务、营销、产品等传递。这样的文化表述通常包含三种元素：意识形态、神话和文化密码。意识形态即一种具有理解性的想象、一种观看事物的方法，这样的方法一般是多数人认可或遵从的；神话则是流传下来的、具有一定传世意义的故事，它可以反映出意识形态；文化密码则是为了激发消费者的消费需求而创造出的，具有品牌特色的文化内容。因此，当一个品牌的文化创新基于一个合适、正确的意识形态，并且通过创造的文化密码，以一种吸引人的神话故事呈现出来的话，该品牌的文化创新就取得了成效。在霍尔特和卡梅隆看来，一家公司推出新产品时，应根据上述创造品牌文化的原则来赋予新产品一定的文化内涵。历史文化对于品牌文化创新具有一定的重要性，历史故事、英雄人物都可以是品牌文化创新的着力点。因此企业可以参考社会发展变迁中所产生的各种故事，从而确定契合自身品牌的故事来创造或延展品牌文化。

融合文化是当前媒介融合研究的重要内容之一，亨利·詹金斯（Henry Jenkins）提出的"融合文化范式"，关注媒体融合、参与文化和集体智慧三个概念之间的关系，试图通过"融合"的概念描述技术、产业文化以及社会领域的变迁。融合文化打破了传播者主导的文化生产格局，使受众成为大众文化的生产者和消费者。随着媒体融合趋势的增强，消费者互动参与、体验和分享的程度日渐深化并加剧，这些因素都对品牌的文化战略提出了挑战。

二、雀巢与星巴克品牌简介

（一）雀巢品牌简介

雀巢公司成立于1867年。19世纪60年代，从事药剂师工作的瑞士籍人亨利·内斯特（Henri Nestlé）为不能享用母乳的婴儿研发了一种突破性婴幼儿食品。产品口碑很好，一时声名大噪。亨利顺势在1867年创立了育儿奶粉公司，以他的名字 Nestlé 命名。1905 年，雀巢育儿奶粉公司与英瑞炼乳公司合并，组成了现在人们熟知的雀巢公司。20 世纪初，铁路和轮船运输降低了商品成本，推进了国际贸易的发展。雀巢公司借助海外子公司建立跨越非洲、亚洲、拉丁美洲和澳大利亚的销售网络，成为一个全球性的奶制品公司。

第一次世界大战的爆发为公司带来了大批订单，大宗政府的采购合同带动了雀巢奶制品的消费，但原材料的短缺和限制跨境交易阻碍了生产。为了解决这个问题，公司收购了位于美国和澳大利亚的一些加工工厂，在战争结束时雀巢拥有了 40 家工厂。1921 年，战后军队对于罐装牛奶的需求下降，价格下跌与高库存水平使得雀巢遭受第一次经济损失。为应对此次危机，公司进行了许多积极的转变，其中就包括研制开创性产品：雀巢咖啡。

雀巢扩大传统业务，同时不断进军快速成长的新兴领域：茶、药品、化妆品、巧克力、冰淇淋、调味品、营养品、罐头食品、速冻食品、宠物食品、矿泉水等。经过多年的发展，雀巢卖掉亏损的品牌，并按照"营养、健康和幸福"的宗旨大力促进那些符合消费者需求的品牌发展。公司扩大在美国、东欧和亚洲的经营，努力成为全球饮用水、冰淇淋和宠物食品的领导者。

近些年，雀巢第一次阐明了"创造共享价值"的经营方针，并启动了"雀巢可可计划"和"雀巢咖啡计划"，进一步发展可可和咖啡的可持续供应链。

一个有着 152 年历史的世界食品饮料巨头企业，至今仍旧长盛不衰、不断成长。公司以"创造共享价值"为使命，致力于提高人们的生活品质，成为被认可和信赖的营养、健康及保健领域的领导者。

雀巢是速溶咖啡的发明者。正是雀巢的创新之举，使咖啡以一种全新的形式进入人们的生活，使人们可以在不受咖啡豆采摘限制的情况下，随时随地享受咖啡的美味。可以说，速溶咖啡的发明和雀巢咖啡品牌的诞生，是咖啡历史上改变人们生活方式的创新，这在当时是一个非常充满敢性的创新。此后，创新精神一直是雀巢咖啡品牌的内在基因，敢性和创新一直是雀巢咖啡品牌精神的重要组成部分。无论是产品研发、销路开拓还是与消费者的沟通，雀巢都在努力创新。

雀巢是最早进入中国的外商之一。1990 年，雀巢在中国大陆的第一家合资厂开始运营，随后雀巢又在中国建了多家工厂。在中国的这 30

年，雀巢咖啡一直将自己定位成一个把咖啡文化带入中国的品牌。在中国，咖啡是一个非常年轻的品类，不像千年的茶文化。因此，雀巢将目光锁定了年轻的消费群体，从最初参与第十届中国大学生广告艺术节学院奖，到每年的消费者需求调研，雀巢通过和这些年轻的消费者沟通，了解他们的心声，了解他们的消费源动力。雀巢希望"活出敢性"这个理念能给予年轻人更多的鼓励，使他们发展自己的理想并达到愿望。20世纪90年代，随着中国消费水平一步步增长，中国市场越来越开放，消费者开始接受国际品牌，也开始尝试以前没有接触甚至抵触的产品，喝咖啡一度在中国成为追逐潮流的象征。

在21世纪初，当人们逐渐了解咖啡可以作为日常饮品的一种选择时，雀巢咖啡广告的重心转向了生活方式的引导。广告内容尤其关注年轻消费者的生活方式，宣传雀巢咖啡有助于年轻一代减轻工作压力，增强他们接受挑战的信心。在此时期，咖啡馆在各大城市中如雨后春笋般出现。咖啡对于中国人来说，已经不那么陌生了，但与许多国家相比，中国人均咖啡年消费量仍然很低。而现在，咖啡已成为许多人的日常消费品。

回顾雀巢咖啡文化推广的历史，文化精神的引导一直是雀巢咖啡努力打造的品牌内涵。雀巢咖啡自登陆中国市场以来，不仅是一个咖啡品牌，更是中国消费市场时尚文化发展的无形引领者。雀巢咖啡广告中的动听旋律和广告故事中的温馨情节都体现了雀巢咖啡始终以文化作为连接咖啡与年轻人的桥梁，引导年轻人的消费价值观。

除此之外，雀巢公司不断采取并购战略。并购是一种打破不同国家、地区之间的经济壁垒及进入门槛，迅速获得市场准入的最有效方式。以并购换市场，雀巢深谙此道。雀巢从生产婴儿食品白手起家，如今产品线跨越十多种品类，拥有20多个国际知名品牌，其中超过一半的知名品牌是通过并购和兼并所得。开拓欧洲市场，进军全球市场，每到一个国家，雀巢总是紧盯当地前景最好的行业，兼并具有发展潜力的企业，在行业中占据统治地位。通过150余年的并购扩张和投资，雀巢奠定了自己在全球食品行业中的领军地位。2018年12月，在世界品牌实验室编制的2018年《世界品牌500强》榜单中，雀巢公司排名第22位。2019年7月10日，全球品牌价值评估权威机构英国的"品牌金融"（Brand Finance）发布《2019全球最有价值的50大食品品牌》排行榜，雀巢排名第1位。

（二）星巴克品牌简介

星巴克（Starbucks）咖啡公司成立于1971年，是世界领先的特种咖啡的零售商、烘焙者和星巴克品牌拥有者。目前星巴克品牌旗下零售产品包括30多款全球顶级的咖啡豆、手工制作的浓缩咖啡和多款咖啡冷热饮料、新鲜美味的各式糕点食品，以及丰富多样的咖啡机、咖啡杯等商品。此外，公司通过与合资伙伴共同生产和销售瓶装星冰乐咖啡饮料、冰摇双份浓缩咖啡和冰淇淋，通过营销和分销协议在零售店以外的便利场所生产和销售星巴克咖啡和奶油利口酒，并不断开发泰舒茶、星巴克音乐光盘等新的产品和品牌。

星巴克（Starbucks）这个名字来源于美国小说《白鲸》中爱喝咖啡的大副Starbuck。在起名时，星巴克的元老们更钟情于小说中的捕鲸船名"Pequod"，但因为"Pequod"有时会让人联想到"小便"（pee），只好退而求其次，这才选中了"Starbuck"。现名"Starbucks"让人联想到一群热爱喝咖啡的水手，正好与品牌形象和定位契合。星巴克著名的双尾美人鱼商标也是根据品牌名中的航海冒险元素最终确定下来的。1987年，每日咖啡创始人霍华德·舒尔茨（Howard Schultz）收购星巴克，从此带领公司跨越了数座里程碑。1992年6月，星巴克作为第一家专业咖啡公司在美国上市。自那时起，一杯一杯的星巴克咖啡使整个世界为之着迷，成为当代青年男女热衷的咖啡。

自1999年1月星巴克在北京国贸中心开设第一家门店到2019年9月，星巴克在中国内地168个城市开设了超过4 100家门店，拥有57 000多名星巴克伙伴。目前，星巴克正积极拓展中国内地二线市场，致力于在不久的将来使中国成为星巴克在美国之外最大的国际市场。此外，公司秉承在全球一贯的文化传统，积极融入中国地方社区和文化，做负责任的中国企业公民。

星巴克能把一种古老的商品发展到形成了与众不同的、持久的、有高附加值的品牌，与其刚开始创业时坚守的"体验文化"和独特的营销手段分不开。据调查，星巴克的成功并不在于其咖啡品质的优异，轻松、温馨的气氛才是星巴克制胜的法宝。因为星巴克咖啡馆所渲染的氛围是一种崇尚知识、尊重人本位、带有一点"小资"情调的文化。在星巴克咖啡馆里，强调的不再是咖啡，而是文化和知识。星巴克文化实际上是围绕人和知识这两个主题下功夫的文化，这种文化的核心，是利用尽量舒适的环境帮助人拓宽知识面和提升能力。星巴克还十分注重针对顾客的需求开发新的服务内容。总部设在西雅图的星巴克正在尝试各种经营思路，吸引人们步入店内，延长驻留时间。店内经常播放一些爵士乐、美国乡村音乐以及钢琴独奏等，这些正好迎合了那些时尚、新潮、追求前卫的白领阶层。他们天天面临着强大的生存压力，十分需要精神安慰，这样的音乐正好起到了这种作用，让他们在消费一种文化的过程中，催醒内心某种沉睡的怀旧情感。从 2002 年起，星巴克在北美和欧洲 1 200 家连锁店里推出高速无线上网服务，携带便携式电脑或个人数字助理（PDA）的顾客可以一边惬意地喝着咖啡，一边在店里浏览网页、收发电子邮件以及下载信息。

和其他大型跨国公司不同，星巴克是不利用巨额的广告宣传和促销的少数品牌之一。星巴克品牌推广不依赖广告，其一贯的策略是重在品牌形象推广，全球皆然。星巴克认为咖啡不像果汁，咖啡有独特的文化性，赞助文化活动对星巴克形象推广很重要。如以前上海举办的达利画展，星巴克就是主要赞助商。不仅如此，星巴克也是上海亚洲太平洋经济合作组织（APEC）会议的赞助者，人们在星巴克建筑当中也能充分感受到星巴克的"体验文化"。星巴克连锁店外观设计单纯从店周围的环境来考虑，但是其内部装修要严格地配合连锁店统一的装饰风格。每一家店本身就是一个形象推广，是星巴克商业链条上的一环，由美国的设计师专门为每一家店创造丰富的视觉元素和统一的风格，从而使顾客和过路客赏心悦目，达到推广品牌的目的。这种推广方式被称为"Tie-in"，就是把咖啡馆形象和顾客紧密联系起来。在星巴克咖啡店里，员工是传递体验价值的主要载体，咖啡的价值通过员工的服务才能提升，因而员工对体验的创造和环境同样重要。事实上，星巴克的员工就如同咖啡迷，他们可以详细地解说每一种咖啡产品的特性，而且善于与顾客进行沟通，预感他们的需求。员工在星巴克被称为"伙伴"，因为所有人都拥有期权，他们得到了足够的尊重，也为星巴克品牌创造了极大的竞争力。2018 年 12 月，在世界品牌实验室编制的 2018 年《世界品牌 500 强》榜单中，星巴克排名第 32 位。

以咖啡与顾客为核心，打造属于每个人的"第三空间"，为顾客全方位提供"星巴克体验"，是星巴克打造出的品牌文化。星巴克可谓 2019 年最火爆的咖啡品牌，其夏季推出的多种口味的"网红"星冰乐新品吸引着消费者纷纷前去"打卡"，限量发售的"猫爪杯"更是引起了一番抢购热潮。

图 13-1　星巴克品牌标志

星巴克（Starbucks）的商标有两种版本。第一种版本的棕色商标源于一幅16世纪斯堪的纳维亚的双尾美人鱼木雕图案，图案中的美人鱼有赤裸的乳房和一条清晰可见的双重鱼尾。后来星巴克被霍华德·舒尔茨先生所创立的每日咖啡兼并，所以换了新的商标。第二种版本的商标沿用了原本的美人鱼图案，但做了些许修改，把商标颜色改成代表每日咖啡的绿色，融合了原始星巴克与每日咖啡特色的商标就这样诞生了。星巴克品牌标志见图13-1。

三、雀巢与星巴克品牌文化的形成和发展

（一）雀巢品牌的形成和发展

1. 历史背景

造就雀巢的是战乱年代。19世纪中叶，欧洲仍处于频繁动荡的战争时期。为了统一德国，普鲁士在1864年和1866年先后打败了丹麦、奥地利，但法国仍然在幕后操纵，阻碍德国统一。在普鲁士首相俾斯麦的鼓动下，西班牙王位继承权产生争议，法国皇帝拿破仑三世向普鲁士宣战。普鲁士团结德意志民族进攻法国。在普法战争的背景下，欧洲人民的健康情况恶化，婴儿死亡率居高不下。统计数据显示，瑞士当时的婴儿死亡率高达20%。

为了改善这种情况，一位药剂师独自开始了他的实验，他将果糖、面粉和奶粉按一定比例混合，制成一种育儿乳制品。据说，一位病重的母亲无法给她的孩子哺乳，她碰巧得知了这款育儿乳制品，抱着尝试的心态，她喂给了孩子。结果孩子非常喜欢，并且成长得很健康。这一事件在育儿圈中流传开来，许多母亲开始订购使用这种产品。这款育儿乳制品的发明者就是雀巢的创始人亨利·内斯特。

亨利·内斯特得知产品被大众接受后，就决心创办一家企业进行大规模生产，以便让更多的家庭能够买到它。1867年，一家以亨利·内斯特（Henri Nestlé）名字命名的公司"雀巢（Nestlé）"婴儿食品生产公司就此诞生。

2. 领导者战略

第一次世界大战结束后，军队和民众对罐装奶粉的需求锐减，雀巢

公司遭遇亏损危机。银行家路易斯·达波尔（Louis Dapples）临危受命，加盟雀巢集团，担任董事长一职。他做出了一个重要决定，把雀巢从悬崖边上拉了回来：商业与科研分开进行，科研工作集中于瑞士韦威的实验室。这种管理模式是创新之举，科研工作为雀巢后来的发展奠定了坚实的基础。1930 年，巴西咖啡研究所请求雀巢公司研发一种入水即可溶成一杯香浓咖啡的粉末。经过 8 年的反复试验，雀巢咖啡终于被研制出来，并随即得到了剧烈反响，世界闻名的雀巢咖啡由此诞生。

受第一次石油危机的影响，雀巢的营业额增长放缓。对于一个企业来说，没有进步就是毁灭的开端。20 世纪 80 年代，汉穆·毛赫尔（Helmut Maucher）就任雀巢公司董事长。他清楚地认识到，雀巢必须更加专注于其核心业务，停止不加节制的多元化。他决定瞄准专业化食品研发与制造。他计划通过收购大量其他食品公司以创造规模效应，从而建立世界上最大的食品公司。毛赫尔上任后，立即开始梳理公司内部业务，迅速剥离非主业资产、亏损领域，并将矿泉水、冰淇淋和宠物食品确定为公司未来的主要产品。

此后，汉穆·毛赫尔开始推行这一战略。从他 1981 年上任到 2001 年退出董事会的 20 年里，雀巢在全球收购了 250 家公司，平均一个月一家。令人瞠目结舌的是，250 个收购案例，在汉穆·毛赫尔的操作下，竟然无一失败。伴随着成功的并购，雀巢在这段时间里净利润增长了 5 倍，公司市值更是增长了 15 倍。

后两任董事长彼得·包必达（Peter Brabeck）与保罗·薄凯（Paul Bulcke）也继续执行这一战略。包必达在 2001 年以高达 103 亿美元的价格收购了美国第二大宠物食品制造商罗尔斯顿普瑞纳公司，进一步巩固了雀巢在宠物食品市场中的地位。2003 年，雀巢以 26 亿美元收购了美国厨师公司（Chef America）的冷冻食品业务，以及冰淇淋品牌莫凡彼和德雷尔。

（二）雀巢品牌文化的形成

1. 品牌构成要素

在雀巢 150 多年的发展历程中，雀巢的品牌标志已经从最初的徽章变为适应现代数字设备的文字与图形的结合。雀巢创始人亨利·内斯特用他的家族徽章作为雀巢的原始商标——中间印有鸟巢的盾形图案。然而，由于徽章识别度低，视觉印象差，最初的雀巢品牌标志仅使用了一年就进行了一次大改。亨利·内斯特在保留家族徽章中鸟巢特征的基础上，增加了大鸟喂哺 3 只幼鸟的形象，使雀巢品牌标志与雀巢婴儿食品之间建立了视觉联系，大大加深了人们对雀巢品牌的印象。现代的商标设计中，设计师往往使用人们熟知的事物使消费者产生联想，从而使品牌更加贴近消费者的生活，让消费者无形中心生好感。"雀巢"一词虽然普通，但令人印象深刻的一个原因是，在英文中"Nestlé"的意思是"舒适安顿"和"依偎"。雀巢品牌标志中大鸟喂养幼鸟的温暖画面自然会让人联想到母亲养育孩子的情景。

此后，为顺应国际化的发展战略，雀巢品牌标志也进行了"拓展"。1938 年，雀巢公司首次在标志上增添"NESTLÉ"的德文字样，弥补了鸟巢图案无法被人们记住的缺陷，使品牌名称清晰易记。更重要的是，人们见图形知其品牌，见品牌知其图形。在西方的标志设计史上，品牌名称和图形紧密结合的形式也是不多见的。雀巢公司随后在 1966 年重新绘制了标志，以庆祝其 100 周年和商业模式现代化的成功发展。"NESTLÉ"德文字样摒弃之前的"倒角"字体，采用新的"直角"字体；鸟巢图案的线条更加硬朗与分明。这丰富了雀巢标志带来的体验感和想象力，进一步增强了消费者对该品牌的印象。

当时人们对于产品质量与外观的要求是实用、简约。为顺应这一趋势，雀巢重新设计了已经沿用 50 年的品牌标志，最大的改变是更清晰地突显了图案和品牌名称，带给消费者良好的视觉体验。1988 年，"Nestlé"字样被换成了空心字体，并且位置移到了鸟巢下面，除首字母"N"外，其余字母改用小写。除此之外，对鸟巢和树干进行了简化处理，减少了一只幼鸟，并去除了幼鸟和母鸟嘴里的虫子。雀巢公司不仅在产品上不懈追求健康营养与生活品质，而且注重雀巢品牌标志在商业环境中的视觉识别特征，以被人们更加容易地发现、区分与记忆。1995年，"Nestlé"改为实心字体，更加清晰，鸟巢图案的线条再次简化。

在 21 世纪移动互联网时代，智能手机等现代化设备普及，暴增的信息流使得社会追求极简设计，以便于信息的阅读和识别。雀巢在 2015 年再次调整了标志，将鸟巢图案精简到极致，对 3 只鸟的构图进行了微调，整个标志线条更加流畅、有力和独特。在中国市场，雀巢在标志中引入"雀巢"中文名称，增强了雀巢标志在中国市场的号召力。母鸟喂哺巢中的两只幼鸟，象征母亲养育孩子。

雀巢品牌标志的演变见图 13-2。

图 13-2　雀巢品牌标志的演变

2. 目标顾客与品牌定位

雀巢旗下的品牌几乎涵盖食品行业的各种产品：咖啡、饮品、奶制品、保健品、烹饪食品、糖果、巧克力、冰淇淋、瓶装水。

雀巢咖啡瞄准了年轻一代的消费者，因为年轻人是这个世界的"发电机"，他们充满活力，咖啡就是他们缓解压力和消除劳累的好帮手。在中国、日本等茶文化根深蒂固的国家，如果咖啡仅仅作为一种饮品，很难取代茶在人们心中的地位，且难以拓宽销路和占有市场份额。因此，雀巢咖啡变身为一种时尚文化，成为跟随潮流的象征，鼓励年轻人"活出敢性"，挑战自我，挑战新事物。

雀巢公司的经营理念是"Good food, good life"，即为人们提供优质的食品，保障健康与营养的生活。

3. 营销组合策略

雀巢通过模块化的营销组合，保持国际运营与各国本地经营的平衡，也实现了国际宣传与各国本地宣传的平衡，使公司高度统一，使雀巢咖啡乃至雀巢品牌享誉全球。

公司总部位于瑞士日内瓦湖畔。总部发布了对雀巢品牌产品生产工艺、质量管理和主要原材料等方面的严格规定，行政权归属各国公司的董事。他们有权根据不同国家的文化特质决定每种产品的最终成型。这意味着公司不仅要处于全面分权的局面，还要追求国际与各国本地之间的一致性。为了实现双重目的，必须保持一种微妙的平衡。如果不遵循统一的基本原则和执行目标，不考虑相关因素，这种平衡就容易被打破。

为此，雀巢公司编制了3个文件。

第一个是标签标准化文件。雀巢总部给出了一个指导性文件，它清楚地规定了标签设计的各组成元素。例如，雀巢咖啡的标志、字体和颜色，以及细节比例。该文件还列出了各种产品的标签图例，并建议分公司尽量使用这些标签。

第二个是包装设计手册。这是一个可以更为灵活使用的文件，提出了分公司可以用不同方法使用标准。例如，产品包装的材料和包装样式。

第三个也是最重要的文件是品牌化战略。它包括雀巢的营销原则、背景和战略品牌的主要特征的一些细节。这些主要特征包括：品牌个性、预期形象、与品牌相关的公司、上述文件中涉及的视觉特征以及品牌开发。

雀巢公司的管理层认识到，经济全球化已经将营销活动和组织机制从"块"结构转变为"模块"结构，那么他们的重点也需要转移到模块组合，实施模块组合营销。基于以上事实，我们将雀巢的模块组合战略定义为：将公司的营销部门划分为数个直接在市场上灵活运营的小规模业务部门，可以及时对市场变化做出响应及应变决策。虽然每个业务部门都是独立的，但各部门遵循公司的总体战略。在雀巢的模块组合战略中，各分公司在各自的国家中独立运作，有权采用独特的战略，但也接受公司总部的调遣和协调。

为了更好地实现品牌宣传的一致性，雀巢决定在全球范围内减少其广告代理。雀巢总部为每个战略品牌指定了优先广告代理，例如雀巢咖啡的优先广告代理公司是麦肯和智威汤逊，各分公司可以从网络中选择自己的广告机构。实践表明，雀巢采用此种集中式广告服务网络，效果很好。

（三）星巴克品牌的形成和发展

1. 历史背景

20世纪50—60年代，美国市场上充斥着大量的价格低廉、品质普通的咖啡豆。对于当时的美国人来说，喝咖啡就是去街头的面包店，或是社区里面的"邻里店"（neighborhood shop），花上一两块美元，在美式咖啡、拿铁、卡布奇诺、摩卡这几个传统种类中选上一种。但随着当时美国经济的飞速发展，价格低廉、种类传统的咖啡已经难以再满足人们对于更高品质的咖啡的追求。

阿尔弗雷德·毕特（Alfred Peet，星巴克的"精神之父"）是一个荷兰咖啡商人的儿子，他到美国来生活时，感叹于美国咖啡市场之大与咖啡质量之低，便在加州伯克利开起了一家属于自己的咖啡店——毕特咖啡与茶。毕特凭借着自己对咖啡的独特理解，配合从欧洲进口的上好的咖啡豆，很快便培养了一大批忠实的毕特咖啡与茶的粉丝，杰瑞·鲍德温（Jerry Baldwin）和戈登·鲍克（Gordon Bowker）就是其中两位。他们二人可以说是不折不扣的咖啡发烧友。受到毕特咖啡与茶的影响，他们二人也萌生了开一家属于自己的咖啡店的想法。他们取小说《白鲸》里的角色 Starbuck 的名字，将希腊神话传说中海妖塞壬的形象作为标识。在 1971 年 4 月，第一家"星巴克"便诞生了，主要销售优质的咖啡豆以及一些其他的香料。星巴克一经开业，便吸引了许多的咖啡爱好者，后来甚至收购了杰瑞·鲍德温和戈登·鲍克曾经的最爱——毕特咖啡与茶。

2. 领导者战略

尽管已经有越来越多的人喜欢上了高品质的咖啡，甚至成为星巴克的狂热爱好者，但是由于当时的星巴克经营业务种类的限制以及杰瑞·鲍德温和戈登·鲍克二人相对保守的经营策略，自星巴克成立的 16 年以来，一共建立了 6 家门店。终于在 1987 年，杰瑞·鲍德温和戈登·鲍克二人决定出售星巴克，只保留毕特咖啡与茶。同为咖啡爱好者，后来被人们誉为"星巴克之父"的霍华德·舒尔茨出资购买了星巴克，并将其重组成为一家销售滴滤咖啡和浓缩咖啡饮料的门店。在舒尔茨收购星巴克之前，他曾在意大利感受到了咖啡店对于意大利人生活的重要性，人们在咖啡店品尝咖啡、工作、闲谈，对于他们来说，咖啡店是一个和家、学校、公司地位相同的地方。舒尔茨相信，在美国，这样的意式店与咖啡生活也同样会风靡开来。

星巴克的名字本身就是一种格调和品位的象征。"Starbucks"出自 19 世纪美国浪漫主义小说家麦尔维尔的小说《白鲸》，是一位性格独特、文艺而具有个人魅力的角色，而咖啡正是他的最爱。麦尔维尔的受众读者主要由受到过良好教育、拥有较高品位的人士组成。因此舒尔茨继续沿用"星巴克"的名称，从而向顾客传递出星巴克的品牌定位，就是向那些注重品位、崇尚知识、具有小资情调的人们提供高品质的咖啡与服务。由此，去星巴克喝咖啡成了一种品位与时尚的象征。

与此同时，舒尔茨践行星巴克的使命："激发并孕育人文精神——每人，每杯，每个社区"，致力于将星巴克打造成为除了家庭、工作场所之外的"第三空间"，即为顾客营造出一种介于家庭与办公室之间的中间状态的空间，让人们能够在星巴克找到生活与工作的平衡。人们可以在播放着优雅的音乐、装修考究的星巴克咖啡店内喝上一杯咖啡，欣赏窗外的街景；或是与好友甚至是咖啡师闲谈；抑或是点上一杯咖啡，开始一天的工作。

对于当时的人们来说，像星巴克这样的咖啡店是新颖的、有吸引力的，越来越多的人成了星巴克的常客，无论忙碌或者空闲都愿意来到星巴克点上一杯咖啡，度过自己的时光。如此的"星巴克体验"无疑成为星巴克发展的推进器，至今星巴克已经在全球 80 个市场开设了超过 30 000 家门店，拥有星巴克伙伴（员工）400 000 余名。2018 年，星巴克与雀巢联合成为咖啡联盟，由雀巢负责星巴克门店之外的咖啡零售业务，共同开拓咖啡市场。

（四）星巴克品牌文化的形成

1. 品牌构成要素

如前所述，"Starbucks"一名出自麦尔维尔的《白鲸》中的角色，是一名具有独特个人魅力、嗜喝咖啡的大副。从命名来看，星巴克的小资形象就已经有所展现。除了命名之外，小众、有品位的店内音乐也是星巴克打造品牌的手段之一。1999 年，星巴克收购了唱片公司"听音乐"（Hear Music），用来为星巴克门店打造独有的"星巴克音乐"，这些音乐以爵士、布鲁斯、摇滚为主。优雅、小众、独特的音乐为星巴克门店吸引了众多顾客。

除了音乐，门店的装修也是星巴克展现品牌文化与定位的手段之一。星巴克拥有专门为门店设计装修方案的团队，每一个新门店的装修都会将星巴克自己的装修风格与当地风情结合起来，让每一个星巴克门店都带有"星巴克基因"却又各具特色，不会让人感到千篇一律。这样的细节设计同样体现在星巴克的其他产品中，其不定期推出的马克杯、运动杯、玻璃杯等也渐渐受到越来越多消费者的追捧。星巴克在顾客能够感受到的每一个细节都做足功课，致力于为顾客提供全方位的"星巴克体验"，从而培养了越来越多的忠实顾客，让绿色的人鱼图走进了更多人的心中。

2. 目标顾客与品牌定位

最初，星巴克的目标顾客是一群拥有一定社会地位、有品位、具有小资情调、追求品质的中高产阶级人群。但随着星巴克进入更多的市场，星巴克对目标顾客的定位渐渐向白领、年轻人靠拢。他们喜欢接触新事物,喜欢能够体现品位、兼具时尚的事物,此外,对于星巴克来说,这样的人群的消费倾向更符合星巴克的定位,消费能力同样不弱。此外,白领与年轻人还是如今网络上最为活跃的人群,他们的体验分享能够为星巴克带来更多的顾客,同时为星巴克积攒了独特的口碑。因此,越来越多的顾客走进了星巴克。

当然,归根结底星巴克还是一个销售现磨咖啡的咖啡店,再完美的包装如果没有优质的咖啡来做支撑,星巴克是不可能走到今天这一步的。从选择生咖啡豆、烘焙、调制到销售,星巴克层层把关,坚持将世界上最好的咖啡带给每一位顾客。优质的咖啡加上独具一格的品牌风格,成为星巴克品牌溢价的关键因素。

四、雀巢与星巴克品牌文化创新比较分析

(一)雀巢品牌文化创新

1. 从零售到消费者体验式创新

过去在雀巢的主要营收中,零售占了大部分。在目前的市场中,产品品质已经变成了消费者选择产品的基础要求,大众越来越注重服务质量。雀巢不断根据市场需求提升用户体验,并推出语音识别智能家庭营养健康助手——雀巢小 Ai,向用户提供包括查询健康小贴士、定制化营养食谱、热量计算等个性化多重智能互动体验。

雀巢并未止步于研发与生产食品,而是更关注人类健康,提供定制化的营养健康信息。雀巢小 Ai 成为智能化的家庭营养健康助手,利用音箱将服务更自然流畅地延伸到用户的生活中。科技与消费品、硬件与知识的结合创造了全新的消费者沟通渠道和服务体系。

雀巢小 Ai 是雀巢集团针对中国消费者推出的第一款创新体验产品。2018 年,雀巢又陆续推出与小米合作的"雀巢我的营养 App"、雀巢咖啡办公室咖啡厅、惠氏妈妈智能冲调器等创新体验产品。

2. 从大众化需求到量身定制

伴随着消费升级和《"健康中国 2030"规划纲要》的实施,中国消费者的需求在不断变化,人们需要更多健康自然、定制化的产品。与欧美消费市场相比,中国消费市场总体发展方向趋同但变化速度明显快于欧美,更具挑战性。

雀巢于 2018 年年初创立创新孵化器团队,致力于寻找雀巢业务的空白领域,快速响应中国市场需求,定向研发新品。中国也是继美国之后

雀巢特设孵化器加速创新的市场。在"雀巢中国创新日"活动上，雀巢正式发布孵化器团队为中国消费者量身定制的 3 款全新品牌：传统与现代科技结合的健康汤饮"幸善"、个性化定制健康零食"自然食客"以及运动健身即饮高蛋白质水"MuscleHunt"（肌猎）。新品牌都将先以电商为上市渠道迅速打入市场。

3. 进军时尚圈，碰撞时尚潮流文化

2019 年 8 月，一场酷炫的咖啡时尚大秀在上海上演，雀巢咖啡冷萃系列化身模特，为观众带来一场惊艳的"冷萃自由大秀"。冷萃突破了咖啡文化的疆界，让咖啡能够与各种时尚潮流文化更加相容，这就是雀巢咖啡冷萃系列独特的自由时尚魅力。雀巢一改往日的温馨路线，走上了 T 台，改变了消费者的既有印象。雀巢咖啡不仅可用于提神，更代表了对生活品位的追求，是一种横跨多场景的时尚生活饮品。

（二）星巴克文化体验与口碑营销

和从前的现磨咖啡店不同，高品质咖啡只是星巴克的产品之一，打造"星巴克体验"才是星巴克的营销"王牌"。为了丰富"星巴克体验"，星巴克从每一个与消费者的接触点出发，在意式咖啡文化的基础上，挖掘出了属于星巴克自己的文化内涵。

星巴克通过打造"星巴克文化"，立足消费者口碑传播的公关策略，从营造"星巴克体验"出发进行管理，配合独立设计的门店与咖啡周边产品，为顾客提供全方位的"星巴克体验"。星巴克基于意式咖啡厅文化，结合当下白领和年轻人群的喜好推出了具有星巴克特色的，有品位、有情调、小众而小资的咖啡厅文化，其中包括高标准的咖啡、严格把关的生产流程、温馨而不过度的服务，以及顾客与星巴克的交流。

作为文化消费场所，星巴克从其目标消费人群入手，根据消费者的消费习惯选择相应的地址，搭建能够全方位出售"星巴克文化"与"星巴克体验"的场所，也就是"第三空间"。消费者不但被星巴克咖啡所吸引，还喜欢星巴克门店这样近距离、装修品位独特、氛围惬意的休闲场所。从这个角度出发，星巴克充分考虑目标消费人群的消费偏好与交流习惯，确定了一套属于星巴克自己的选址标准与装修标准。星巴克的目标消费人群是白领阶层以及年轻人，因此星巴克将门店开在了每一个城市的热门商业街区或是中央商务区之中，从而拉近了与顾客之间的地理距离，为顾客的光临创造便利。此外，星巴克追求每一家店的品牌形象一致的同时，还让每一家店面都呈现出独特的装修风格。即使同为星巴克门店，在不同的地点也能让顾客体会到师承一派却又独具风情的消费体验。

星巴克注重整洁的员工仪表，是经营决胜的关键之一。星巴克的员工年轻、富有活力，服装干净、整洁，头戴印有星巴克图腾的棒球帽，身着休闲的 T 恤、长裤及围裙，区别于传统的服务员或是咖啡师的形象，给顾客带来清新的服务体验。在服务过程中，店员不仅要表现出知识的专业，而且要流露出自然的亲切与热情，拉近与顾客间的距离。顾客到星巴克喝咖啡的同时，还享用舒适幽雅的空间和服务人员亲切周到的服务。许多分店都成立"咖啡教室"，定期邀请热爱咖啡的人士与会论谈，使顾客享受到学习咖啡知识的充实感；不定期给顾客递上"试喝杯"以推广新的咖啡口味，将喝咖啡培养成一种文化时尚的风气。这些做法均表明星巴克非常重视顾客在咖啡店的体验，希望最大限度地培养和提升顾客的忠诚度。

舒尔茨认为，在服务业最重要的行销管道是分店本身，而不是广告。星巴克的口号是："我们的店就是最好的广告。"星巴克不愿花费庞大的资金做广告与促销，但坚持让每一位店员都拥有专业的知识与服务热忱，并将其毫无保留地传达给每一名顾客。店员犹如"咖啡通"一般，可以对顾客详细解说每一种咖啡产品的特性。顾客得到知识的同时，星巴克也赢得了信任与口碑。顾客自发的分享积攒的口碑，成为星巴克最好的宣传广告。

（三）雀巢与星巴克的品牌文化创新比较

通过对雀巢与星巴克品牌文化的解析可以看出，雀巢与星巴克分别为速溶咖啡（包括饮料等）和现磨咖啡品牌，其品牌定位、品牌营销、品牌文化、品牌文化传播的创新都有自己的特点，见表 13-1。

表 13-1　雀巢与星巴克的品牌定位、品牌营销、品牌文化、品牌文化传播的创新对比

品牌	品牌定位	品牌营销	品牌文化	品牌文化传播的创新
雀巢	保持速溶咖啡的市场地位，提升中高端速溶咖啡产品竞争力。提出与年轻一代相关的"活出敢性"理念，向年轻人推广咖啡文化。	通过模块化的营销组合，实现国际宣传与各国本地宣传的平衡，使公司高度统一，使雀巢咖啡和雀巢品牌享誉全球。	"Good food, good life"，即为人们提供优质的食品，保障健康与营养的生活。	在全世界各个市场进行宣传时，在保留当地文化特色的情况下，最大限度地统一宣传内容，以此提升雀巢品牌在市场的地位。

续表

品牌	品牌定位	品牌营销	品牌文化	品牌文化传播的创新
星巴克	面向白领阶层和年轻人群体，打造属于每一名消费者的"第三空间"，推广星巴克咖啡文化与独特的"星巴克体验"。	不依靠广告，用特色的门店设计、独特的"星巴克体验"来打动消费者，让每一名体验过星巴克咖啡的消费者成为最好的宣传者。	以咖啡与顾客为核心，打造属于每个人的"第三空间"，全方位提供"星巴克体验"。	通过输出星巴克独有的服务、门店装修、音乐、咖啡产品以及咖啡周边产品来传播品牌文化。

雀巢品牌文化基于其内外部创新机制，通过创新管理模式和科技研发增强公司老字号品牌的竞争力。同时，雀巢进行策略性投资，并购各地最具潜力行业中的大型企业，以快速占有市场份额，实现品牌本土化，从而铺设新的增长路径。作为目前全球最大的食品制造公司，雀巢期望为人们提供优质的食品，保障健康与营养的生活。

星巴克的掌门人霍华德·舒尔茨借鉴意式咖啡厅的咖啡文化，将每一家星巴克门店都打造成每一名顾客可以惬意度过一段美好咖啡时光的，介于家庭、工作空间之外的"第三空间"。星巴克以顾客为中心，向顾客全方位地传播温馨而有归属感的咖啡文化。

五、结论和启示

（一）结论

雀巢始终秉承"Good food, good life"（优质食品，美好生活）的信念，打造丰富多样的产品，为人生各个阶段带来健康选择。雀巢"生于乱世"，育儿乳制品的出现，无疑是全人类的福音。历代雀巢人坚持创新，专注科研，根据消费者需求研制便利生活的高品质健康食品。雀巢深耕于食品行业，并购各地最具潜力细分领域中的大型企业。规模效应使得雀巢成为目前世界上最大的食品公司，产品几乎覆盖食品行业的所有种类。急剧扩张的雀巢并未失掉初心，仍旧专注于其核心业务，梳理公司内部业务，迅速剥离非主业资产及亏损领域。

雀巢的营销中，最大的成功是将"不可能"打破，把咖啡带进了中国——一个有千年茶文化的国家。雀巢鼓励年轻人"活出敢性"，勇于挑战自我，尝试新事物。咖啡一时成为时尚文化、跟随潮流的象征，这已不仅仅是产品的推广，更是文化的碰撞与交流。对于跨国公司的管理，雀巢保留了总公司的大部分制度，授予各分公司董事必要权限。尽管雀巢处于全面分权的局面，但整体与各地之间的一致性有效实现了公司对于各部分市场变化的快速响应，同时保持了各部分之间良好的平衡。

星巴克自从诞生以来就致力于将高品质意式咖啡以及意式咖啡文化带给更多的人。每个人都能在星巴克门店这个"第三空间"中享受到全方位的"星巴克体验"，享受属于自己的咖啡时光。星巴克的体验营销方法值得每一个企业去学习。一个企业很难提供全部潜在消费者都满意的体验，当企业确定了它的目标顾客群体，并为之创造和传递具有企业特色的体验，便能够抓住顾客内心需求的刺激点，提升顾客的忠诚度。为了给予顾客全面的咖啡体验，星巴克提供了高质量的产品，打造了特色的门店环境，加强了与顾客之间的情感互动。此外，星巴克深知员工是与顾客的第一接触点，是企业发展的动力，所以，星巴克尊重每一位员工的个性，给予了更多的福利，带来的，是更好的企业氛围与更高的服务水平。

星巴克将高品质的现磨咖啡带给全世界的同时，也将咖啡文化推向了每一位消费者，并且吸引着越来越多的人来品尝咖啡，学习咖啡知识，了解咖啡文化，享受咖啡生活。在推广全方位的咖啡体验的同时，星巴克也深深地在现磨咖啡店印下了属于自己的烙印。星巴克的品牌溢价也正来源于此。尽管当下有越来越多的现磨咖啡品牌进入市场，但星巴克的地位始终难以撼动，因为星巴克销售的不仅仅是咖啡，还有与咖啡有关的所有的咖啡体验。

（二）启示

创新永远是企业的"永动力"。雀巢在150多年中经历产品创新、管理模式创新、品牌文化创新、技术创新、营销创新等，才能度过危机，保持活力，长盛不衰。小到雀巢商标，大到雀巢产品，雀巢经营的每一环都紧扣时代的诉求，顺应人类的需求发展。同时，作为全球最大的食品制造企业，雀巢不断研发新产品，例如奶粉、速溶咖啡，用产品改变人们的生活方式，引导消费潮流。

品牌文化是品牌的灵魂，是产品的附加价值。消费者购买产品时，关注的不只是功能与价格，还包括产品背后的品牌价值。优秀的品牌文化会赋予产品超越其本身的精神意义，为消费者带来情感体验。雀巢专注于食品行业，按照"营养、健康和幸福"的宗旨发展品牌。雀巢注重亲和力，各类营销方式都不无体现着雀巢想要走进人们生活的愿望。不分年龄性别，不问出身阶层，任何人都可能是雀巢的顾客，都能在雀巢找到属于自己的健康选择。

与雀巢不同，星巴克打造的是格调与品位的象征，帮助人们在较为放松的空间中找到工作与生活的平衡。星巴克体验式文化秉承崇尚知识的理念，利用尽量舒适的环境帮助人拓宽知识面和提升能力。星巴克门店注重氛围，音乐、灯光、服务……每一个细节都恰到好处，统一的视觉元素与风格给大众留下了独特的品牌印象，因此星巴克不依赖广告便能收获大量顾客。

参考文献

［1］菲利普·科特勒，加里·阿姆斯特朗，洪瑞云，等．市场营销原理［M］．亚洲版．3版．李季，赵占波，译．北京：机械工业出版社，2012．

［2］Holt D，Cameron D. Cultural strategy：Using innovative ideologies to build breakthrough brands［M］. Oxford：Oxford University Press，2010.

［3］Holt D B. What becomes an icon most［J］. Harvard Business Review，2003，81（3）：43-49.

［4］霍华德·毕哈，珍妮·哥德斯坦．星巴克：一切与咖啡无关［M］．徐思源，译．北京：中信出版社，2008．

［5］约瑟夫·米歇利．星巴克体验［M］．靳婷婷，译．北京：中信出版社，2012．

［6］霍华德·毕哈．魔杯［M］．余维莹，译．北京：北京联合出版公司，2016．

［7］杨宗勇．不只是咖啡：星巴克的经营哲学［M］．北京：中国法制出版社，2017．

［8］何文龙．咖啡文化传播无止境［J］．声屏世界·广告人，2012（8）：26-27．

［9］袁婕．雀巢的百年渐进［J］．现代商业，2012（19）：22-25．

［10］李晨．雀巢咖啡的营销经营之路［J］．公关世界，2012（4）：44-47．

［11］薛云建，周开拓．基于品牌价值提升的品牌文化战略创新（四）：品牌文化战略创新策略［J］．企业研究，2012（7）：49-51．

［12］李薇. 融合文化视角下的品牌文化创新战略［J］. 青年记者，2017（17）：8-9.

［13］林玲. 品牌体验营销策略探究及启示：以美国星巴克咖啡为例［J］. 北极光，2019（5）：102-103.

［14］甘俊佳. 星巴克猫爪杯爆红背后的萌元素营销策略［J］. 现代营销，2019（7）：85-86.

（周路路）

第十四章 企业家与品牌文化
——苹果与惠普品牌文化分析

【摘要】 企业家与品牌文化的联系，主要体现在企业家形象和企业家精神两个方面。本章以苹果和惠普两大品牌为分析案例，对两家企业的品牌文化内涵，包括企业文化和产品、品牌个性和品牌归属以及企业家在品牌文化中的影响作用进行了比较。苹果公司的品牌文化受到创始人乔布斯极大的影响，带有强烈的乔布斯烙印和个人符号。相对而言，惠普没有很强的企业家烙印，企业家对品牌文化的作用更多的是通过对组织和企业员工文化上的影响，进一步将品牌文化传播给消费者。对苹果与惠普品牌文化的比较对于我国企业的品牌文化建设有着积极的借鉴作用。加强品牌文化建设，必须发挥企业家在品牌文化中的重要作用，打造独特的品牌文化。

一、企业家与品牌文化概述

企业家作为企业的创始人和品牌文化的创造者和推动者，在品牌文化中有着举足轻重的作用。企业家与品牌文化的联系，主要体现在企业家形象和企业家精神两个方面。

首先，企业家形象是企业品牌形象的构成要素。企业家是企业的代言人和象征符号，消费者总是试图从其言行中寻找一些具有象征意义的信息，并将这些信息转移到品牌和产品上。企业家的形象是企业品牌形象的一部分，也是品牌文化的组成部分。有些企业直接以企业创始人的姓名作为产品的品牌名，例如惠普和戴尔等。此外，生活中人们往往会从某些知名度较高的企业家的名字联想到该企业或者是该企业的品牌。

同时，企业家是品牌形象的绝佳代言人。作为企业经营管理者的企业家，其在产品相关理念的贯彻方面比企业普通员工更加彻底，其与企业品牌形象在深层次上具有高度的统一性，因此可以说企业家是企业品牌形象代言人的第一人选。朱丽娅、黄静和杨晨通过对企业家前台化行为对品牌影响的研究，提出企业家通过广告代言、慈善、自媒体等一系列前台化行为，深刻地影响消费者对其个人和所在企业品牌的评价；更进一步地提出，若企业以首席执行官为广告代言人，消费者对产品的购买意愿更高，对品牌的信任度也更高。刘伟、王新新和杨德锋研究发现，苹果粉丝对苹果的热爱很大程度上来源于他们对品牌创始人乔布斯具有的钦佩感和敬畏感。如果消费者对名人的崇拜度较高，那么他们对名人所代言品牌的购买意愿也会较高。比如苹果公司，很多人购买苹果公司的产品就是由于对乔布斯本人的崇拜。更为重要的是，企业家是品牌文化的创建者和最有力的推动者。企业家作为企业的创办者和领导者，赋予了品牌独特的文化，并在公司运营中推动品牌文化的建设。云鹏、彭剑锋和杨晨通过对苹果公司乔布斯的案例研究，提出魅力型领导对于企业品牌文化建设的直接影响。企业家越有魅力，越能帮助企业提高品牌绩效。企业家的魅力型领导对于创新的品牌文化建设有着积极的作用。刘伟、纪思淼和齐捧虎对互联网背景下企业家形象对于消费者品牌态度的影响进行了定量研究，发现企业家的能力和美德通过企业家钦佩感作为中介对于消费者品牌态度有着显著的正向作用。

最早正式提出企业家精神的是弗兰克·奈特（Frank Knight），企业家精神的本意指企业家的才能、才华。后来人们将企业家具有的某些特征归纳为企业家精神，在英文术语使用上，企业家精神（entrepreneurship）和企业家（entrepreneur）常常互换。近年来关于企业家精神的研究文献不断增多，企业家精神的内涵也在得到不断丰富与扩充，但并没有一个统一的、公认的定义。

从经典定义来看，对企业家有明确定义的是约瑟夫·熊彼特（Joseph A. Schumpeter），他认为企业家即创新者，是"经济发展的带头人，实现生产要素重新组合的创新者"。创新是企业家最重要的特征。企业家的创新有五种类型，即引入新产品、引入新的生产方法、开辟新的市场、夺取原材料或半成品的新供应来源和创立新的工业组织。管理学大师彼得·德鲁克（Peter F. Drucker）继承并发展了熊彼特的观点，提出企业家精神中最主要的是创新，认为企业家是不愿过舒服日子的人，企业家要做与众不同的事，而不是把已有的做得更好；创新是组织行为，创新是为客户创造新的满意；企业家精神不仅局限在经济机构中。可见，德鲁克是从广义角度定义企业家精神的。

国内学者基本上是在介绍、吸收消化国外学者理论观点的基础上诠释企业家精神的内涵。就企业家精神的内涵而言，可从个体特性和行为特性进行解读。个体特性指个体所具有的人格特征，即企业家是什么，应该具备什么样的人格特征。学者们通过对企业家的创业成长历程、文化背景、制度背景等进行分析，将企业家的性格特征提炼为整个企业家群体的共同特征。行为特性指个体在具体行为中所表现出来的共性，即企业家做什么，应该具有哪些行为。无论是创新创业，还是把握市场机会、创造价值等，都表明企业家的行动能力是企业家精神的本质。

二、苹果与惠普品牌简介

（一）苹果品牌简介

苹果公司是美国一家享誉全球的高科技公司。自 2006 年以来，苹果一直是世界最具价值的品牌之一。苹果公司由史蒂夫·乔布斯（Steve Jobs）、斯蒂夫·沃兹尼亚克（Stephen Wozniak）和罗·韦恩（Ron Wayne）等人于 1976 年 4 月 1 日在美国硅谷创立，最初命名为美国苹果电脑公司，2007 年 1 月 9 日更名为苹果公司，总部位于加利福尼亚州的库比蒂诺。苹果公司的创立，不仅革命性地掀起了个人消费电脑的潮流，引领了世界计算机目标客户从企业客户向个人消费者蔓延的趋势，并且彻底颠覆了智能手机、操作系统、音乐等多个行业以往的运营模式，推动了互联网和人工智能的应用。

苹果公司自 1976 年创立以来，经历了快速成长期（1976—1985 年）、中道衰退期（1986—1996 年）、平衡发展期（1997—2006 年），以及 2007 年开始的第二次创业。在苹果发展历史上，2007 年开始的第二次创业尤为关键。这一年，苹果电脑公司正式更名为苹果公司，并推出了一系列引领时代的新产品，包括 iPhone，iPad，Apple Store 等，标志着苹果公司完成了从一家电脑制造商向消费电子产品供应商的战略转型。从苹果公司的发展阶段来看，苹果公司的发展与创始人乔布斯有着直接的联系。在快速成长期，乔布斯带领苹果公司设计、生产了 Apple Ⅱ 电脑，引发个人电脑革命。而随着乔布斯 1985 年退出苹果公司，苹果公司进入了长达十年的迷茫期。直到 1997 年乔布斯重返苹果公司，苹果公司重新找到了方向，并推出了一系列包括个人电脑 iMac、随身 MP3，播放器 iPod 及音乐传输工具 iTunes、手机 iPhone 等在内的极具世界影响力和划时代意义的产品，将苹果品牌打造为全球最有价值的品牌之一。2011 年乔布斯去世后，库克接管苹果公司，公司进入后乔布斯时代。

苹果公司的品牌标志令人印象深刻，是一个被咬了一口的苹果。广为流传的一种说法是，苹果电脑公司以那个咬了一口的苹果作为其商标图案，是为了纪念伟大的人工智能领域的先驱者——艾伦·图灵（Alan Turing）。

实际上，苹果品牌标志设计有着丰富的历史。从第一个品牌标志到目前的品牌标志，苹果的标志设计已经经历几次重大转变。

苹果公司的第一个标志相当复杂。它描述了牛顿坐在树下时发现万有引力的著名故事。这个标志是由苹果公司的联合创始人罗·韦恩（Ron Wayne）设计的，他设计这个标志是为了纪念艾萨克·牛顿（Isaac Newton）发现万有引力。标志中，牛顿坐在树下思考着，一个苹果即将落在他头上。虽然这个标志成为 Apple I 的品牌标志，但它因图形复杂不容易被记忆，很快就被一个新的标志设计取代。

1976 年，史蒂夫·乔布斯指定里吉斯·麦肯纳（Regis McKenna）公关公司的艺术总监罗勃·雅诺夫（Rob Janov）重新设计一个更好的商标来配合 Apple II 的发行使用。于是雅诺夫开始制作了一个苹果的黑白剪影，但是总感觉缺了些什么，于是他简化苹果的形状，并且在一侧切掉一块，使苹果看起来像被咬了一口，以防苹果看上去像一个西红柿，而在英语中，"咬"（bite）恰好与计算机的基本运算单位字节（byte）同音。然后，雅诺夫增加了 6 条彩色的水平色条，这样就完成了第二个标志——彩虹色苹果徽标。至于商标的颜色，人们认为它代表了苹果公司向 Apple II 的过渡，这是该公司的第一台支持使用颜色的电脑。20 多年来，彩虹色商标一直是苹果的品牌标志。虽然这些年来苹果品牌标志的颜色和款式都发生了变化，但其标准制图和品牌形象仍然保持不变。这看上去并不完美的苹果从美学角度去理解，却是超越完美的残缺美。

1997 年，乔布斯在离开苹果公司 12 年后重返公司。回到苹果后他做的第一件事就是重塑公司。史蒂夫·乔布斯改变了苹果的全部个性。然而，最显著的变化是其新标志设计的形式，它比以前的版本更有影响力。新品牌标志的改进主要是因为新苹果电脑使用金属外壳时，硬件设计发生了变化。在这种情况下，彩虹色的标志看起来会很不协调，于是史蒂夫·乔布斯想出了一个采用单色标志的主意。最终的设计得到了乔布斯的认可，从那时起，这个品牌标志就是苹果产品的一部分。如今，它是世界上最受认可的标志之一，也是苹果品牌标志的一个重要组成部分。

1998年，苹果在新产品 iMac、G4 Cube 上应用了全新的半透明塑胶质感的新标志，该标志显得更为立体、时尚。这一次标志变化的原因是新产品都采用透明材质的外壳，为了配合新产品的质感，标志也做了改变。黑色标志也几乎同时出现，大部分是出现在包装、商品或需要反白的对比色上，以配合产品的宣传。至今，苹果的单色标志仍然被使用着，也是最能体现乔布斯对苹果的品牌定位的标志。

2001年，苹果标志变为透明的，主要是为了配合首次被推出市场的 Mac OS X 系统。这一次，苹果的品牌核心价值从电脑转变为电脑系统，苹果标志也跟随了系统的界面风格变化，采用透明质感。

2007年，苹果标志再次变更为带有金属光泽和阴影的银灰色。苹果推出 iPhone 手机时，也正式地将公司名从苹果电脑公司改为苹果公司。为了配合 iPhone 的全新 Multi-touch（多点触控）触摸屏幕技术，苹果标志采用了玻璃质感。

2014年，苹果标志变更为具有扁平化风格的无凹凸感纯黑色品牌标志，并沿用至今。

苹果品牌标志的变化见图 14-1。

图 14-1 苹果品牌标志的变化

从图案的演变来看，苹果的品牌标志有一个鼓舞人心的旅程。从它的第一个设计到目前的版本，其品牌标志从彩色到单色、从复杂到简单，这是一种不断创新、不断适应公司品牌文化和品牌形象的演变，每一个设计中都展现出最好的一面。

2018年12月18日，在世界品牌实验室编制的2018年度《世界品牌500强》榜单中，苹果排名第3位。2019年5月23日，《福布斯》发布了一年一度的《全球品牌价值100强》榜单。其中，苹果连续9年夺冠，其品牌价值高达2 055亿美元，比上年增长了12%。

（二）惠普品牌简介

惠普是世界最大的信息科技公司之一，由比尔·休利特（Bill Hewlett）和戴维·帕卡德（Dave Packard）于1939年在美国加利福尼亚州帕洛阿尔托市创建。该公司建在帕罗奥多市的一间汽车库里，是硅谷车库创业的元老和代表性高科技企业，也是硅谷高科技公司创业精神的象征。

公司创立之初，专门研究和生产电子测量仪器。第一个产品是声频振荡器，它是音响工程师使用的电子测试仪器。由于在第二次世界大战期间开发了成套系列微波测试产品，惠普成为信号发生器领域公认的领导者。1966年，惠普公司推出了第一款计算机，正式进入计算机领域。1978年，惠普创造出了一种新的计算机语言，这是最早的人工智能系统之一，奠定了惠普在计算机领域的领导地位。20世纪80年代，惠普推出了第一款激光打印机并开发了热喷墨技术。这款打印机成为当时世界上最为流行的个人台式打印机，奠定了惠普在打印机领域的领导地位。进入2000年，惠普认为未来计算机的发展方向不是企业市场，而是个人消费市场。2001年，惠普收购了竞争对手康柏电脑公司，重点向计算机消费市场发力，并在2006年成功超过竞争对手戴尔成为全球第一大个人电脑制造商。2014年，惠普宣布公司将分拆为两家独立的世界500强上市公司，一家名为"惠普公司"，主营惠普领先的个人系统业务和打印业务，沿用之前惠普的品牌标志；另外一家名为"惠普企业"，主营企业技术基础架构业务、软件业务和云服务业务。随着移动互联网和智能技术的发展，惠普也意识到个人计算机缺乏足够的移动性，于是陆续推出了搭载Windows系统的智能手机和平板电脑，但是并不被消费市场看好，之后停止了移动设备的研发，专注于个人计算机领域。

惠普公司的名称和品牌标志来自公司两位创始人的姓氏休利特和帕卡德的结合。惠普创始人比尔·休利特和戴维·帕卡德近半个世纪的合作关系，被视为合伙创业的典范。惠普品牌标志在2008年之前是长方形，中间有"hp"两个字母。2008年，惠普将长方形标志改为圆形，象征着运营全球的概念。2016年，惠普在其高端机上推出了新的品牌形象，由只有4条错落有致的倾斜竖线组成的"hp"文字商标，替代了由比较完整的"hp"两个字母的形状构成的传统稳重的品牌标志。新的品牌形象设计十分简洁，具有极强的视觉冲击力，让消费者感觉到更加前卫和现代。新的品牌形象的倾斜竖线呈 13 度角的倾斜。13 度角代表了惠普公司的核心精神，即以创新及乐观的精神迈向未来，也代表了一种人类的进步。实际上，在 5 年前设计公司就把这个设计提供给了惠普，但是惠普认为这个设计风格太激进，不太适合他们稳健的企业形象，所以没有采纳。惠普在新的阶段决定使用全新的品牌标志，也代表了惠普的创新精神、新的活力和改变的决心。惠普品牌标志的变化见图 14-2。

图 14-2　惠普品牌标志的变化

2018 年 12 月 18 日，在世界品牌实验室编制的 2018 年度《世界品牌 500 强》榜单中，惠普排名第 29 位。2019 年 5 月 23 日，《福布斯》发布了《全球品牌价值 100 强》榜单，惠普名列第 52 位。

三、苹果与惠普品牌文化比较

（一）苹果与惠普的品牌文化解析

1. 苹果的品牌文化

苹果公司品牌文化的核心就是敢于创新，追求极简和极致的文化。最令人难忘的就是苹果公司在 1997 年"非同凡响"广告里提到的那句激发无数人激情的话："那些疯狂到以为自己能够改变世界的人，才能真正改变世界。"苹果的品牌文化蕴含着一种特立独行、颠覆式的创新精神，还有改变世界的勇气。苹果公司的品牌文化与创始人乔布斯有着密不可分的联系。正是乔布斯身上具有的特立独行的个人魅力和对于做伟大产品来改变世界的追求，赋予了苹果公司独特的品牌文化。正如乔布斯在聘请营销大师、百事可乐前总裁约翰加入苹果公司时所说的"你想一辈子卖糖水，还是想改变世界"，乔布斯所代表的苹果品牌文化中蕴含着创新激情和改变世界的革命性理念。每一代苹果产品都是颠覆式的创新，从苹果个人电脑开启新的个人消费电脑潮流，到 iPhone 手机开启智能手机时代，到区别于传统微软和英特尔的操作系统，再到音乐和应用软件市场，苹果公司的组合式产品创新引领了一个又一个新的时代潮流，无时无刻不在改变着行业的发展方向，改变着普通消费者的消费习惯，改变着科技的创新模式。

同时，从消费者角度来看，苹果公司的品牌文化是艺术和科技的完美结合。在消费者心目中，苹果公司的产品就是一件件艺术品，他们崇拜的苹果公司的创始人乔布斯就是一位伟大的艺术家，这种观念深深地植入每一个消费者的大脑。即使乔布斯离开了我们，在每一个消费者心中，乔布斯所代表的苹果品牌文化依然是他们所追求的。乔布斯对于艺术完美主义的追求赋予了苹果公司艺术的品牌文化元素。乔布斯倡导每一件事都要做到极致，无论是产品设计、软件开发，还是产品制造、用户体验，他对每一个细节都有着苛刻的要求。这种追求完美和极致的文化，赋予了苹果品牌文化在大众心目中无可挑剔和件件精品的品牌认知。

苹果公司的品牌文化定位是时尚的个性化产品。杰克·特劳特的品牌定位理论提到，一个好的品牌定位是一个品牌要能在消费者心目中获得一个据点，一个认定的区域位置，即"心理占位"。这个据点，苹果用它独特的品牌文化深深地埋在了每一个消费者的心中。苹果公司的产品是个性化的产品，消费目标人群是一群追求时尚和科技潮流的年轻人，定位高端的品牌文化也吸引了高收入阶层的青睐，其产品一度成为身份的象征，牢牢地占据着高端市场份额。

苹果公司的品牌文化追求极简的风格，最具代表性的就是苹果的品牌标志，十分简洁，并且便于识别。苹果公司的产品都拥有着再简单不过的标识、配件、包装，且没有复杂的外观设计、丰富的颜色配搭，但极具鲜明、简约的个性及丰富的创意，这些设计都会使消费者产生一种亲密感和实用感。每一件产品背面的那个被咬掉一口的银色的苹果，总是能够使热爱苹果产品的消费者产生购买冲动。这种极简的设计风格，引领了追求简单的新时尚，在高科技行业中掀起了一股追求极简设计的新潮流。

苹果公司的品牌文化传播也与众不同。通过独特的电视宣传短片，在很短的时间内介绍产品的特性，并将其与消费者使用相关联，引发消费者浓厚的好奇心。独特的线下体验店，大大的苹果品牌标志，全玻璃的极简设计风格，将产品销售和用户体验紧密结合，让消费者第一时间接触真实的产品，通过实实在在的体验，激发消费者对于产品的兴趣和购买欲望。尤其是每年一度的全球开发者大会，成为公众解读全球科技发展新潮流的重要机会。乔布斯黑色短袖搭配牛仔裤的独特着装，黑色背景的投影，创新的产品发布会方式，成为苹果公司传播品牌文化的最佳仪式。公众从发布会前的好奇，到发布会上了解和感知并记忆，这一过程中，苹果公司的品牌文化和产品信息深深地根植在了消费者的大脑中。

2. 惠普的品牌文化

1939 年惠普公司在一个简陋的车库里诞生时，创始人比尔·休利特和戴维·帕卡德就确立了人性化的企业经营理念。经历了 80 年的风雨，当年的 500 美元的小企业如今已经发展成为"世界 500 强"，成为全球高科技企业的代表。惠普公司一直秉承"为客户创造价值，助员工实现梦想"的核心价值观，吸引着世界各地最优秀的人才，成为全球最受仰慕的公司之一。

惠普最核心的品牌文化根植在惠普企业文化中，被称为惠普之道。惠普之道是由创始人比尔·休利特和戴维·帕卡德的个人核心价值观转化而成的惠普公司一套全面的企业文化、操作习惯、商业战略和品牌文化。惠普之道被视为美国企业管理模式的典范。

惠普之道的核心价值观由 5 项基本准则构成：① 惠普公司的存在就是为了给科技做出贡献，所以唯一该做的就是寻找与实现这个目标一致的机会。② 惠普公司要求自身和惠普人做出优秀业绩，利润的增长既是保持成功的一种手段，也是衡量成功的标准。③ 惠普公司认为，只有选对了人，相信他们，给他们自由寻找实现目标的最佳方式，并让他们分享工作所带来的收益，才会得到最好的结果。④ 惠普公司有责任为公司所在的社区谋福祉。⑤ 正直。

惠普之道的精髓，在于做出贡献和谋求价值，是一种"＋"的智慧，主要包括"做出技术贡献＋满足客户需求""优待下属＋要求结果""制定不容动摇的标准＋允许极大的运营灵活性""实现增长＋获得盈利""仅实现特有贡献领域的增长＋借由创新开拓创新的增长领域""永远不要违背正直的原则＋永远在你所选的领域取得成功""为社区做贡献＋为股东创造丰厚的回报""保留核心价值＋鼓励进步"。

惠普之道将科技的创新和科技的贡献放在第一位，将其作为惠普品牌文化重要的元素。惠普重视技术创新、组织创新、制度创新和市场创新,将创新融入整个公司品牌发展的历程中。公司创立之初专门研究和生产电子测量仪器,后来推出第一款计算机,进入计算机领域,并开发出最早的人工智能系统,之后研发出第一款激光打印机并开发了热喷墨技术,进入打印机领域。进入21世纪,惠普在战略和市场上果断创新,将战略重点从企业市场转向个人消费市场,一跃成为全球第一大个人电脑制造商。在互联网时代,惠普通过组织架构创新,将惠普分拆为两家独立的世界500强上市公司,其中惠普企业这个新公司重点研发云服务,奠定了惠普在互联网时代的新的领导地位。从惠普80年的发展历程来看,惠普的品牌不断在新的领域延伸和拓展,不断根据企业内部和外部环境的变化而调整,紧跟时代发展步伐。

惠普品牌文化蕴含着正直、平等与尊重的核心价值理念。正如惠普公司的创始人比尔·休利特所说,惠普公司的传统是设身处地地为员工着想,尊重员工,并且肯定员工的个人成就,每个员工的尊严与价值是"惠普方式"极其重要的一部分。惠普之道融入在每一个惠普人的血液里,成为他们日常工作和待人接物的行为准则,进而透过惠普的产品和服务将品牌文化根植在消费者心中。

(二)苹果与惠普的品牌文化比较分析

苹果和惠普都是全球领先的高科技企业,苹果品牌和惠普品牌都是享誉全球的科技品牌。两家公司实际上有很多共同点。首先,两家公司都诞生于美国硅谷。实际上,苹果的创始人乔布斯和惠普还有过一段不解之缘。乔布斯在童年时期受到了硅谷氛围的熏陶,他的邻居大多是在硅谷的创新型电子半导体企业工作的,有英特尔、西屋电气和仙童半导体的员工,当然,也有惠普的员工。在乔布斯10岁那年,惠普公司已经拥有超过9 000名员工,成为很多工程师梦寐以求的一流企业。其中一位他的邻居是来自惠普的工程师,推荐乔布斯加入了惠普公司的探索者俱乐部。由于受到环境的熏陶和在惠普工作的邻居的影响,乔布斯对于电子半导体科技和工程技术研发产生了浓厚的兴趣,为后来创建苹果公司埋下了那颗苹果种子。其次,作为高科技品牌,苹果和惠普的品牌文化都将创新放在突出的位置。

张红霞、马桦和李佳嘉在探讨品牌文化内涵和影响因素时提出了品牌文化金字塔模型,认为品牌文化包括4个维度。一是企业文化。企业文化是品牌文化的根基,主要包括社会责任、企业故事、企业理念等。二是产品和服务。产品和服务是品牌文化金字塔的第二个层级,也是品牌文化的载体。三是品牌个性、理念和声誉。这是品牌文化的第三个层级，是品牌文化的核心。四是品牌归属。品牌归属意味着消费者与品牌拥有情感上的共鸣，这是品牌文化的最终目标。他们提出了影响品牌文化的3个主要因素：一是营销手段，包括广告、促销、渠道等，企业在这些方面的努力是品牌识别的过程，企业通过这些手段影响消费者对品牌文化的接受和认可。二是消费者，包括消费者自己或者群体的价值观，这些价值观影响企业努力的方向，也决定了消费者是否接受某一品牌文化。同时，消费者口碑也影响了品牌文化的建立。三是社会潮流，包括社会风潮和媒体的导向。文化是一个社会概念，而品牌文化也离不开社会环境。社会潮流的变化对品牌文化的建设和调整具有重要影响。

本章基于品牌文化金字塔模型，比较分析苹果和惠普品牌文化的差异。

1. 企业文化和产品的区别

从企业文化角度看，苹果和惠普虽然同属于高科技公司，都强调创新在企业文化和品牌文化中的重要性，却有着很大的不同。苹果的企业文化是颠覆性创新文化，而惠普则偏重于比较稳重的企业文化。实质上，两者是在创新中对于风险和机会的把控程度不同。

第一，在创新程度上，苹果具有首创精神和颠覆式创新基因，不依赖于市场调研，而是设计出史无前例的新产品，引领科技潮流。来自《大众科学》的一位记者问乔布斯做过什么类型的市场调研工作，乔布斯的回答是："贝尔在发明电话之前做过任何市场调研吗？"从创新产品上看，苹果的创新带有显著的互联网基因，以软件带动硬件，而惠普更偏向于在硬件上的创新，更多的是在传统产品上的创新，并没有颠覆性的零的突破。

第二，在创新文化上，苹果的创新是科技与艺术的结合。乔布斯总是有意识地将自己置身于艺术与科技的交点。在苹果所有的产品中，科技必定与完美的设计、外观、手感、精致、人性化甚至是浪漫结合在一起。乔布斯把冰冷的科技产品与人文艺术的温暖情感紧密地结合在一起，引发科技产品与消费者情感的深度共鸣，实现人机合一。而惠普的创新更多地从技术的角度出发，并不是很懂技术的普通消费者很难明白其中的奥秘。另外，苹果的创新推崇极简和极致的互联网基因方式，所有的产品创新都从用户体验出发，从软件到硬件，各个环节让消费者在最短的时间学会使用产品，最快地解决问题。至繁归于至简的创新文化使得苹果产品独一无二。而惠普的创新并不具备互联网基因，依然是传统的硬件制造商思维。

第三，在创新制度上，苹果比较依赖于乔布斯个人的巨大作用。从乔布斯创立苹果、离开苹果、重掌苹果到离世，苹果的创新和乔布斯的个人之间有着密不可分的联系。这也导致苹果公司进入后乔布斯时代后不可避免地陷入了创新乏力。而惠普更加重视从组织和制度创新上来保证公司长期的创新活力。

2. 品牌个性和品牌归属的差异

品牌个性、理念和声誉是品牌文化的核心。从品牌名称和符号角度分析，苹果公司使用的是形象化的苹果，而惠普公司则使用的是创始人姓氏的结合。苹果公司的品牌符号带有故事感，广为流传的为了纪念"计算机之父"图灵的故事同样也根植在苹果的品牌文化中，成为创新前驱的代表。而惠普的品牌符号使用的是两位创始人姓氏的结合，代表着两位创始人共同的成果，但从消费者角度看，品牌符号中并没有传递出任何有关品牌和产品的信号，更多的只是一种品牌的代号。同时，苹果公司以企业领导人作为品牌文化代言人，苹果公司的创始人乔布斯在消费者心中就是苹果品牌文化的代表。企业家越有魅力，越能帮助企业提高品牌绩效。企业家的魅力型领导对于创新的品牌文化建设有着积极的作用。乔布斯身上所具备的独特的个人魅力和创新精神，就是苹果品牌特有的品牌文化。乔布斯对于产品的极简和极致的追求，透过苹果公司的产品，根植在了消费者心中。乔布斯的个人魅力同样在苹果的营销上展现得淋漓尽致。他果断地抛弃了老一套的营销战术，用媒体、发布会、广告等多种媒介方式去制造悬念，引发消费者的极大好奇，将颠覆式创新的理念植入消费者心中和市场中，没有需求也要创造需求，开创了新的智能时代。乔布斯不仅仅营销了苹果的产品，更为重要的是他营销了苹果的理念，包括他的个人魅力。消费者不仅仅疯狂地抢购苹果的产品，更是疯狂地崇拜乔布斯和他的创新精神。虽然乔布斯已离世，但乔布斯的影响一直存在。反观惠普，惠普没有使用企业领导人和创始人作为品牌文化代言人，最近几年惠普在中国选用当红明星作为惠普电脑的代言人。使用明星作为代言人，其中一个问题就是影响力比较短暂。更为重要的是，明星与品牌文化往往契合度不高，很难将品牌文化直接传递给消费者。

品牌归属意味着消费者与品牌拥有情感上的共鸣，是品牌文化的最终目标。苹果公司的品牌归属要明显优于惠普公司的品牌归属，这其中有几方面原因。一方面，乔布斯独特的个人魅力和他在苹果起起落落的创业故事，成为苹果和消费者之间情感共鸣的桥梁。另一方面，苹果独一无二的创新性产品和用户体验增强了苹果公司和消费者之间的联系，艺术与科技的结合、科技潮流的代表、独特的用户体验使得消费者对于苹果公司的产品有着强烈的品牌认同和品牌依赖。同时，苹果在品牌传播方式上的与众不同强化了这种品牌认同。乔布斯具有煽动力和感染力的演讲，将苹果的品牌文化根植到消费者内心，使其产生了共鸣。具有强烈现代感的苹果线下体验店，让无数对苹果公司和苹果产品不太了解的消费者很快融入苹果的品牌文化氛围中，引发了消费者对苹果产品的兴趣和购买欲望。相比之下，惠普的品牌归属就显得中规中矩，无法使消费者产生强烈的品牌归属感，导致消费者在几大电脑制造商之间更多的是通过产品的性价比进行比较。从消费者心理学角度看，苹果的消费者更容易受到品牌归属的影响而产生冲动性消费，而惠普的消费者更多的是考虑性价比的理性消费。当然，惠普过硬的产品质量也成为消费者对于惠普产品的一种品牌归属，使其更愿意购买惠普的产品。

3. 企业家对品牌影响不同

企业家对品牌文化有着直接的影响。对比苹果和惠普两家企业的品牌文化会发现，无论是企业文化和产品的区别还是品牌个性和品牌归属的差异，其中一个非常重要的原因在于企业家对品牌文化的影响不同。苹果截至目前有两任首席执行官，乔布斯和库克，而惠普则经历了8任首席执行官，其中影响较大的包括创始人比尔·休利特和戴维·帕卡德、著名女性企业家卡莉·菲奥莉娜以及现任首席执行官惠特曼。苹果作为后起之秀，品牌文化深深地被乔布斯所影响；而惠普经历了几任短暂的企业家的波折后，其品牌文化进入相对稳定的惠特曼时期。通过企业文化，产品服务，品牌个性、理念和声誉，品牌归属4个品牌文化层级，以及营销手段、消费者和社会潮流3个品牌文化影响因素总共7个维度的比较（表14-1），可以看出苹果和惠普在企业家对于品牌文化的影响方面的不同。很明显，苹果公司受到创始人乔布斯极大的影响。乔布斯对于苹果品牌文化在7个维度都产生了强烈的作用，苹果品牌文化中的各个维度都带有强烈的乔布斯烙印和个人符号。相较之下，惠普的品牌文化没有很强的企业家烙印，企业家对品牌文化的作用更多的是通过对组织和企业员工文化上的影响，进一步将品牌文化传播给消费者，而消费者对于惠普的品牌文化认同程度不是很高。

表 14-1　苹果和惠普企业家对品牌文化的影响对比

对比维度	苹果	惠普
企业文化	乔布斯魅力型领导的颠覆式创新	稳健的创新变革
产品服务	科技与艺术的结合，极简与极致	传统的硬件制造商
品牌个性、理念和声誉	形象化的苹果，乔布斯作为代言人	创始人姓氏的结合，明星作为代言人
品牌归属	受乔布斯个人影响的强烈的苹果品牌认同和归属，易冲动消费	中规中矩的性价比比较，易理性消费
营销手段	乔布斯代言，乔布斯发布会，线上线下的用户体验营销，品牌营销	传统的明星代言和广告
消费者	强烈的消费者文化认同和口碑营销	较强的消费者产品认同和性价比营销
社会潮流	开创和引领科技发展潮流	缺乏引领，追随潮流

四、结论和启示

通过对苹果和惠普两大品牌在企业家与品牌文化方面的比较分析，可以肯定企业家在品牌文化中的重要作用、对于创新的高度重视和对品牌文化的不懈追求。

首先，必须发挥企业家在品牌文化中的关键作用。企业家作为企业的创始人和品牌文化的创造者与推动者，在品牌文化中有着至关重要的作用。从对苹果和惠普的品牌文化比较分析中，我们可以看到乔布斯在苹果品牌文化中独特的作用和强大的影响力。因此，在建立品牌文化的过程中，企业家要树立积极、正面、符合品牌文化的企业家形象，成为企业品牌文化的最佳代言人。企业家要将企业家精神植入品牌文化建设中，并身体力行地推动品牌文化的形成和推广，赋予品牌文化以人格化，使其以更生动的方式让消费者接受并认可。

其次，必须高度重视创新对企业发展和品牌文化建设的重要意义。从对苹果和惠普的品牌文化比较中可以看到，创新已经印刻在了品牌文化中。推动品牌文化的建设，要从两方面寻求突破。其一，要注重技术创新，提升产品和服务的质量。产品和服务是品牌文化的载体，产品和服务的质量是品牌文化的外在体现，体验产品和服务是消费者感知品牌文化最直接的方式。只有通过技术创新，不断提高产品和服务的品质，走差异化路线，才能赢得消费者的青睐，赢得市场份额，保持企业可持续发展，最终打造百年品牌。其二，创新必须注重用户体验，从消费者出发。创新不是空中楼阁，创新必须要深刻地把握消费市场的需求趋势。这其中更为重要的是消费者潜在需求。苹果的成功告诉我们，激发消费者潜在需求远远胜于通过市场调研来了解消费者当前需求。同时，创新要从人的本性出发，正如苹果所追求的极简和极致一样，创新的最终目标应该是满足并超越消费者的需求，为消费者创造价值。

最后，必须打造独特的品牌文化。苹果的成功很大程度上取决于消费者对苹果品牌文化的高度认可。其一，要进行品牌定位，进行市场细分，找到企业品牌文化的合适定位，将品牌文化植入消费者心中，促成自愿的消费。其二，要树立与众不同的品牌文化，提升品牌的感召力。独特的品牌文化是品牌资产的重要组成部分，直接决定着品牌的核心竞争力。其三，要通过品牌文化培养忠实用户，即粉丝营销。品牌文化胜于价格工具，是核心竞争力的直接来源。深度认可企业品牌文化的忠实用户是企业最佳的营销员，他们能够通过口碑营销扩大品牌文化的影响力。

参考文献

[1] 彼得·杜拉克. 创新与企业家精神 [M]. 彭志华，译. 海口：海南出版社，2000.

[2] 菲利普·科特勒，凯文·莱恩·凯勒. 营销管理 [M]. 15版. 何佳讯，于洪彦，牛永革，等，译. 上海：格致出版社，2016.

[3] 李光斗. 品牌竞争力 [M]. 北京：中国人民大学出版社，2004.

[4] 戴维·帕卡德. 惠普之道：美国合伙人的创业思维 [M]. 周钱，刘勇军，译. 重庆：重庆出版社，2016.

[5] 栾玲. 苹果的品牌设计之道 [M]. 北京：机械工业出版社，2014.

[6] 沃尔特·艾萨克森. 史蒂夫·乔布斯传 [M]. 2版. 管延圻，魏群，余倩，等译. 北京：中信出版社，2014.

[7] 张红霞，马桦，李佳嘉. 有关品牌文化内涵及其影响因素的探

索性研究[J]. 南开管理评论,2009(4):11-18.

[8] 刘伟,纪思淼,齐捧虎. 企业家形象、消费者企业家钦佩感与消费者品牌态度[J]. 外国经济与管理,2018(3):121-136.

[9] 刘伟,王新新,杨德锋. 何为死忠粉？品牌崇拜的概念和维度研究:基于网络志方法[J]. 品牌研究,2017(3):28-43.

[10] 刘东胜,周玲玲. 企业家个人品牌、企业品牌资产与品牌绩效:来自中国上市公司的实证研究[J]. 科学决策,2016(12):45-58.

[11] 云鹏,彭剑锋,杨晨. 魅力型领导与创新型组织文化:人力资源管理的作用——以苹果公司为例[J]. 中国人力资源开发,2015(10):68-73.

[12] 朱丽娅,黄静,杨晨. 企业家前台化行为对于品牌的影响评述[J]. 中国软科学,2014(1):171-179.

[13] 魏文斌. 创新、诚信和责任是企业家精神的三要素[J]. 中国市场监管研究,2016(9):60-62,67.

（王金鑫，陆永健）

第十五章 企业文化与品牌文化
——阿里巴巴与腾讯品牌文化分析

【摘要】 企业文化是企业全体员工在较长时期的生产经营实践中逐步形成的共有价值观、信念、行为准则及具有相应特色的行为方式、物质表现的总称。企业文化是品牌文化的基础，两者相互渗透，但品牌文化不同于企业文化，强调的是品牌个性以及品牌精神文化的塑造和推广。本章在企业文化和品牌文化理论基础上，通过对阿里巴巴和腾讯的品牌核心理念、品牌形象、品牌文化传播和企业社会责任的比较分析，探讨企业文化对品牌文化建设的作用路径，为企业促进品牌文化的可持续发展提供参考。

一、企业文化与品牌文化概述

（一）企业文化概述

对于任何一个组织来说，由于每个组织都有自己特殊的环境条件和历史传统，从而也就形成了自己独特的信仰、价值观和行为准则，于是每个组织也都具有自己特定的组织文化。企业文化最早出现在 20 世纪 80 年代，源于日本经济发展奇迹而引发的美日比较管理学研究的热潮。企业文化是企业发展过程中形成的一套价值体系和软实力，是企业员工所共同持有的意义体系，是企业有别于其他企业的重要特质。相关研究表明，企业文化在企业发展中发挥了重要的作用。如今的企业文化已经普遍植入企业发展的各个方面，其在企业发展中的地位也逐渐上升到战略高度。

在企业文化的理论研究方面，美国管理界通过对日本管理经验的总结以及对日本与美国企业管理状况的比较研究，接连出版了 4 部畅销著作：《日本企业管理艺术》《Z 理论——美国企业界怎样迎接日本的挑战》《企业文化——企业生活中的礼仪与仪式》《追求卓越》。这些著作以其崭新的思想、独到的见解、精辟的论述和丰富的例证，构成了一个新的理论系统，提出了企业文化这一新的理论体系和管理方式，被誉为企业文化管理的"四重奏"。企业文化理论的正式形成，标志着管理理论从物质的、制度的层面向文化层面发展的趋势。

管理学家威廉·大内（William Ouchi）在 1981 年出版的《Z 理论——美国企业界怎样迎接日本的挑战》标志着企业文化理论产生。在同一时期，五因素说、七因素说和三层次说等重要观点产生。关于企业文化提升策略的研究，最主要的代表作就是特伦斯·迪尔（Terrence E. Deal）和艾伦·肯尼迪（Allan A. Kennedy）的《新企业文化：重获工作场所的活力》，该书详述了企业应如何变得充满活力、随机应变，如何做好准备应对 21 世纪的挑战。在《企业文化生存与变革指南》中，埃德加·沙因（Edgar H. Schein）通过大量案例研究，对企业发展存在的问题进行分析，提出通过企业文化建设提升企业管理水平，对陈旧和错误的地方进行改进，推动企业文化管理，促进企业的可持续发展。

关于企业文化的测量，沙因认为，"文化的基本元素的挖掘可以通过两种途径：一是探求组织成员的认知和思维背后的深层价值观和假设；二是花大量的时间去观察组织成员的行为"。丹尼尔·丹尼森（Daniel Denison）构建了一个能够描述有效组织的文化特质理论模型（Theoretical Model of Culture Traits，简称 TMCT）。TMCT 由内部整合—外部适应、变化—稳定两个成对维度构成，从而把组织文化特质划分为适应性、使命、一致性、参与性 4 种特性。罗伯特·奎因（Robert Quinn）和基姆·卡梅伦（Kim S. Cameron）提出组织文化评价量表（Organizational Cultural Assessment Instrument，简称 OCAI），将企业文化划分为活力、市场、宗族、层级 4 类。OCAI 从 6 个方面来评价组织文化，即员工管理、领导风格、主导特征、战略特点、组织凝聚力和成功准则。总体来看，企业文化已有不同维度的测量，并且也开发出了相关的测量指标，但是具体情境下的企业文化维度测量还有待进一步的开发。不同情境下，企业文化的研究重点是不同的，所需要的测量指标也有差异。所以，未来可结合具体情境进一步对企业文化进行量表开发。

从国外企业文化现象的发现到企业文化研究近 40 年的发展来看，学者们在对企业文化的概念和结构进行探讨之后，转入了对企业文化产生作用的内在机制以及企业文化与企业领导、组织气氛、人力资源、企业环境、企业策略等管理过程的关系的研究，进而对企业文化与企业经营业绩的关系进行量化的追踪研究。定量化研究是在企业文化理论研究的基础上，提出用于企业文化测量、诊断和评估的模型，进而开发出一系列量表，对企业文化进行可操作化的、定量化的深入研究。企业文化研究随着形势的发展也在发生变化，在基础理论以及衍生研究、应用研究及测评方面将会呈现跨文化管理研究、企业文化与领导力和竞争力的关系研究、基于民族文化的本土化研究、虚拟企业文化研究等趋势。要将企业文化作为核心力量融入企业管理实践的各个层面，还需要进一步从企业文化的本质探讨、内涵丰富和量表情景化开发等方面进行细化研究，尤其是企业文化升级为企业信仰，也就是信仰型企业文化的构建是企业文化未来发展的重要方向和终极目标。

（二）企业文化与品牌文化的关系

通过分析发现，企业文化与品牌文化都不能脱离企业的产品和经营，都要服务于企业的发展，因此，其核心含义应该是一致的、相通的。但是企业文化与品牌文化在概念、作用、着眼点和建设方法方面又有明显不同。

企业文化是企业经营管理过程中形成的共同价值观、信念和行为方式的总和，重点是企业价值观、企业理念和行为方式的塑造，是企业经营管理与发展的指导思想。品牌文化则通过赋予品牌深刻而丰富的文化内涵，建立鲜明的品牌定位，并充分利用各种强有效的内外部传播途径形成消费者对品牌在精神上的高度认同，创造品牌信仰，最终形成强烈的品牌忠诚。品牌文化起到连接企业文化和消费者文化的作用。品牌文化是由品牌经营者主动规划并全面渗透在品牌经营中、获得目标消费者和其他利益关系者认同的一整套思维和行为模式，包括品牌使命、基本价值观、经营信条，以及基本行为准则和品牌形象规范等，以此引导和约束品牌运作表现，保持与品牌风格一致性，激励团队成员全面履行品牌承诺，保障品牌的持续成长。企业文化与品牌文化的塑造，其根源都在于企业家对企业文化的理解，企业家对企业文化理解得越深、越透彻，就越容易把握其中的真谛和关键。

企业文化与品牌文化两者的传播对象不同。企业文化的传播对象是企业内部人群，主要是企业的员工。品牌文化的传播对象是企业外部人群，主要是企业的目标消费者及相关人群。

传播对象的不同也决定了企业文化与品牌文化在形成机制、功能、传播渠道、文化冲突反映上存在较大差异。企业文化是在一定生产经营环境下,为适应企业生存发展需要,由少数人倡导和实践,经过较长时间的传播和规范管理而逐步形成的。品牌文化则是在品牌建立、传播、维护、再生等过程中精心策划形成的。

虽然企业文化与品牌文化存在一定的区别,但是企业文化与品牌文化的发展是相互交融、相互渗透、相辅相成的。企业文化是企业品牌的灵魂和支撑,企业文化建立的价值观体系被社会公众充分感知并能够引起强烈的共鸣,消费者才能逐渐认可企业的品牌,企业才能提高消费者品牌忠诚度,深化消费者和企业品牌文化的相互沟通。同时,品牌的名称、标志、包装等是品牌文化的显现载体,在深层次上,品牌文化传达着企业的理念,而企业文化正是以企业精神和经营理念为核心,因而品牌文化是企业文化的重要组成部分。

二、阿里巴巴与腾讯的品牌发展历程

(一) 阿里巴巴品牌简介

阿里巴巴集团由曾担任英语教师的马云为首的18人于1999年9月在杭州创立。在杭州湖畔花园小区的一所150平方米的民宅里,马云和其他17位创始人一起凑了50万元人民币,决定要从事其实还不了解的互联网业务。这个公交车坐到终点站、还要坐三轮车才能到的地方,成了日后阿里巴巴传奇的缘起之地。二十年时间,阿里巴巴从一家小企业成长为庞大的"阿里巴巴数字经济体"。

从一开始,阿里巴巴所有创始人就深信互联网能够创造公平的竞争环境,让小企业通过创新与科技扩展业务,在参与国内或全球市场竞争时处于更有利的位置。自推出让中国的小型出口商、制造商及创业者接触全球买家的首个网站以来,阿里巴巴集团不断成长,成为网上及移动商务的全球领导者。

阿里巴巴集团及其关联公司目前经营领先业界的批发平台和零售平台,以及云计算、数字媒体和娱乐、创新项目及其他业务。集团业务和关联公司的业务包括:淘宝网、天猫、聚划算、全球速卖通、阿里巴巴国际交易市场、1688、阿里妈妈、阿里云、蚂蚁金服、菜鸟网络等。围绕着平台与业务,阿里巴巴建立了涵盖消费者、商家、品牌、零售商、第三方服务提供商、战略合作伙伴及其他企业的数字经济体。

阿里巴巴集团的使命是让天下没有难做的生意。阿里巴巴旨在赋能企业,帮助其变革营销、销售和经营的方式,提升其效率。阿里巴巴为商家、品牌及其他企业提供技术基础设施以及营销平台，帮助其借助新技术的力量与用户和客户进行互动，并更高效地进行经营。阿里巴巴的使命"让天下没有难做的生意"不是空话，通过互联网的技术和手段，阿里巴巴正在帮助解决中小企业贸易难、创业门槛高、经营成本高、物流成本高、融资难、融资贵等诸多问题。

2014年9月19日，阿里巴巴集团在纽约证券交易所正式挂牌上市，股票代码"BABA"。2018财年，阿里巴巴集团收入2 502.66亿元，同比增长58%，创下首次公开募股（IPO）以来最高增速；阿里巴巴的核心电商业务收入2 140.20亿元，同比增长60%，同样创下IPO以来年度最高增幅。2019年第二季度，阿里巴巴在中国零售市场有7.55亿移动MAU①，季度净增3 400万；年度活跃消费者为6.74亿，季度净增2 000万。阿里巴巴从2016年第二季度至2019年第二季度活跃买家和移动月活情况详见图15-1。

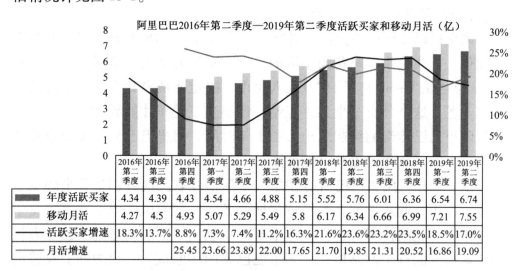

图15-1　阿里巴巴2016年第二季度—2019年第二季度活跃买家和移动月活情况
（数据来源：海豚智库，阿里巴巴公司财报）

2019年6月11日，WPP和凯度华通明略在美国纽约发布了"2019年BrandZ全球品牌价值100强"排名，阿里巴巴的品牌价值较上年增长了16%，达到了1 312亿美元，其品牌价值首次超过了腾讯，排名第7位。

---

① MAU（Monthly Active Users的缩写）是一个用户数量统计名词，指网站、App等月活跃用户数量（去除重复用户数）。数量的大小反映用户的活跃度，但是无法反映用户的黏性。

阿里巴巴的英文为"Alibaba"，阿里巴巴创始人马云认为世界各地的人士都知道有关"阿里巴巴"的故事，而且这个词在大部分语言中都有类似的读音，因而将公司命名为"阿里巴巴"。电子商务是一门全球化的生意，所以需要一个全球人士都熟悉的名字。阿里巴巴意谓"芝麻开门"，喻义其平台为小企业开启财富之门。马云也认准了这个域名将来会流传全世界，在当时的启动资金50万元人民币中，拿出了1万美元从一个加拿大人手中买回了阿里巴巴的域名。阿里巴巴品牌标志见图15-2。

图15-2　阿里巴巴品牌标志

阿里巴巴品牌标志左侧的图形是一张微笑的人头侧面，又形似字母"a"。"a"在西方是第一、优秀和卓越的意思。阿里巴巴的英文名开始和结束都是"a"，象征阿里巴巴能有始有终。同时，这个"a"还有一层含义，那就是用户满意的笑脸。因此，这个品牌标志传达的是用户用过产品之后的感觉，或者说，表达着用户对阿里巴巴以顾客第一为服务理念的赞许与激励。

（二）腾讯品牌简介

腾讯控股有限公司（简称"腾讯"）成立于1998年11月，由马化腾、张志东、许晨晔、陈一丹、曾李青5位创始人共同创立，总部位于中国广东深圳，是目前中国最大的互联网综合服务提供商之一，也是中国服务用户最多的互联网企业之一。腾讯已成为全球第四大互联网公司，仅次于谷歌、亚马逊和易贝。

通过互联网服务提升人类生活品质是腾讯公司的使命。目前，腾讯把为用户提供"一站式在线生活服务"作为战略目标，提供互联网增值服务、移动及电信增值服务和网络广告服务。通过即时通信QQ、腾讯网（QQ.com）、腾讯游戏、QQ空间、无线门户、搜搜、拍拍、财付通等中国领先的网络平台，腾讯打造了中国最大的网络社区，满足互联网用户沟通、资讯、娱乐和电子商务等方面的需求。腾讯业务范围覆盖社交、金融、娱乐、资讯、工具、平台和人工智能领域。根据腾讯公布的2019年第二季度及中期业绩，腾讯第二季度收入同比增长21%，主要是受商业支付服务及其他金融科技服务、智能手机游戏及其他数字内容销售所推动。在公司业务方面，微信及 WeChat 的合并月活跃账户数、收费增值服务注册账户数分别较上年同比增长 7.1%、9.7%。具体经营数据详见表 15-1。

表 15-1　腾讯公司经营数据

单位：百万

数据	2019 年 6 月 30 日	2018 年 6 月 30 日	同比变动
QQ 的月活跃账户	807.9	803.2	0.60%
QQ 的智能终端月活跃账户数	706.7	708.6	−0.30%
微信及 WeChat 的合并月活跃账户数	1 132.7	1 057.7	7.10%
QQ 空间的智能终端月活跃账户数	553.5	542.7	2.00%
收费增值服务注册账户数	168.9	153.9	9.70%

（数据来源：腾讯公司公布的 2019 年第二季度及中期业绩）

腾讯以技术丰富互联网用户的生活。通过通信及社交平台微信和 QQ 促进用户互相联系，并助其连接数字内容，提供线上及线下服务。通过定向广告平台，助力广告主触达数以亿计的中国消费者。通过金融科技及企业服务，促进合作伙伴业务增长，助力实现数字化升级。腾讯大力投资于人才及推动科技创新，积极参与互联网行业共同发展。2004 年 6 月 16 日，腾讯公司在香港联交所主板公开上市（股票代号 700）。

2019 年 6 月 11 日，WPP 和凯度华通明略在美国纽约发布了"2019 年 BrandZ 全球品牌价值 100 强"排名，腾讯的品牌价值较上年下跌 27% 至 1 309 亿美元，排名则下跌到第 8 位。

腾讯公司在注册时，马化腾给公司起名为"腾讯"，饱含着深长的意味。一方面，马化腾的名字里有个"腾"字，公司和自己密切相关；另一方面，"腾"也有腾飞、发达的意思。后缀为"讯"，可能是因为老东家润讯对马化腾的影响。至于英文命名"Tencent"，主要是参考美国著名的通信公司朗讯（Lucent）而起的。

在腾讯后来的发展中，毗邻深圳的香港人对"Tencent"的读音有了变化，将其分为"Ten"和"Cent"两个单词。公司创始人张志东半开玩笑地解释："当时手机兴起，短信费用是一毛钱一条，刚好十分钱，而腾讯正是从手机业务中寻找到突破点的。"

2017年11月15日，腾讯官方微信宣布，为了提升腾讯的品牌形象，公司于11月14日发布了腾讯专属的"腾讯字体"（TTTGB-Medium）。腾讯新大楼"腾讯"的品牌标志也已经悄然发生变化，新品牌标志采用的正是"腾讯字体"。腾讯官方微信表示，"腾讯字体"收录了6 763个全形汉字，以及拉丁字母、希腊字母、日文平假名及片假名字母、俄语西里尔字母，相对于其他字体"更现代、更协调、更动感"。新字体已全部应用于腾讯旗下各个品牌的中文标志设计和各种宣传标题上，让腾讯能够在全球范围内统一品牌理念和精神，提供一致的品牌识别系统。新版的腾讯标志，英文和中文字体都有很大变化，其中"讯"字变化尤其明显，而且标志主色调换成了明度更高的蓝色，变得更加醒目。全新的标志设计中，字体向右倾斜，这种倾斜所产生的速度感加上新字体的科技感，突显了腾讯对领导网络潮流的想法和信心。腾讯品牌标志的变化见图15-3。

旧标志　　　　　　　　　　　新标志

图15-3　腾讯品牌标志的变化

三、阿里巴巴与腾讯品牌文化比较

（一）品牌核心理念

企业的使命、愿景和价值观，构成了企业的品牌文化精神体系，也成为企业业务发展的基石。在中国互联网公司中，阿里巴巴是一家尤其重视使命、愿景、价值观的公司，这使得阿里巴巴在众多互联网巨头中独树一帜。价值观一直是阿里巴巴内部管理的重头戏，并且在年终考核里与业绩各自占到一半的权重。在阿里巴巴的企业史上，从普通员工到B2B（公司对公司业务）上市公司首席执行官级别的高管，都曾有过因触犯价值观红线而离职的案例。在某些事件中，对价值观的过分重视也曾引来过舆论的质疑，但阿里巴巴仍然坚持对价值观的宣扬，并且受到其他一些公司的推崇和学习。马云曾说，阿里巴巴所有重大的决定都与钱无关，都与价值观有关。2019年9月10日，阿里巴巴在成立20周年之际公布"新六脉神剑"，宣布升级使命、愿景、价值观。在新一轮的阿里话语体系表述中,企业使命保持不变,愿景和价值观都得到了部分调整升级,而价值观都取材于"阿里土话"。

从企业的核心理念看,阿里巴巴和腾讯都是以用户为中心,所有的产品都按照用户的喜好设计,这也成为两家企业长久发展的重要因素。笔者根据阿里巴巴和腾讯官网资料,整理了这两家企业的品牌核心理念情况,如表15-2所示。

表15-2 阿里巴巴和腾讯品牌核心理念

内容	阿里巴巴	腾讯
使命	让天下没有难做的生意	通过互联网服务提升人类生活品质
愿景	活102年:我们不追求大,不追求强,我们追求成为一家102年的好公司 到2026年,服务20亿消费者,创造1亿就业机会,帮助1000万家中小企业盈利	成为最受尊敬的互联网企业
价值观	客户第一,员工第二,股东第三 因为信任,所以简单 唯一不变的是变化 今天最好的表现是明天最低的要求 此时此刻,非我莫属 认真生活,快乐工作	正直+进取+合作+创新

(资料来源:根据阿里巴巴和腾讯官网资料整理)

(二)品牌形象

企业品牌形象表现为品牌商标、产品包装、产品功能等方面,这些通过消费者对产品的观察和使用被消费者所了解。品牌形象最为重要的功能是,在消费者长期观察和使用产品的体验过程中,对企业形成的联想和认识也影响着消费者的需求。

阿里巴巴通过多年发展,创立了自己的"阿里巴巴"品牌,这作为企业的标志和象征,早已在群众心中打下了坚实的基础。同时,不只是阿里巴巴的厂容厂貌、员工服饰、企业广告等对外形象方面的打造令人赞不绝口,最令人心生敬佩的是该公司旗下的各种产品,例如淘宝网、天猫、蚂蚁金服、菜鸟网络等,它们无一例外地抓住了市场的机遇。其中,淘宝品牌选择将橙色作为品牌的主色调,而橙色能够让人联想到乐趣(图15-4)。天猫专注于B2C(公司对客户)业务。猫是一种挑剔的动物，猫的形象能够代表"天猫"所追求的高品质。同时，"天猫"的主色调是暗红色，让用户产生高品质的联想（图 15-5）。

图 15-4　淘宝网标志

图 15-5　天猫标志

提到腾讯 QQ，用户首先联想到娱乐。腾讯 QQ 在刚推出时，主要服务于年轻的学生群体。QQ 可爱的企鹅形象（图 15-6），交互界面中的各种卡通图片，都体现出腾讯品牌对于可爱、娱乐形象的追求。由于网络产品的虚拟性，腾讯进行品牌外包，将网络产品与实物产品结合，如印有 QQ 图案的背包、服装、公仔、抱枕等，这些品牌情感的寄托物使用户更加依恋 QQ。随着核心产品不断优化，QQ

图 15-6　QQ 标志

用户数突破临界值，引发了正反馈。用户群从年轻的学生人群扩展到老师、家长乃至职场人士，腾讯 QQ 最终垄断了国内即时通信市场。

（三）品牌文化传播

品牌文化从企业到顾客存在一个从内到外的传播过程，传播的目的在于满足顾客的需求，同时使顾客对品牌有从形象到内涵的感知和认同。这一传播过程在深层次上与企业的价值观、品牌的内在文化紧密相连，企业如何正确运用合适的方式和渠道将成为能够最大程度推广品牌的关键。

阿里巴巴的品牌文化传播策略具有独创性，强调文化胜过强调品牌。阿里巴巴立志于通过使命、价值观等文化的内部渗透和传承，使得顾客在与阿里巴巴的每一次接触中都能感受到阿里巴巴品牌文化的内涵。

在内部传播方面，阿里巴巴采用多层次多渠道渗透。培训是阿里巴巴传承文化的主要途径之一，也是阿里巴巴提升内部凝聚力的主要方式。阿里巴巴根据员工的层次、职能，设有一系列不同定位的培训，如阿里党校、阿里夜校、阿里课堂、阿里夜谈、组织部等，员工根据自己的实际需求自行选择。

在外部传播方面，阿里巴巴采用由内而外的魔方效应，通过各种软性方式来反映企业物质及精神追求的各种文化要素的总和。

第一，品牌叙事是阿里巴巴品牌文化对外传播的经典策略之一，将品牌所要表达的核心价值理念与受众的情感串联起来，通过文化、精神上的沟通获得受众的认可。这种品牌叙事的方式，或者说品牌文化渗透的方式，不断地丰富和完善品牌形象，增进了品牌与受众的情感共鸣，扩大了品牌的影响力。

第二，公关是阿里巴巴品牌文化推广的另一种途径。"西湖论剑""网商大会""网上交易会""双十一"等，阿里巴巴通过搭建有价值的交流平台，打造天猫全球狂欢节，进一步提高了品牌在消费者心中的地位。

第三，阿里巴巴通过典型人物塑造传播品牌文化。如阿里巴巴创始人马云，通过自己独特的经历和理念为阿里巴巴书写了一个传奇，也成了阿里巴巴独一无二的品牌代言人，公众能够透过马云的言行感知阿里巴巴的品牌文化和内涵。

腾讯一直以来非常重视品牌传播，在腾讯的品牌文化中，最核心的内容就是产品文化。腾讯所有的业务都在以产品化的方式运营。在做产品或者服务之前，腾讯都会集中精力去努力挖掘目标用户最深层次的真实需求。而良好的产品定位，也帮助了消费者有效记忆产品品牌。首先，腾讯利用热点式品牌塑造，通过改造自身卖点，结合国内消费者的使用习惯和审美，不断优化产品，推出新版本。其次，腾讯采用病毒式品牌塑造，利用强大的用户黏性，使用户不断转向新的产品。例如，在推出微信应用时，部分喜爱新鲜事物的用户成了微信的第一批使用者。腾讯巧妙地打通微信与QQ的信息交流通道，任何通过微信发送到QQ上的信息都会被标注"此信息通过微信发布"。每一次信息交流都成为微信的一次病毒扩散。除了稳定的核心产品外，腾讯还通过品牌延伸来增强企业的竞争力。腾讯公司利用其核心产品QQ的知名度进行品牌延伸，借助病毒营销方式进入其他细分领域，如游戏、音乐、视频、电子商务等，进一步扩大了市场份额。

另外，腾讯采用了文化式品牌塑造。腾讯QQ上市之初，目标客户群体主要是"80后"，即我国实行计划生育后的第一批独生子女。腾讯针对该群体特点，塑造了很多新的概念：新人类、Q人类、闪族等。社会对这一群体的评价是"过于自我、追求享受"。腾讯为以QQ为生活娱乐方式和工作方式的"Q人类"提供了空间，建立起沟通无限、传递快乐的"Q文化"，打造了腾讯品牌文化的影响力。

（四）企业社会责任

企业社会责任的履行是企业社会价值的体现，阿里巴巴和腾讯都在不断强化自己的企业社会责任，并且摸索出了更适合自己的社会责任实践模式。

横跨核心电商、本地生活、文化娱乐等领域的阿里经济体，引领着超过7亿用户每天的生活。阿里云工程师们用1 000多个小时的业余时间建立了"码上公益"平台，用10多万行代码支持了73个公益项目。2018年7月，疫苗事件爆发，阿里健康连夜上线疫苗查询功能，用户可以通过手机淘宝、天猫、支付宝、阿里健康等App，扫描药盒追溯条形码，获取相关安全信息。2018年，阿里巴巴总计向国家纳税516亿元，创造了4 082万个就业机会。如今，5亿用户通过支付宝蚂蚁森林，已经在荒漠化地区种下1亿棵真树，种树总面积达140万亩（约合933平方千米）。菜鸟工程师累计优化了2.9亿多个包裹，相当于减少2.4万吨碳排放。阿里巴巴通过承担客户责任、员工责任、供应商责任、环境责任，打造竞争责任力，追求集团内外的可持续发展。阿里巴巴认为企业的社会责任应内生于商业模式，并与企业发展战略融为一体。只有使社会责任转化为企业内在的核心基因，企业才能具备恒久性和可持续性。

腾讯则主要从智慧政务、智慧产业、智慧社会、智慧文化和智慧生态这5个方面展现了公司社会责任工作绩效。腾讯的"新责任观"可以用"一二三四"来概括，即一个初心、两个驱动、三个角色和四个对象。具体而言，"一个初心"是指，作为一家互联网平台企业，腾讯归根结底是通过"连接"为利益相关方创造价值；"两个驱动"是指，腾讯是在科技和文化两大引擎驱动下，在实现自身业务发展的同时，积极有效参与解决社会和环境可持续发展领域的问题；"三个角色"是指连接器、工具箱和生态共建者，这既是腾讯在业务层面的定位，也是其在企业社会责任层面的功能定位；"四个对象"是指，腾讯将政府、行业、用户和公众作为践行企业社会责任的重要对象，致力于在数字时代助力每个人实现对美好生活的追求。

截至2018年12月底，腾讯的政务云服务已覆盖22个省份，深入公安、人社、民政、税务等各种政务领域。作为月活迄今已达 11 亿的国民应用，微信在拉动就业方面的成绩也令人瞩目。2018 年，微信拉动信息消费 2 402 亿元，带动传统消费规模达到 4 198 亿元；整个微信生态带动就业岗位 2 235 万个，其中小程序成为"就业大户"，带动就业岗位 182 万个。腾讯与公安机关合作，借助优图人脸识别的智能科技，两年来帮助 1 000 多个家庭找到走失多年的家人。腾讯公益募捐平台上超过 90% 的募捐项目属于扶贫范畴，动员广大社会力量支持乡村发展。在这个意义上，马化腾将"负责任的数字化"称为这个时代最大的公益。从"用互联网服务提升人类生活品质"到"科技向善"，腾讯始终把"人"置于企业社会责任工作的核心位置。消费互联网时代，腾讯致力于为用户提供优质的生活服务；伴随互联网与生产生活联系日益紧密，腾讯作为各行各业的"数字化助手"，为产业互联网时代的各方创造更大价值。

四、结论和启示

（一）结论

1. 品牌文化必须与企业文化系统保持一致

企业文化要逐渐积淀，最终对企业的综合优势给予有力的支撑。而品牌文化也需要与之相一致的企业文化系统。不管是"让天下没有难做的生意"的阿里巴巴，还是"通过互联网服务提升人类生活品质"的腾讯，都保持了品牌文化与企业文化的高度一致性。开创一个伟大、成功的品牌，企业需要有企业精神和企业理念的支持。因此，品牌文化是企业文化的集中体现与凝聚，企业文化则是品牌文化建设的核心与根基。

2. 注重多元化的品牌文化传播，提升企业品牌形象

品牌文化传播能够改变和确定消费者对事物的态度和看法，同时，品牌文化传播也是企业满足消费者需要、培养消费者忠诚度的有效手段。如今，品牌传播的方式正在走向多元化，这些方式让消费者对品牌的认识不再停留在表面上，而是让消费者与品牌建立起互动性更强的关系，提高了消费者对品牌的参与感。阿里巴巴和腾讯的品牌文化传播均建立在目标消费者需求的基础上，迎合了消费者的利益，从而引发消费者的兴趣和关注；同时，通过目的明确的传播，给目标消费者留下了深刻印象；与目标消费者的双向沟通，增强了消费者对企业价值、品牌的认同；与目标消费者关系的建立，巩固了企业的品牌形象。

3. 建立责任品牌，实现价值共享

品牌是声誉，也是责任，需要责任理念、责任实践的支撑。在经济全球化的今天，企业品牌文化不断迈向更加负责任的、以满足利益相关方与后代期望和诉求为导向的责任品牌新时代。目前，阿里巴巴和腾讯均已建立自己的品牌生态圈，也在建立自己多层次的责任品牌。如今，社会已认同品牌最持久的含义和实质就是其价值、文化和个性，而股东、员工、客户、合作伙伴以及社会公众等利益相关方都可以更近距离了解企业，获得更高质量、更符合需求的产品、服务和价值，与企业共享成长的成果，共同创造可持续发展的未来。持续有效的责任品牌建设，最终实现的是企业与社会、环境的和谐共生和良性互动，而唯有如此，品牌文化才能真正转化为企业的持续竞争力。

（二）启示

就未来整体趋势而言，品牌文化与企业文化的融合将更加紧密，若没有企业文化的支撑，企业将无法有效地建立品牌文化；若没有品牌文化的内核传递效应，企业也无法向消费者传递自己的企业文化，也就无法得到消费者的认可。企业应在企业文化和品牌文化的建设中，认识到两者存在辩证关系，注重两者的协同发展，不断传承企业文化和品牌文化，不断取得全球化市场竞争的主动权。

互联网企业在进行品牌传播和推广时，要注重品牌传播的可持续性。品牌知名度、美誉度和忠诚度的培养与积累是一项长期工程，需要企业在品牌建设之初就对品牌宣传、品牌推广有长期的规划，适时对品牌内涵进行升级优化，以提升品牌的市场竞争力和影响力。

参考文献

[1] 阿奇·B. 卡罗尔，安·K. 巴克霍尔茨. 企业与社会：伦理与利益相关者管理 [M]. 5 版. 黄煜平，朱中彬，徐小娟，等，译. 北京：机械工业出版社，2004.

[2] 威廉·大内. Z 理论 [M]. 朱雁斌，译. 北京：机械工业出版社，2013.

[3] 特伦斯·E. 迪尔，艾伦·A. 肯尼迪. 企业文化：企业生活中的礼仪与仪式 [M]. 李原，孙健敏，译. 北京：中国人民大学出版社，2015.

[4] 托马斯·彼得斯，罗伯特·沃特曼. 追求卓越：美国优秀企业

的管理圣经［M］. 北京天下风经济研究所,译. 北京:中国编译出版社,2004.

［5］特伦斯·E. 迪尔,艾伦·A. 肯尼迪. 新企业文化:重获工作场所的活力［M］. 孙健敏,黄小勇,李原,等,译. 北京:中国人民大学出版社,2009.

［6］埃德加·沙因. 企业文化生存与变革指南［M］. 马红宇,唐汉瑛,等译. 杭州:浙江人民出版社,2017.

［7］魏文斌. 企业伦理与文化研究［M］. 苏州:苏州大学出版社,2013.

［8］陈安娜. 互联网企业文化研究［M］. 杭州:浙江工商大学出版社,2019.

［9］蒋诗萍. 品牌文化现象的深层运作机制及其文化内蕴［J］. 社会科学,2019(4):186-191.

［10］温素彬,李慧,焦然. 企业文化、利益相关者认知与财务绩效:多元资本共生的分析视角［J］. 中国软科学,2018(4):113-122.

［11］王青,徐世勇,沈洁. 企业社会责任文化促进企业可持续发展的机制研究:以江森自控为例［J］. 中国人力资源开发,2018(3):149-158.

［12］孙怀平,杨东涛,亨尼·敖特·汉森. 双元领导风格对组织创新影响研究:企业文化的调节作用［J］. 软科学,2017(11):62-65,70.

(杨洁,胡菊)

附录：30 个世界级品牌创办年表

序号	品牌名称	品牌创立者	品牌来历	品牌年龄（年）
1	茅台	偈盛烧房	清代，茅台镇酒业兴旺，"茅台春""茅台烧春""同沙茅台"等酒声名鹊起。1704 年（康熙四十三年），以茅台命名的白酒品牌开始出现。茅台镇最早的烧房之一"偈盛烧房"于 1704 年将其生产的酒正式定名为茅台酒。1951 年，政府通过赎买、没收、接管的方式将成义（华茅）、荣和（王茅）、恒兴（赖茅）三家私营酿酒作坊合并，实施三茅合一政策——国营茅台酒厂成立。	315
2	爱马仕	Thierry Hermès	爱马仕（Hermès）是世界著名的奢侈品牌，1837 年由提挨里·爱马仕（Thierry Hermès）创立于法国巴黎，早年以制造高级马具起家，现为一家忠于传统手工艺、不断创新的国际化企业，拥有箱包、马具、丝制品、女装、男装、珠宝首饰等 16 大产品部类。	182
3	路易威登	Louis Vuitton	路易·威登（Louis Vuitton）是法国历史上最杰出的皮件设计大师之一，于 1854 年在巴黎开了以自己名字命名的第一家皮箱店。代代相传至今的路易威登，以卓越品质、杰出创意和精湛工艺成为时尚旅行艺术的象征。	165
4	雀巢	Henri Nestlé	雀巢公司由亨利·内斯特（Henri Nestlé）于 1867 年创办，总部设在瑞士日内瓦湖畔的韦威（Vevey），以创始人的名字 Nestlé 为其产品的品牌名称，并以鸟巢图案为商标图形。因为英文雀巢（Nest）与 Nestlé 为同一词根，所以中文一并译为"雀巢"。公司起源于瑞士，最初以生产婴儿食品起家，后来以生产巧克力棒和速溶咖啡闻名遐迩。	152

续表

序号	品牌名称	品牌创立者	品牌来历	品牌年龄（年）
5	可口可乐	Frank M. Robinson	Coca-Cola，或者称Coke，是由美国可口可乐公司（Coca-Cola Company™）生产的一类含有咖啡因的碳酸饮料，中文译为可口可乐（译自蒋彝）。该饮料有一种特殊风味，这种风味来自原料中的可乐种子（Cola Seed）。1885年，美国佐治亚州的约翰·斯蒂斯·彭伯顿（John Stith Pemberton）发明了深色的糖浆，称为彭伯顿法国酒可乐（Pemberton's French Wine Coca）。同年，政府发出禁酒令，因此彭伯顿发明了无酒精的Pemberton's French Wine Coca。1886年5月8日，他想发明一种饮料，一种让很多需要补充营养的人喜欢喝的饮料。那天，他正在搅拌做好了的饮料，发现它具有提神、镇静的作用，还能减轻头痛。他在这种饮料中加入了糖浆和水，然后加入冰块，他尝了尝，味道好极了。不过在倒第二杯时，助手一不小心加入了碳酸水（苏打水），这下味道更好了。合伙人弗兰克·罗宾逊（Frank M. Robinson）从糖浆的两种成分获得了命名的灵感，这两种成分就是古柯（Coca）的叶子和可拉（Kola）的果实。为了整齐划一，罗宾逊将"Kola"的"K"改"C"，再在两个词中间加一横，于是Coca-Cola便诞生了。1919年9月5日，罗伯特·伍德鲁夫的父亲高价收购了可口可乐汽水厂和可口可乐专利权，正式注册创建可口可乐公司。	133
6	百事可乐	Caleb Davis Bradham	百事可乐公司创办者科尔贝·戴维斯·布莱德汉姆（Caleb Davis Bradham）本来想成为一名医生，但家庭拮据导致他未能继续完成医学院的学业。但他还是对医学事业没有死心，发明了一款他认为有助于消化的饮料——"Brad's Drink"，该饮料由碳酸水、糖、香草、生油、胃蛋白酶及可乐果制作而成。1898年，科贝尔把它易名为"Pepsi-Cola"，名称取材于英文单词"dyspepsia"（消化不良）。	121

续表

序号	品牌名称	品牌创立者	品牌来历	品牌年龄（年）
7	梅赛德斯-奔驰	Karl Benz Gottlieb Daimler	1900年12月，戴姆勒发动机工厂（Daimler Motoren Gesellschaft，DMG）向其客户献上了世界上第一辆以梅赛德斯（Mercedes）为品牌的轿车。戴姆勒—奔驰汽车公司创建人是被世人誉为"汽车之父"的卡尔·本茨（Karl Benz）和戈特利布·戴姆勒（Gottlieb Daimler）。1909年6月，戴姆勒公司申请登记了"三叉星"作为轿车的标志，象征着陆上、水上和空中的机械化和合体。"三叉星"标志来源于戴姆勒写给他妻子的信，他认为他画在家里房子上的这颗星会为他带来好运。	119
8	欧莱雅	Eugène Schueller	1907年，年仅28岁的法国化学家欧仁·舒莱尔（Eugène Schueller）发明了世界上第一支无毒染发剂，并取名为"L'Oréal"（欧莱雅）。"L'Oréal"一词来源于希腊语"opea"，象征着美丽。1909年7月30日，舒莱尔开始自己创业——他用800法郎成立了法国无害染发剂公司，这就是欧莱雅公司的前身。1939年4月4日，法国无害染发剂公司正式更名为欧莱雅公司。	112
9	香奈儿	Gabrielle Bonheur Chanel	香奈儿（Chanel）的创始人是可可·香奈儿（Coco Chanel），原名Gabrielle Bonheur Chanel。1910年，可可·香奈儿在巴黎开设了一家女装帽子店，凭着非凡的针线技巧，缝制出一顶又一顶款式简洁耐看的帽子。1914年，可可·香奈儿开设了两家时装店，影响后世深远的时装品牌"Chanel"宣告正式诞生。	109

续表

序号	品牌名称	品牌创立者	品牌来历	品牌年龄（年）
10	宝马	Gustan Otto	宝马公司创建于1916年，前身是一家飞机制造工厂，最初的时候是因制造双翼式的螺旋桨侦察机而世界闻名，公司创始人是吉斯坦·奥托（Gustan Otto）。1917年7月20日，BFW公司便开始进行规划性的重组，正式更名为BMW。1929年7月9日，宝马在晨报上发布了广告，正式进军汽车制造行业。1992年以前，BMW在中国并不叫宝马，而被译为"巴依尔"。这是因为BMW的全称是"Bayerische Motoren Werke AG"，BMW是巴伐利亚机械制造厂股份公司的简称。	103
11	迪士尼	Walt D. Disney	迪士尼公司成立于1923年，由华特·迪士尼（Walt D. Disney）及其哥哥罗伊·迪士尼（Roy O. Disney）创建。迪士尼全称为"The Walt Disney Company"，取名自其创始人华特·迪士尼。1926年，华特正式创立华特·迪士尼制作公司。1928年，世界第一部有声动画片《威利号汽船》（Steamboat Willie）首映，从此，那个活泼、聪明、机敏、善良的米老鼠（Mickey Mouse）成了世界知名卡通形象。此后迪士尼更是陆续推出了唐老鸭、狮子王、小熊维尼、凯蒂猫等经典动画形象，这为迪士尼未来的商业多方位发展打下了基础。	96
12	五粮液	杨惠泉	明朝初年，宜宾人陈氏继承了姚氏产业，总结出陈氏秘方，五粮液用的就是陈氏秘方。此酒两名，文人雅士称之为"姚子雪曲"，普通老百姓都叫"杂粮酒"，这就是而今五粮液的直接前身。1929年，晚清举人杨惠泉将"姚子雪曲"改名为"五粮液"。1932年，"陈氏秘方"最后传人邓子均申请注册了五粮液品牌，并制作了第一代五粮液商标。	90

续表

序号	品牌名称	品牌创立者	品牌来历	品牌年龄（年）
13	乐高	Ole Kirk Christiansen	乐高（LEGO）创立于1932年，公司位于丹麦。乐高积木的发明者是克里斯蒂安森（Ole Kirk Christiansen），他是一个出色的木匠，有着自己的木制加工厂。商标"LEGO"的使用是从1932年开始的，品牌名称来自丹麦语"LEg GOdt"，意为"play well"（玩得快乐），该名字迅速成为乐高公司在比隆（Billund）地区玩具工厂生产的优质玩具的代名词。1949年，第一块乐高塑料积木问世。两年后，穴柱连接原理的塑料积木投放市场。	87
14	三星	李秉喆	三星（Samsung）集团成立于1938年，是大韩民国第一大企业，同时也是一个跨国的企业集团，创办人为李秉喆。公司最初主要出口朝鲜南半岛的鱼干、蔬菜和水果，20世纪50年代逐步涉足制糖、制药、纺织等制造业，并确立为家族制企业。"Samsung"这个单词在韩国意思是"三星"，代表的是"巨大、众多、强力"（就像夜空中的星星）。三星集团包括众多的国际下属企业，旗下子公司有三星电子、三星物产、三星人寿保险等，业务涉及电子、金融、机械、化学等众多领域。	81
15	惠普	Bill Hewlett Dave Packard	惠普（HP）是世界最大的信息科技（IT）公司之一，由比尔·休利特（Bill Hewlett）和戴维·帕卡德（Dave Packard）于1939年创建，该公司建在帕罗奥多市的一间汽车库里。第一个产品是声频振荡器，它是音响工程师使用的电子测试仪器。现今的惠普下设三大业务集团：信息产品集团、打印及成像系统集团和企业计算机专业服务集团。	80

续表

序号	品牌名称	品牌创立者	品牌来历	品牌年龄（年）
16	阿迪达斯	Adolf Adi Dassler	阿迪达斯（Adidas）的品牌名称来源于创始人的名字。1920年，德国商人阿道夫·阿迪·达斯勒（Adolf Adi Dassler）从德国的赫尔佐格瑙拉赫起家，开始生产鞋类产品，"Adidas"是他的小名（Adi）和姓氏前3个字母（Das）的结合。1949年8月18日，公司以adidas AG名字登记。阿迪达斯原本由两兄弟共同创立，在分道扬镳后，阿道夫的哥哥鲁道夫·达斯勒（Rudolf Dassler）创立了运动品牌彪马（PUMA）。阿迪达斯三条纹标志是最早被启用的，由阿迪达斯的创办人阿道夫·达斯勒设计。三条纹的阿迪达斯标志代表山区，指出实现挑战、成就未来和不断达成目标的愿望。到了1972年，阿迪达斯用三叶草标志逐步代替早期的三条纹标志，以极具象征性的更为美观的三叶草来寓意延展到全世界的体育力量，也同时寄予自身品牌走向世界的愿景。	70
17	肯德基	Harland Sanders	肯德基（Kentucky Fried Chicken，肯塔基州炸鸡，简称KFC）1952年由创始人哈兰·山德士（C. Harland Sanders）创建，主要出售炸鸡、汉堡、薯条、汽水等高热量快餐食品。在全球顶级品牌中，把自己的头像作为品牌标志的并不多，哈兰·山德士算是做得非常成功的。山德士上校白色的西装以及同样白色的山羊胡子让众多迷恋肯德基味道的食客倍感亲切。从一开始，上校就以经典的领结、眼镜和山羊胡形象出现在品牌标志之中。他从最开始的严肃形象逐步转变为笑容满面。	67

续表

序号	品牌名称	品牌创立者	品牌来历	品牌年龄（年）
18	麦当劳	Ray Kroc	麦当劳创始人雷·克洛克（Ray Kroc）第一次见到迪克·麦当劳（Dick McDonald）和麦克·麦当劳（Mac McDonald）俩兄弟时，还只是一个奶昔销售员，而这兄弟俩当时在加州圣贝尔迪诺（San Bernardino）经营一间汉堡餐厅。因为麦当劳（McDonald）兄弟在他这儿买了几次货，而他对这兄弟俩的汉堡餐厅又印象深刻，就成了他俩的代理人，并在美国各地设立专营权。1955年，克洛克买下了麦当劳的命名权，20世纪60年代买下了麦当劳的全部生意。当时麦当劳已经小有名气，为了巩固现有的商业成果，克洛克选择保留了这个名字。	64
19	星巴克	Howard Schultz	星巴克（Starbucks）咖啡公司成立于1971年，是目前全球最大的咖啡连锁店。星巴克（Starbucks）这个名字来源于美国小说《白鲸》中爱喝咖啡的大副Starbuck。在起名时，星巴克的元老们更钟情于小说中的捕鲸船名"Pequod"，但因为"Pequod"有时会让人联想到"小便"（pee），只好退而求其次，这才选中了"Starbuck"。现名"Starbucks"让人联想到一群热爱喝咖啡的水手，正好与品牌形象和定位契合。星巴克著名的双尾美人鱼商标也是根据品牌名中的航海冒险元素最终确定下来的。1987年，每日咖啡创始人霍华德·舒尔茨（Howard Schultz）收购星巴克，从此带领公司跨越了数座里程碑。1992年6月，星巴克作为第一家专业咖啡公司成功上市，迅速推动了公司业务增长和品牌发展。	48

续表

序号	品牌名称	品牌创立者	品牌来历	品牌年龄（年）
20	耐克	Phil Knight Bill Bowreman	1964年，菲尔·奈特（Phil Knight）和他昔日的教练比尔·鲍尔曼（Bill Bowreman）各自出资500美元，创立了"蓝带体育用品公司"（Blue Ribbon Sports），开始销售自己品牌的运动鞋，他们的产品由一家日本厂家生产。1972年，耐克（NIKE）公司正式成立。NIKE这个名字，英文原意指希腊胜利女神，在西方人的眼光里很是吉利，而且易读易记。耐克商标象征着希腊胜利女神翅膀的羽毛，代表着速度，同时也代表着动感和轻柔。耐克商标图案是个小钩子，造型简洁有力，急如闪电，一看就让人想到使用耐克体育用品后所产生的速度和爆发力。首次以"耐克"命名的运动鞋，鞋底有方形凸粒以增强稳定性，鞋身的两旁有刀形的弯勾，象征女神的翅膀。	47
21	微软	Bill Gates Paul Allen	微软（Microsoft）始建于1975年，是一家美国跨国科技公司，也是世界PC（Personal Computer，个人计算机）软件开发的先导，由比尔·盖茨（Bill Gates）与保罗·艾伦（Paul Allen）创办。"Microsoft"一词源自"Microcomputer"（微型计算机）和"software"（软件），是由比尔·盖茨命名的。微软公司以研发、制造、授权和提供广泛的电脑软件服务业务为主，目前是全球最大的电脑软件提供商。	44

续表

序号	品牌名称	品牌创立者	品牌来历	品牌年龄（年）
22	苹果	Steve Jobs Stephen Wozniak Ron Wayne	苹果公司（Apple Inc.）由史蒂夫·乔布斯（Steve Jobs）、斯蒂夫·沃兹尼亚克（Stephen Wozniak）和罗·韦恩（Ron Wayne）于1976年4月1日创立，并命名为美国苹果电脑公司（Apple Computer Inc.），2007年1月9日更名为苹果公司。苹果的第一个标志是由罗·韦恩用钢笔画的，他设计这个标志是为了纪念艾萨克·牛顿（Isaac Newton）发现万有引力。标志中，牛顿坐在树下思考着，一个苹果即将落在他头上。但该标志因图形复杂不容易被记忆，很快就被一个新的标志设计取代。1976年，乔布斯请罗勃·雅诺夫（Rob Janov）重新设计一个更好的商标来配合Apple II的发行使用。于是雅诺夫开始制作了一个苹果的黑白剪影，但是总感觉缺了些什么，于是他简化苹果的形状，并且在一侧切掉一块，使苹果看起来像被咬了一口，以防苹果看上去像一个西红柿。然后，雅诺夫增加了6条彩色的水平色条，这样就完成了第二个标志——彩虹色苹果徽标。虽然后来苹果品牌标志的颜色和款式都发生了变化，但其标准制图和品牌形象仍然保持不变。这看上去并不完美的苹果从美学角度去理解，却是超越完美的残缺美。	43
23	甲骨文	Larry Ellison	甲骨文公司前身是1977年拉里·埃里森（Larry Ellison）与同事Robert Miner创立的"软件开发实验室"（Software Development Labs）。埃里森根据当时IBM发表的"关系数据库"的论文造出新数据库，命名为甲骨文（Oracle）。1978年公司迁往硅谷，更名为"关系软件公司"（RSI）。1982年公司更名为甲骨文。"甲骨文"既作为"Oracle"的中文译名，同时也能够表达公司的业务特点："甲骨文"字面意思是数据和信息的记录。	42

续表

序号	品牌名称	品牌创立者	品牌来历	品牌年龄（年）
24	思科	Leonard Bosack Sandy Lerner	思科公司由莱昂纳德·波萨克（Leonard Bosack）和桑迪·勒纳（Sandy Lerner）创办于1984年。在思科成立之初，由于公司位于硅谷，而硅谷在旧金山（San Francisco），他们原想用"San Francisco"作为公司名称。然而，按照美国的法律，任何公司不得以城市名作为公司产品品牌名称，于是他们就将"San Francisco"除去前面的英文，用后5个字母"cisco"注册了公司名称，同时将金门大桥的抽象图案作为公司的徽标，寓意思科就好像连接世界的"金桥"，让世界各地的网络紧密联结、畅通无阻。	35
25	海尔	张瑞敏	海尔集团的前身是1984年由濒临倒闭的两个集体小厂合并成立的"青岛电冰箱总厂"。该厂于1985年引进德国"利勃海尔"公司的先进技术和设备，生产出了亚洲第一代"四星级"电冰箱。为体现出双方的合作，海尔人将产品名称定为"琴岛—利勃海尔"，并且成功地设计了象征中德儿童的吉祥物"海尔图形"（现在的海尔兄弟），其商标由"琴岛—利勃海尔"文字和"海尔图形"组成，此标志寓意中德双方的合作如同这两个小孩一样充满朝气和拥有无限美好的未来。1991年，公司名称变更为"青岛琴岛海尔集团公司"，并推出了以"大海上冉冉升起的太阳"为设计理念的新商标，该商标由"琴岛海尔"中英文文字和"海尔图形"组成。1993年5月，公司将企业名称变更为海尔集团公司，其商标由中文"海尔"、英文"Haier"和海尔图形组成。	35
26	华为	任正非	华为技术有限公司成立于1987年。最初为公司命名时，任正非和几位创始人恰巧看到墙上"心系中华，有所作为"的标语，遂取名"华为"。当时外国公司垄断了中国大多数通信设备市场，加上中国改革开放大背景，华为的诞生可以说是时代背景下的爱国创业。华为自成立以来就保持积极进取的精神，通过持续的创新，实现自身的稳固成长。	32

续表

序号	品牌名称	品牌创立者	品牌来历	品牌年龄（年）
27	亚马逊	Jeff Bezos	亚马逊公司于1995年7月16日由杰夫·贝佐斯（Jeff Bezos）创办，公司本来叫作Cadabra，网址就是Cadabra.com（一开始只是网络书店）。随着销售额迅速飙升，其销售范围也不断扩大（不再是只卖书籍而已），于是贝佐斯决定给公司重新起个名字。他想取一个"A"开头的名字，这样在按字母排序的网站索引（当时很多网络搜索引擎都采用这种排序法，包括雅虎）里可以排得靠前些。他翻字典翻到了"Amazon River（亚马孙河）"，于是相中了"amazon"这个词，该词得名于希腊神话中女性部族亚马孙女战士。他以世界第一大河流亚马孙河的名字来命名自己的公司，希望自己的公司有朝一日也可以成为世界上最大的企业之一。	24
28	谷歌	Larry Page Sergey Brin	1998年9月，拉里·佩奇（Larry Page）和谢尔盖·布林（Sergey Brin）决定合伙开个公司，公司提供的唯一服务就是搜索引擎。他们的搜索引擎Google脱胎于1996年1月诞生的网络爬虫（BackRub），后者最初只是佩奇和布林的一个课题实验。Google本应该叫"googol"，在英文中，"googol"指的是10的100次幂，本来这只是由美国数学家爱德华·卡斯纳（Edward Kasner）9岁的侄子米尔顿·西洛塔（Milton Sirotta）为这个无限大的数随便起的一个怪名，但随后通过卡斯纳和詹姆斯·纽曼（James Newman）合著的《数学与想象力》一书广为流传。"googol"正暗合了这家技术公司庞大的数据基础和创始人的极客精神。Google公司采用这个词作为公司名显示了公司想征服网上无穷无尽资料的雄心。	21

续表

序号	品牌名称	品牌创立者	品牌来历	品牌年龄（年）
29	腾讯	马化腾 张志东	1998年11月11日，马化腾和他大学时的同班同学张志东正式注册成立"深圳市腾讯计算机系统有限公司"，当时公司的主要业务是拓展无线网络寻呼系统。马化腾给公司起名为"腾讯"，饱含着深长的意味。一方面，马化腾的名字里有个"腾"字，公司和自己密切相关；另一方面，"腾"也有腾飞、发达的意思。后缀为"讯"，可能是因为老东家润讯对马化腾的影响。至于英文命名Tencent，主要是参考著名的通信公司朗讯（Lucent）而起的。	21
30	阿里巴巴	马云	1999年9月，以马云为首的18位创始人在杭州的公寓中正式成立了阿里巴巴集团，集团的首个网站是英文全球批发贸易市场阿里巴巴。最初创立阿里巴巴时，虽然创业资本很少，但马云还是将未来的公司定位为全球性公司，因而名字也应该是响亮的、国际化的。为了注册一个好的名字，马云思索了很久。直到有一次在美国一家餐厅吃饭时，他突发奇想，找来了餐厅服务员，问他是否知道"阿里巴巴"这个名字。服务员回答说知道，并且还跟马云说阿里巴巴打开宝藏的咒语是"芝麻开门"。之后马云又在各地反复地询问他人，经过这个测试，马云发现阿里巴巴的故事被全世界的人所熟知，并且不论语种，发音也近乎一致。于是，马云将"阿里巴巴"确定为公司的名字。	20

注：品牌年龄的统计时间截至2019年。

【声明】

本书已按学术规范在每章后面标注文献来源，因所用案例图片来自各企业官网及相关网站，部分图片的版权所有者无法取得联系，请相关版权所有者看到图书后，与文子品牌研究院联系，以便敬付稿酬。

来信请寄：江苏省苏州市高新区竹园路 209 号 3 号楼四层
收件人：文子品牌研究院
邮编：215010